MAXIMUM INTERVAL TRAINING

间歇训练全书

练就超强体能的高强度练习和方案设计

[美] 约翰·西斯科（John Cissik）
杰伊·道斯（Jay Dawes） 著

魏宏文 译

人民邮电出版社

北 京

图书在版编目（CIP）数据

间歇训练全书：练就超强体能的高强度练习和方案
设计 / （美）约翰·西斯科（John Cissik），（美）杰伊·
道斯（Jay Dawes）著；魏宏文译. -- 北京：人民邮电
出版社，2018.7
ISBN 978-7-115-48572-4

Ⅰ. ①间… Ⅱ. ①约… ②杰… ③魏… Ⅲ. ①健身运
动 Ⅳ. ①G883

中国版本图书馆CIP数据核字(2018)第117716号

免责声明

本书内容旨在为大众提供有用的信息。所有材料（包括文本、图形和图像）仅供参考，不能用于对特定疾病或症状的医疗诊断、建议或治疗。所有读者在针对任何一般性或特定的健康问题开始某项锻炼之前，均应向专业的医疗保健机构或医生进行咨询。作者和出版商都已尽可能确保本书技术上的准确性以及合理性，且并不特别推崇任何治疗方法、方案、建议或本书中的其他信息，并特别声明，不会承担由于使用本出版物中的材料而遭受的任何损伤所直接或间接产生的与个人或团体相关的一切责任、损失或风险。

内 容 提 要

  间歇训练在近些年里迅猛发展，其训练体系已成为健身的主流理念之一。本书是美国专业体能教练精心编写的间歇训练全书。书中共分为四个部分，第一部分阐释了间歇训练的概念、优势、设备选择和需要考虑的安全因素；第二部分详述了通过药球、重绳、壶铃、沙袋等器械进行的147个练习动作，每个动作包括练习的目的、前提条件、步骤、要点等内容；第三部分介绍了间歇训练的计划设计，涵盖测试需考虑的因素与变量、体能评价指标测量的方案、制订个性化的训练计划等内容；第四部分给出了间歇训练的高效方案，从力量与爆发力、速度、耐力和全身训练等方面强化运动表现。不论是燃脂减重、增肌塑形还是增强体能与运动表现，间歇训练都有助于达成你的健身目的。

 ◆ 著 [美] 约翰·西斯科（John Cissik）
        杰伊·道斯（Jay Dawes）
   译 魏宏文
  责任编辑 寇佳音
  责任印制 周昇亮

 ◆ 人民邮电出版社出版发行 北京市丰台区成寿寺路 11 号
   邮编 100164 电子邮件 315@ptpress.com.cn
   网址 http://www.ptpress.com.cn
  北京天宇星印刷厂印刷

 ◆ 开本：700×1000 1/16
   印张：22.75   2018 年 7 月第 1 版
   字数：459 千字   2024 年 12 月北京第 14 次印刷

     著作权合同登记号 图字：01-2016-5103 号

        定价：99.00 元
  读者服务热线：**(010)81055296** 印装质量热线：**(010)81055316**
    反盗版热线：**(010)81055315**
  广告经营许可证：京东市监广登字 20170147 号

命运和愤怒让我做了这件事。（拉丁语）

　　　　　　　　　　——约翰·西斯科

写给我挚爱的妻子——艾普莉尔和三个乖巧的孩子——加布里埃、阿迪森和阿谢尔。

　　　　　　　　　　——杰伊·道斯

目录

练习动作索引 vi / 前言 xi / 关键肌肉 xii

第一部分
间歇训练的基础

第 1 章　间歇训练的优势 ·· 2

第 2 章　设备的选择和需要考虑的安全因素 ····················· 5

第二部分
间歇训练的练习动作

第 3 章　自重训练 ·· 12

第 4 章　冲刺跑训练 ··· 40

第 5 章　药球训练 ·· 51

第 6 章　重绳训练 ·· 74

第 7 章　悬吊训练 ·· 105

第 8 章　壶铃训练 ·· 132

第 9 章　沙袋训练 ·· 160

第 10 章 非传统训练 ·· 184

目录

第三部分
间歇训练计划的制订

第 11 章　测试需考虑的因素与变量 ················ 207

第 12 章　体能评价指标测量的方案 ················ 216

第 13 章　结果解释和目标设定 ···················· 247

第 14 章　制订个性化的训练计划 ·················· 260

第 15 章　利用周期训练提升运动表现 ·············· 270

第四部分
间歇训练的高效方案

第 16 章　力量与爆发力训练 ······················ 279

第 17 章　速度训练 ······························· 294

第 18 章　耐力训练 ······························· 307

第 19 章　灵敏训练 ······························· 322

第 20 章　特种行业的训练 ························· 333

第 21 章　全身训练 ······························· 342

参考文献　349 / 作者简介　351 / 译者简介　352

练习动作索引

练习	工作肌群	练习重点	页码
第 3 章 自重训练			
基础练习			
自重开合跳	全身	协调性；心肺适能	13
自重仰卧撑踢腿	肩；髋	灵活性与稳定性	14
自重小虫爬	肩；核心；腘绳肌	稳定性；柔韧性；力量和耐力	15
自重熊爬	臂；腿；核心	协调性；稳定性	16
自重登山练习	核心	心肺适能；稳定性	17
自重鳄鱼式跨步	髋；股内收肌	热身	18
自重剪刀式跨步	腿	速度	19
自重引体向上	背部；肩；肱二头肌	耐力；力量；稳定性	20
自重俯卧撑	胸；肩；肱三头肌	力量；耐力	21
自重双杠臂屈伸	胸；肩；肱三头肌	力量；耐力	22
高级练习			
自重移动式平板支撑	核心	稳定性	23
自重步行式平板支撑	肩；核心	稳定性；协调性；心肺适能	24
自重原地青蛙蹲跳	髋；腿	心肺适能；耐力；灵活性	25
自重直线前后跳	下半身	速度	26
自重双臂前后俯卧撑	核心；上半身	力量；稳定性	27
自重快速下蹲	下半身	爆发性力量	28
自重快速分腿蹲	下半身	力量；稳定性	29
自重静力蹲	下半身	力量	30
自重侧蹲	下半身；髋	稳定性；力量；柔韧性	31
自重 180 度蹲转	下半身	耐力；协调性	32
自重反向弓箭步	下半身	耐力；协调性；力量	33
自重弓箭步走	下半身	耐力；稳定性；协调性	34
自重交替上下台阶	下半身；髋	耐力；稳定性；力量	35
自重波比跳	全身	灵敏性；爆发力；力量	36
自重快速上下跳箱	下半身	协调性；稳定性；速度	38
第 4 章 冲刺跑训练			
基础练习			
着地练习	下半身	速度；力量	43
折叠腿练习	下半身	速度；力量；热身	44
前摆腿练习	下半身	速度；力量；热身	45
动作整合练习	下半身	速度；力量；热身	46

练习	工作肌群	练习重点	页码
高级练习			
阶梯式短跑练习	全身	速度；耐力；力量	47
等距短跑练习	全身	速度；耐力；力量	48
限时短跑练习	全身	速度；耐力；力量	49
第 5 章 药球训练			
基础练习			
药球下劈	上肢；核心	耐力	53
药球书写	上肢；核心	耐力；稳定性	54
药球高推	全身	心肺适能；力量	55
药球保加利亚深蹲	下半身；髋	平衡；力量；稳定性	56
药球对墙练习	全身	力量；耐力	57
药球着地跳跃	全身	力量；耐力	58
药球下砸	上肢	力量；耐力	59
药球胸前传递	上肢	力量；耐力	60
药球坐姿体转	核心；腰背	耐力；灵活性	61
药球仰卧起坐	核心；肩；腰背；髋	稳定性；耐力；柔韧性；力量	62
药球改进式躯体练习	核心；腘绳肌	耐力；柔韧性	63
高级练习			
药球斜砍提膝	全身	平衡；协调性；稳定性；耐力	64
药球快蹲推球	下半身；核心；肩	耐力；稳定性	65
药球多角度下蹲	下半身；核心	耐力；稳定性；灵活性	66
药球跳箱	下半身；上肢	协调性；耐力	67
药球单腿深蹲	下半身；髋	稳定性；力量；耐力	68
药球 90 度下蹲、跳跃和推	全身	灵活性；力量	69
药球转体下劈抛球	上肢	力量；协调	70
药球后抛冲刺接球	全身	力量；速度	71
药球交叉俯卧撑	上肢；核心	耐力；稳定性；力量	72
第 6 章 重绳训练			
基础练习			
重绳开合跳	全身	热身；心肺适能	76
重绳双手用力下砸	全身	热身；心肺适能	78
重绳交替上下甩动	肩；胸；背；核心；下半身	力量；稳定性	80
重绳伐木	核心	力量	81
重绳旋转	核心	力量；稳定性	82
重绳顺时针手臂画圈	肩；背；胸	力量；稳定性	83
重绳逆时针手臂画圈	肩；背；胸	力量；稳定性	84
重绳拖拽行走	核心；下半身	力量；稳定性	85
重绳坐姿后拉	肩；背；肱二头肌；核心	力量；稳定性	86
重绳拔河	全身	力量；耐力；稳定性	87

练习	工作肌群	练习重点	页码
高级练习			
重绳单手用力下砸	全身	力量；稳定性；协调性	88
重绳后撤步下砸	全身	力量；稳定性；协调性	90
重绳侧滑步下砸	全身	力量；稳定性；协调性	91
重绳单腿下砸	全身	力量；稳定性；协调性	92
重绳不稳定界面下砸	全身	力量；稳定性；协调性；平衡	94
重绳单手甩动	肩；胸；背；核心；下半身	力量；稳定性；协调性	95
重绳单腿站立甩动	全身	力量；稳定性；协调性；平衡	96
重绳不稳定界面双手交替甩动	全身	力量；稳定性；协调性；平衡	98
重绳斜向伐木	核心	力量；协调性	100
重绳单腿站立伐木	核心；下半身	力量；协调性；平衡	102
第 7 章 悬吊训练			
基础练习			
悬吊胸部推	胸；肩；肱三头肌；核心	力量；稳定性	111
悬吊划船	背；肩；肱二头肌；核心	力量；稳定性	112
悬吊肱二头肌弯举	肱二头肌	力量；稳定性	113
悬吊肱三头肌伸展	肱三头肌	力量；稳定性	114
悬吊深蹲	下半身；股四头肌；腘绳肌；臀肌	力量；稳定性	115
悬吊后弓箭步	股四头肌；腘绳肌；臀肌	力量；平衡；灵活性	116
悬吊顶髋	核心	力量；稳定性	117
悬吊屈腿	臀肌；腘绳肌	力量	118
悬吊屈膝触胸	核心	力量；稳定性	119
悬吊仰卧举腿	核心	力量；稳定性	120
高级练习			
悬吊俯卧撑	胸；肩；肱三头肌	力量；稳定性	121
悬吊飞鸟	胸；核心	力量；稳定性	122
悬吊单手划船	背；肩；肱二头肌	力量；平衡；稳定性	123
悬吊反向飞鸟	肩；背	力量；稳定性	124
悬吊单腿深蹲	股四头肌；腘绳肌；臀肌	力量；平衡；稳定性	125
悬吊脚固定单腿蹲	股四头肌；腘绳肌；臀肌	力量；平衡；稳定性	126
悬吊脚固定单腿顶髋	臀肌；腘绳肌	力量；稳定性	127
悬吊脚固定单脚屈腿	臀肌；腘绳肌	力量；稳定性	128
悬吊屈体	核心	力量；平衡；稳定性	129
悬吊钟摆	腹斜肌	力量	130
第 8 章 壶铃训练			
基础练习			
壶铃双手摆动	全身	力量；爆发力	135
壶铃抓举	全身	力量；平衡	136

练习	工作肌群	练习重点	页码
基础练习			
壶铃高翻	全身	力量；体能	138
壶铃挺举	全身	力量；爆发力；平衡；本体感觉	139
壶铃高脚杯深蹲	下半身；核心	力量	140
壶铃硬拉	下半身；核心	力量	141
壶铃罗马尼亚硬拉	腘绳肌；臀肌；腰	力量；爆发力	142
壶铃俯卧撑	胸；肩；肱三头肌	力量	143
壶铃俯身划船	背；肩；肱二头肌	力量	144
壶铃推举	肩；肱三头肌；核心	力量；爆发力	145
高级练习			
壶铃单手摆动	全身	力量	146
壶铃双手抓举	全身	力量；平衡；本体感觉	148
壶铃双手高翻	全身	力量；平衡	150
壶铃双手挺举	全身	力量；爆发力；平衡；本体感觉	151
壶铃过顶深蹲	全身	力量；平衡；本体感觉；灵活性	152
壶铃过顶弓箭步蹲	下半身	力量；平衡；本体感觉；灵活性	153
壶铃单腿罗马尼亚硬拉	腘绳肌；臀肌；腰	力量；平衡；本体感觉	154
壶铃俯卧划船	背；肩；肱二头肌	力量；稳定性	155
壶铃土耳其起立	全身	力量；稳定性；平衡；本体感觉	156
壶铃风车	肩；核心	力量；稳定性；平衡；本体感觉	158
第9章 沙袋训练			
基础练习			
沙袋罗马尼亚硬拉	下半身	力量；耐力；灵活性；稳定性	162
沙袋前蹲	下半身	力量；耐力；稳定性	163
沙袋硬拉	下半身	力量；耐力	164
沙袋分腿蹲	下半身	力量；耐力；平衡	165
沙袋跨步蹲	下半身	力量；耐力；平衡	166
沙袋推举	下半身	力量；耐力	167
沙袋俯身划船	下半身	力量；稳定性	168
沙袋立姿划船	肩；斜方肌	力量；耐力	169
高级练习			
沙袋过顶深蹲	全身	力量；稳定性；耐力	170
沙袋农夫走	核心	稳定性；握力	171
沙袋俯卧撑＋过顶推举	全身	力量；稳定性；耐力	172
沙袋Y形上举	全身	力量；稳定性；耐力	174
沙袋弓步提膝	下半身	力量；平衡；稳定性	175
沙袋上摆	全身	灵活性；爆发力	176
沙袋高拉	肩；斜方肌	力量；耐力	177
沙袋推举	全身	力量；协调性	178
沙袋挺举	全身	力量；协调性	179

练习	工作肌群	练习重点	页码
高级练习			
沙袋高翻	全身	力量；协调性	180
沙袋深蹲上提	全身	力量；平衡；稳定性	182
第 10 章 非传统训练			
阻力带训练			
大张力阻力带站姿划船	菱形肌；斜方肌中束	耐力	186
大张力阻力带站姿胸部推举	胸；肩；肱三头肌	耐力	187
阻力带俯卧撑	胸；肩；肱三头肌	力量；耐力	188
阻力带辅助引体向上	上半身	力量	189
大张力阻力带深蹲	下半身	耐力	190
充水稳定球训练			
充水稳定球上举	下半身；核心	力量；耐力；稳定性	192
充水稳定球深蹲	下半身；核心	力量；耐力；稳定性	193
充水稳定球搬运	全身	力量；稳定性	194
负重雪橇训练			
推雪橇	全身	力量；爆发力	195
拉雪橇	背；肱二头肌	力量；耐力	196
拖雪橇	下半身	力量；耐力	197
重拳袋训练			
重拳袋快速出拳	全身	体能	198
重拳袋交叉猛击	全身	体能	200
重拳袋勾拳	全身	体能	201
重拳袋箭步蹲	下半身；核心	力量；稳定性	202

前言

　　高强度间歇训练在过去的 10 年里迅猛发展。通过 CrossFit、P90X 和"极限训练"等训练体系的广泛传播，高强度间歇训练开始逐渐流行。而与之相适应的，是大量衍生品的出现，例如训练视频、大众传媒，还有一些与训练相关的服装、电视节目，甚至是专业认证。这些项目大多倡导运用近年来流行的新兴训练方法，但其中很多是未经证实的营销概念和不健全的训练方法，同时缺乏对如何安全有效地进行训练的全面指导。本书的目的就是为读者提供全面的帮助，让读者能够在训练过程中做出安全、高效的选择。

　　本书分为四个部分。第一部分介绍间歇训练的背景，帮助读者理解我们为什么要进行这类训练，我们应该如何进行这类训练，以及如何安全地进行训练。第一部分分为 2 章，第 1 章解释了间歇训练的优势，第 2 章介绍了间歇训练选择器材的思路及安全训练的要点。

　　第二部分介绍了使用不同器材进行间歇训练的练习动作，共分为 8 章，即第 3~10 章，详细介绍了常用典型工具的优点、不足及使用方法，并提供使用这些器材常见的训练方法。

　　第三部分讲解了如何制订一个成功的短期和长期的能量代谢训练计划。这部分用到了第一部分和第二部分中所提到的知识点，并且运用这些知识点来设计间歇训练方案。这部分共分为 5 章：第 11 章介绍了制订训练计划之前进行个人能力测试需考虑的因素；第 12 章解释了如何评估你的体能；第 13 章帮助你解释和运用这些测评结果；第 14 章和第 15 章引导你制订一个短期或长期的计划以实现目标。

　　第四部分提供了一些案例，说明如何将所有的内容整合起来，并进行个性化地应用。每一章都分析了特定情况下的体能要求，提供了一些进行综合性间歇训练的建议。各章中都有一些训练计划范例及长期训练计划，可以帮助你练习如何运用间歇训练。

　　间歇训练对于确保运动员在比赛以及日常生活中的成功都是非常有必要的。它能够有效地将疲劳导致的影响最小化，同时能够帮助你增加和保持肌肉量、增强肌肉力量和柔韧性并消耗更多的热量。间歇训练为帮助你实现目标提供了先进的工具和方法。

关键肌肉

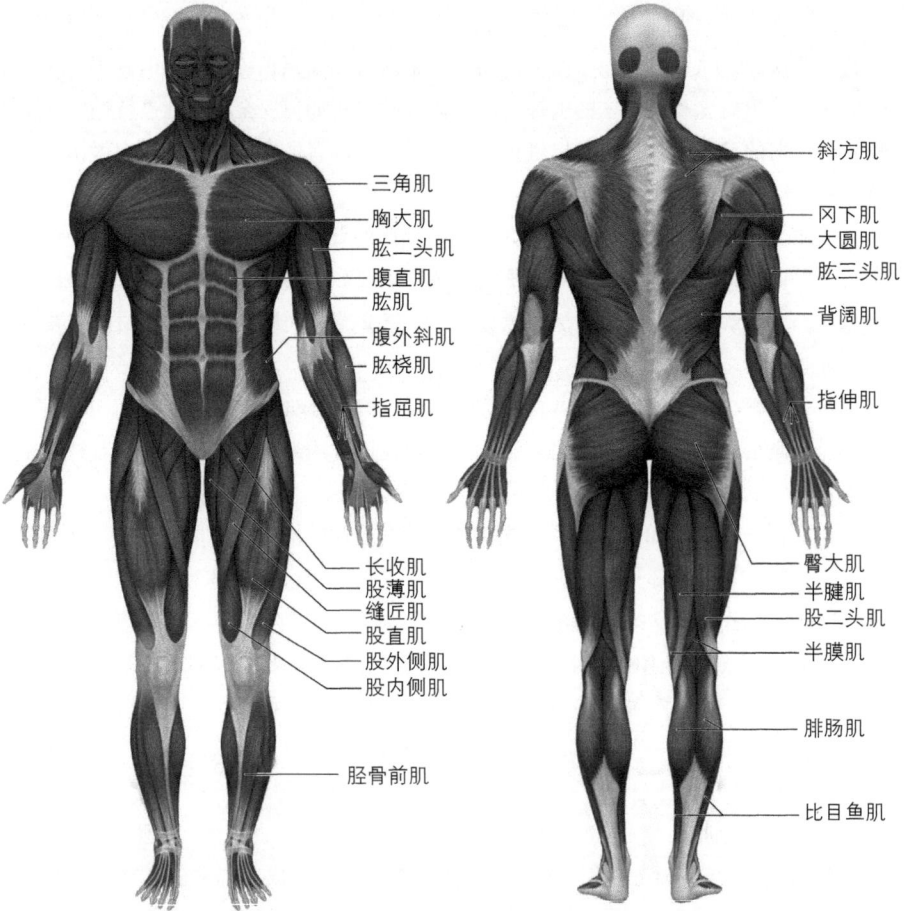

三角肌

胸大肌

肱二头肌

腹直肌

肱肌

腹外斜肌

肱桡肌

指屈肌

长收肌

股薄肌

缝匠肌

股直肌

股外侧肌

股内侧肌

胫骨前肌

斜方肌

冈下肌

大圆肌

肱三头肌

背阔肌

指伸肌

臀大肌

半腱肌

股二头肌

半膜肌

腓肠肌

比目鱼肌

第一部分

间歇训练的基础

第1章

间歇训练的优势

近年来，运动员、教练员和健身爱好者们已经大大增加了对间歇训练的使用，特别是高强度间歇训练（High-intensity Interval Training，HIIT），这种趋势因各地健身房和健身俱乐部越来越多的提供间歇训练课程而更加明显。此外，在过去几年中，消费者已经通过互联网、电视和其他形式的媒体对极限强度的健身方式有了很多了解。尽管这些方式在训练体系、训练类型、持续时间上有一些不同，但是有一点是相同的，那就是训练的目标。这些训练的目标是通过短时间高强度的有氧运动、无氧运动甚至是力量训练来受益。

这本书是为了帮助读者通过最佳的间歇训练课程来安全有效地满足他们具体的健身需求和训练目标。允许读者对他们的间歇训练课程实施个性化、多样化的训练方法，使读者可以调整他们的训练计划，以符合他们特定的需求、偏好和自身条件的限制。

什么是间歇训练

间歇训练在短时间高强度的练习中运用多种多样的训练模式，结合短时间的休息恢复来发展体能和塑造身体形态。通常情况下，每一套动作都保持在一个高强度水平上进行。为了保证每一次训练课都保持高强度，每次训练课都很短；否则，人们就无法保持最大的努力。例如，本书中介绍的一些训练方法，其训练时长为20~60秒。

组间休息时间是根据训练强度决定的，这就意味着训练强度越大，组间间歇时间就越长。简单地说，训练强度和训练量是成反比的。如果这些训练变量中有一个增加了，另一个就必须减少，反之亦然。应该根据主要供能系统、训练使用的模式和适应情况来选择持续时间和强度。

间歇训练的好处

尽管过去多年来只有运动员使用间歇训练法进行训练，但是间歇训练现在已成为发展整体健身的主流理念。你只需要打开电视或浏览当地媒体，就能看到类似的节目。这种模式与传统的锻炼心肺功能的长时间有氧训练有很大区别，但是也同样能达到提高心肺功能的效果，包括提高供氧能力，增加线粒体的体积和密度来更好地供能等。

除了提高心肺功能之外，间歇训练对减肥和体重管理来说可能也是一个有效的工具。传统的想法认为，为了燃烧脂肪，人们需要在低强度下运动。但是，低强度运动并不会燃烧那么多的脂肪。虽然中低强度的运动，燃烧脂肪百分比较大，但 HIIT 训练会明显消耗更多的总脂肪和总热量（Tremblay et al.，1994；Boutcher，2001）。因此，对于减重和保持健康体重来说，用间歇训练可能比传统的那种稳定的有氧训练效果更好。

间歇训练可能也对爆发性项目和间歇性项目的主要供能系统的发展有较好的影响。我们最终作为燃料使用的物质叫 ATP，或者叫三磷酸腺苷。当我们运动或者训练的时候，ATP 分解释放能量。产生 ATP 的方式主要有三种——两个无氧方式（ATP-CP 系统和无氧糖酵解系统）和一个有氧方式（有氧氧化系统）。ATP-CP 系统为爆发性的运动提供能量时间 7~15 秒，例如短距离冲刺跑、灵敏性训练、纵跳。对于持续时间较长的中高强度运动，例如 400 米跑或 800 米跑，我们依靠无氧糖酵解系统供能。最后，对于时间超过 2~3 分钟的强度更低的运动，我们开始依靠有氧氧化系统来提供能量。虽然这些能量系统都在特定的情况下工作，但是 ATP 供能系统最重要的还是取决于运动的强度和时间，以及我们利用氧的能力（Baeche and Earle，2008）。

在进行篮球、曲棍球和网球等间歇性、不连续的运动或相应的集体项目时，由无氧供能方式来提供能量以维持运动表现。因此，为了获得最好的运动表现，训练方法的选择必须要考虑运动项目的能量代谢需求，使之能在比赛中为运动员提供足够的能量。运动员应该使用这种包含短时间高强度的训练和积极充分的恢复时间的间歇性训练模式。这种训练方式也可以刺激有氧系统，因为运动员会因为在两组练习之间进行恢复而增加氧气摄取量（Brewer，2008）。运动员会有与比赛中相似的体验：一段时间的高强度运动（加速和减速、快速变向、跳跃等）之后是一段时间的较低强度的运动（慢跑、暂停、等待下一局比赛等），这段低强度运动主要由有氧氧化系统供能以恢复能量。

间歇训练产生的刺激会使无氧酶增加，在训练中允许更多的无氧能量转化和更高效地利用乳酸作为燃料来源。这样运动员就能够以较高的强度运动很长一段时间，这可以在比赛中创造明显的优势。从生理学的角度看，相比传统的有氧训练，较高强度的训练对爆发性肌纤维（II 型）的刺激更大。这样，运动员就可以保持更多的瘦体重，可以有更大的力量输出，可以在消耗脂肪的同时保持瘦体重。

间歇训练可以采用多样的方式和设备，例如体操、重复冲刺、壶铃。很多这些类似的选择会在第 2 章中有详细的描述。使用者有很多的训练选择，他们不会再被局限在长时间慢跑和一些有氧训练设备上。多样的选择可以降低长时间持续训练产生的厌恶情绪，增加训练的长久性、自身效率、自尊和乐趣。

最后，间歇训练是一种省时而高效率的训练方法。通常，间歇训练课程持续时间为 10~20 分钟（包括休息的时间）。例如，在两周的时间里只进行 6 次课程，每次课程进行 15 分钟的高强度训练，对有氧能力有积极的影响（Gibala and McGee，2008）；在两周里进行 7 次 HIIT 训练课程会对脂肪酸氧化有明显的促进作用（Talanian et al.，2007）。另外，因为间歇训练并不需要昂贵的器材，可以在任何地方进行，所以没时间去健身房再也不是一个理由了。因此，间歇训练为那些健身时间有限的人提供了最完美的解决方案。

第 2 章

设备的选择和需要考虑的安全因素

间歇训练是一种有乐趣而且有效的训练方法。它可以独立进行或者作为其他训练的补充。这种类型的训练有多种多样的训练设备。在这一章中，主要概述了间歇训练会用到的设备，并且帮助你选择正确的设备。这一章最主要的部分在于确保完全进行间歇训练。

间歇训练的设备选择

当我们提起力量训练，很多人会首先想起杠铃和哑铃。当我们提起塑形，我们一般会想起一些低强度、长时间的有氧运动。在上一章，我们提到间歇训练运用不同的工具、技术和训练方式来达到健康的目的。间歇训练可以使用自重、药球、重绳、悬吊设备、壶铃、沙袋或者一些不寻常的设备或方法来达到训练的目标。这些手段在第3~10章中会有详细的描述。

自重训练是一种非常好的训练手段。它有一个非常显著的优点，就是在进行训练时不需要特殊的设备。身体自重的训练包括蹲起、箭步蹲、俯卧撑、引体向上、臂屈伸和灵敏性训练。自重训练的挑战在于，自重训练很难随着身体适应性的增加变得难度更大。

药球是一种有着各种不同重量的重球。它们可以被负重、推、拉、做划船动作、扔、旋转等。虽然药球是一种有趣的训练方式，但是这种训练方式需要很大的空间，特别是你在做抛球训练的时候。

重绳是一种长度为60~100英尺（18~30米）的特别粗的绳子，用来做一些特别的全身训练。大多数的重绳训练是指把绳子举起来后摔在地上的不同变化的动作。用重绳训练是很有趣的，但是提升这些练习的难度比较难，而且这些工具也需要一定的空间。

悬吊训练是一种基于自重训练的同时使部分身体（手或足）悬吊离开地面的训练方式。悬吊训练可以提高平衡能力、协调能力和肌群稳定性。但是它也面对与自重训练一样的挑战，而且需要空间去放置悬吊设备并展开训练。

壶铃是一个有把手的重球。壶铃特殊的形状使其可以进行许多训练，因此也可以进行许多的运动。壶铃的难点在于初期如何掌握技术动作。

沙袋就是像它的名字暗示的那样。多加一些沙子就多加一些重量，这样可以使训练难度加大。另外，沙子位置不同的变化也会给训练增加挑战性。很多自由重量的训练都使用沙袋。

还有很多其他的训练手段在间歇训练中得到应用，包括重型轮胎、大锤和原木。这些训练手段多种多样，但是器材很难获得，所以本书不加赘述。

冲刺跑往往被用来作为一种训练手段或者是使用别的训练手段时的组成部分。冲刺跑是一种极限的运动，技术含量很高。较差的冲刺跑教学会造成人们技术动作错误导致跑得很慢，这显然是在体育运动中不希望出现的现象。

你可以使用很多手段来进行间歇训练。最美妙的事情是，你可以在每次训练中专注于一个训练手段，例如在特定的一天里你可能用壶铃进行全部的练习，或者混合几种训练手段。多种多样的选择有助于克服艰巨的前景。为了简化过程，使用以下标准来评估使用哪种手段是最适合你的：

- 获取渠道
- 优点和缺点
- 喜欢或不喜欢

是否可以获得训练设备是你做出选择的最大限制因素。如果你是在家里进行训练，你有什么训练设备或者你可以花多少钱去购买？如果你是在工作室里进行训练，这里会有什么训练设备？获取训练设备的另一个影响因素是你对不同类型的训练设备技术方面的适应度。

每一种类型的训练设备都有优点和缺点，在后面几章会有详细的描述。这个因素是在选择训练手段的时候必须要考虑的。你为什么要进行训练？如果你的训练目标跟训练手段的优势相符合，那么对你来说这可能就是一个很好的训练。

最后，你个人喜不喜欢在选择训练设备时非常重要。例如，如果你觉得自重训练十分无聊，那么在你的训练课程中就不要把它放在主要位置。使用一种你十分不喜欢的训练设备不会得到好的训练体验，而且可能会使你对训练失去兴趣。另一方面，如果你偶尔尝试一类你稍微有点不喜欢的训练，也许你慢慢会对它产生兴趣。

需要考虑的安全因素

进行任何的训练的时候，都会有许多因素可能导致意外或者受伤。如果想安全地进行训练，下面说的每一个因素都要被仔细评估：环境、运动前准备、服装、技术、进阶。

环境

大多数在训练中受伤都跟训练环境有关，温度和训练场地的情况对你的训练有明显的影响。

一个炎热或潮湿的环境，再加上高强度的训练，是导致伤病的主要因素。如果你要在这种环境下进行训练，一定要保持水分的充足。在训练前、训练中和训练后都要补充水分。为了防止脱水，你应该在开始训练之前的几个小时就开始饮水。为了明确在训练期间你到底需要补充多少水分，你可以在训练前后称一下自己的体重。根据美国运动医学会关于补液的立场性文章，你应该在训练中喝充足的水，才不会因为丢失超过 2% 的体重而脱水。运动后，你在运动中每丢失一千克的体重应该喝 1.5 升的水来补充（Bergeron, et al., 2007）。

逐渐适应较高的温度。适应高温需要一段时间。当在一个炎热的环境下进行训练课的时候，你应该给自己一段时间来逐渐提升运动强度和持续时间来让自己的身体适应这个温度。

认识有关炎热所造成的疾病，并且在它们出现的时候停止训练。这个建议很难被遵循，因为极端的炎热会影响我们的思考能力。症状会包括抽筋、疲劳、恶心、呕吐、头晕以及出冷汗。当出现热、脸红、皮肤干燥、喘粗气、出汗减少、感觉混乱甚至痉挛抽动等这些迹象和症状时，可能会中暑甚至威及生命，此时应立即就医。

寒冷的环境也会成为问题。有一部分人冬天的时候在不暖和的车库里训练，还有一些人甚至会在室外训练！在寒冷的环境中，饮水也是非常重要的，虽然对饮水需求的判断在低温中会变得更难。保暖是十分重要的。在寒冷的环境中，战栗、协调性变弱以及困倦是低体温病症的前兆。不要忽视这些症状。你还应该能意识到可能的冻伤——就是一开始感觉疼、发痒，而后发展到冷或者有灼烧感、失去知觉的现象。

拥挤和杂乱是所有训练中造成受伤的原因。当固定器械之间距离太近或者当器材和私人物品被放在地上，台阶会造成许多绊倒或者碰撞的事故。因此你需要时刻注意你的周围，同时在用完之后把小器械放回原位。选择一个大家都会遵守好习惯的公共空间来锻炼。

运动前准备

很多人对自己的运动水平和能力估计过高，或者对一些可能会造成严重后果的症状不在意。在进行一个高强度训练课程包括间歇训练之前，你必须真实准确地评估自己的情况，否则后果很严重。应该先去看医生以确保你的健康状况足够去进行高强度的训练。

每次训练课开始之前都进行热身。热身运动通过逐渐提高心率、加快肌肉血液循环、集中注意力以及熟悉在高强度训练中将要进行的动作来使身体做好准备。换句话说，热身运动可以预防损伤和提升运动表现。

进行间歇训练之前，一个有效的热身运动包括以下几步。首先，进行 3~5 分钟各种类型的低强度有氧运动，达到提升心率和稍微出一些汗的程度就足够了。例如慢跑 400 米。第二步，进行 5~10 分钟全身灵活性练习。这些运动使全身活动起来，同时使肌肉和关节活动度达到最大。最后，按照从简单轻松到困难的顺序开始真正的训练。

表 2.1 多级热身和训练范例

热身一	热身二	热身三	训练
慢跑 400 米	每个练习进行 30 秒或者 10 米： 前摆腿 后摆腿 左右摆腿 快步走 高抬腿走 脚尖走 臂绕环 熊爬 跳绳 3~5 分钟	每个练习进行 30 秒： 徒手深蹲 箭步蹲 俯卧撑 引体向上	每个练习进行 30 秒，之后休息 10 秒，重复 2 组： 壶铃前摆（双手） 壶铃抓举（左右手交替） 壶铃高翻（左右手交替） 壶铃俯卧撑 壶铃推举

表 2.1 展示了一个简单的热身和训练范例。这个训练计划是从轻松的慢跑开始（热身一）以达到提升心率和轻微出汗的目的。热身二的灵活性练习关注点在大多数的肌肉和关节。热身三做一些简单的练习继续让身体为训练做好准备，这一步使用的练习比之前强度要高一些。最后，训练（第四步）是全身的壶铃训练。

服装

为了安全考虑，在训练时需要穿合适的服装而不是时尚的服装。例如，穿一双合脚的鞋十分重要，有以下这几个原因。第一，在外面跑步你会对常常有东西落在你脚上感到惊讶。虽然鞋子不能缓冲落在你脚上 45 磅（20.4 千克）重的金属物体，但是可以防止钉子扎到你。第二，训练场地会有数量惊人的细菌和病毒，穿鞋可以有效地减少接触它们的风险。最后，穿鞋意味着你在地板上滑倒的情况会更少地出现。

在进行间歇训练时应避免戴首饰和穿过于宽松的衣服。项链、手镯、手表、耳环和戒指会使你不能舒服地掌握或者操控训练设备。它们可能会导致受伤，会收集和传播病菌，而且还会在接触训练工具的时候造成磕碰和刮蹭。

在炎热的环境中，穿浅色的衣服更透气。浅色的衣服会反射热量，而暗色的衣服则会吸收热量。因此，穿浅色的衣服更适合在高温环境中锻炼。你应该穿宽松和透气的衣服，这样可以使汗水能蒸发出去而不是滞留在身上。在寒冷的环境中，衣服应该是多层的，这样便于根据环境来增减衣物。

技术

本书中大量的内容针对如何进行训练进行了描述和配图，包括训练计划。这重点反映了正确技术的重要性。正确的技术能确保关节承受适当的负荷并且能预防损伤。正确的技术还可以确保训练出理想效果的肌肉。

例如，我们正在做罗马尼亚硬拉训练。理论上讲，我们应该全程挺胸并且肩部向后拉。这个技术可以使压力均匀的分散在腰椎上，也确保了当我们向前倾的时候，目标肌肉是腘绳肌。但是如果我们的肩部向前，就会发生以下的事情。首先，压力会分布在脊椎的前面，这会增加腰椎间盘损伤的发生概率。其次，因为肩部向前，我们的动作是靠弯曲躯干来完成的，这样重点训练的肌群就是下背部肌群而不是腘绳肌了。所以正如你所见，一个细微的技术环节的改变会影响整个训练。

进阶

想直接进行高级的训练和高级的锻炼计划是很正常的。但是这样做有两点问题，首先，我们不能发展身体基础，这种基础可以保证将来安全成功地训练。其次，这意味着我们没有掌握安全训练的基本技术。如果这样就会发生更多的损伤。

使用正确的重量并且不要试图太快进步。我们之前提到过，技术对确保我们训练的安全和有效都是十分重要的。这本书中有 8 章涉及多种可以在间歇训练中使用的练习，并分为基础练习和高级练习。基础练习的目的是教会你在高级练习中需要用到的技术，并且提高你需要的身体基础以保证高级练习的成功。高水平的运动员仍然会进行很多基础练习。进行每一个高级练习都有必要的条件。如果你掌握了这些必要条件，那么你在技术和身体基础上都可以安全有效地进行高级练习了。

这本书最后的 6 章包括了间歇训练的计划。每一个间歇训练计划都与那一章中的训练类型相对应。例如，在力量训练一章中的间歇训练计划就适合那些想要进行力量训练的人。每一章的训练都有基础计划和一个高级计划。基础计划应该首先被掌握。基础计划中包含基础练习。高级的计划中有基础练习也有高级练习，这意味着你需要在进行高级训练计划之前具备必要的条件。

第二部分

间歇训练的
练习动作

第 3 章

自重训练

对于你所拥有的练习器材而言，你的身体可能是其中最好的！它总是伴随着你，因此你不必买任何设备或去健身房练习。自重训练（Bodyweight Training）能发展力量、爆发力以及耐力，也能改善身体高效运用技术动作的能力。此外，你需要在完成本书中的高级练习和进阶基础之前掌握这些练习，使用各种器材给肌肉施以超量负荷。

基础入门

这部分当中的许多练习可以归为力量或耐力练习，视你初始的力量水平而定。一般来说，如果你完成一个给定的练习不能超过 10 次，例如引体向上，练习要训练力量和耐力。相比之下，如果你能明显完成多于 10 次，那么你练习的就是耐力。完成间歇训练可以选择一些既需要力量又要求耐力的练习，但是在你完成同一个练习的后续组数时，那些更需要力量的练习也要求更长的休息时间。因此，使用超级组的方式，组合两项或更多的练习，而这些练习要求使用相对的肌群，可能是保持高新陈代谢需求的一个好的策略，始终贯穿于整个训练部分，同时要保证每一个练习中的肌群有充分的恢复时间以使训练发挥出最佳效果。表 3.1 给出了可以作为超级组完成的练习示例。

表 3.1　超级组示例

完成一组各个练习间没有间歇的超级组练习。按照相同序列重复完成期望数量的超级组数。

超级组 1	俯卧撑→引体向上→蹲起
超级组 2	分腿蹲→双杠臂屈伸→步行式平板支撑

基础练习

这部分的自身体重基础练习对学好技术动作非常重要，同时也能减少损伤风险。在进阶到高级练习或其他的抗阻练习（如哑铃、药球、沙袋等）之前，你应该掌握好所有这些基础练习，它们是更高级训练和未来高水平运动能力的基石。

自重开合跳（Bodyweight Jumping Jacks）

目的

■ 该练习能够发展基础的协调能力和心肺能力，为更复杂的训练形式（如快速伸缩复合训练）做身体准备。

前提条件

■ 下肢或肩关节没有损伤。

步骤

■ 以双脚并拢，手朝下放在身体两侧的姿势开始；

■ 双脚跳起并分开落下，同时双手从两侧举过头；

■ 回到起始姿势，并重复这个动作；

■ 完成规定次数或规定时间的练习。

变式

■ 脚用类似剪刀腿的方式向前或向后跳。

要点

■ 在上肢和下肢运动期间保持好的节奏。

自重仰卧撑踢腿（Bodyweight Crab Kick）

目的

■ 该练习能帮助发展肩关节的灵活性和稳定性，也能发展支撑腿髋关节的稳定性。

前提条件

■ 良好的肩关节稳定性和灵活性；

■ 肩关节无既往损伤史。

步骤

■ 坐在地板上，双手手掌在背后支撑，然后屈膝；

■ 抬起臀部，使之离开地面；

■ 把左腿伸直向前伸出（见图 a）；

■ 在用剪刀腿把左腿向后方拉回起始位置的同时，右腿向前踢出（见图 b）；

■ 完成规定次数或规定时间的练习。

要点

■ 整个练习持续过程中，臀部不能下落。

自重小虫爬（Bodyweight Inchworm）

目的

■ 该练习有助于改善肩关节和躯干的稳定性。同时对改善腘绳肌柔韧性、力量和耐力也是非常好的练习。

前提条件

■ 良好的腘绳肌柔韧性；
■ 良好的肩关节和躯干稳定性。

步骤

■ 手臂伸直，以俯卧撑的姿势开始（见图 a）；
■ 保持腿部伸直，脚交替向前移动（见图 b）直到接触或靠近双手的位置（见图 c）。

要点

■ 双腿尽量伸直，但不要过度伸膝。
■ 保持躯干收紧。

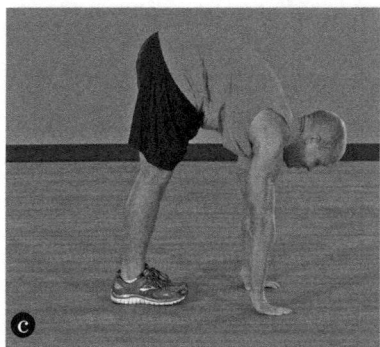

自重熊爬（Bodyweight Bear Crawl）

目的

■ 该练习常用来帮助改善上肢和下肢的协调性，也能改善躯干的稳定性。

前提条件

■ 肩部没有疼痛或损伤；

■ 良好的躯干力量和耐力。

步骤

■ 手臂伸直，以俯卧撑姿势开始；

■ 屈踝、屈膝、屈髋直至膝关节直接落在髋关节的正下方，并且用脚掌支撑着地；

■ 从上述姿势开始，向前移动相对的右臂和左腿，然后向前移动左臂和右腿（见图 a、图 b）；

■ 完成规定距离的练习；

■ 该练习也能向后以及向侧面完成。

要点

■ 保持躯干收紧。

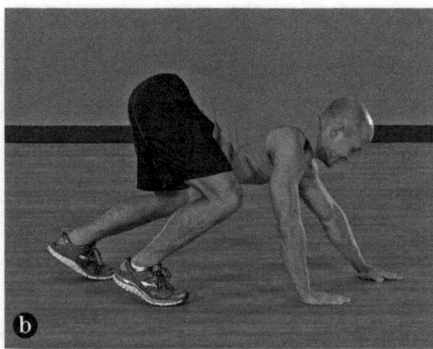

自重登山练习 (Bodyweight Mountain Climber)

目的

■ 该练习能增加心肺能力，强调动态核心的稳定。

前提条件

■ 拥有完成平板和稳定躯干的能力。

步骤

■ 采用手臂完全伸直和手掌触地的平板姿势；

■ 保持脊柱中立，右腿屈膝向前靠近胸部，左腿向后伸直（见图 a）；

■ 左腿屈膝向前靠近胸部，右腿向后伸直（见图 b）；

■ 双腿继续交替，完成规定时间或规定次数的练习。

要点

■ 整个练习过程中，收紧臀部，保持脊柱在中立位；

■ 保持颈部在中立位。

自重鳄鱼式跨步（Bodyweight Groiner）

目的

■ 该练习是臀部和股内收肌很好的动态热身方式。此外，当你对此动作非常熟练时，它能极度地挑战你的代谢系统。

前提条件

■ 良好的髋关节灵活性和腘绳肌柔韧性；

■ 良好的躯干力量和耐力。

步骤

■ 双臂伸直，以俯卧撑姿势开始；

■ 收紧腰腹部，右腿向右侧前方运动，膝朝前，右脚跟着地，稍稍处于右肩部侧前方；

■ 伸直右腿回到起始位置，然后，左腿重复这个动作；

■ 继续这个动作，完成规定时间或规定次数的练习。

要点

■ 完成这个练习时，不允许出现弓背的情况。

自重剪刀式跨步（Bodyweight Scissors）

目的

■ 该练习常用来发展脚步快速移动的能力以及变向速度的能力。

前提条件

■ 无下肢损伤。

步骤

■ 设想地面有一条横标志线，双脚分开站立；

■ 以右脚在标志线前面和左脚在标志线后面的站立姿势开始；手臂弯曲呈90度角，快速地用类似剪刀腿的方式，同时反复摆动对侧的手臂和腿；

■ 完成规定次数或规定时间的练习。

要点

■ 保持好对侧手臂和腿的动作，确保平衡和协调；

■ 保持挺胸、肩部后缩以及躯干收紧的姿势。

 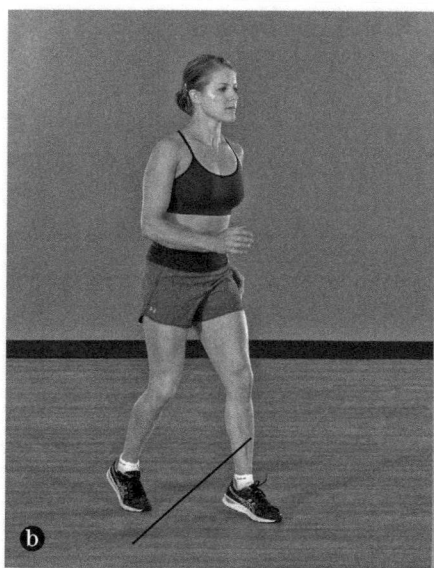

自重引体向上（Bodyweight Pull-Up）

目的

■ 该练习能够改善背部、肱二头肌和肩部的局部肌肉耐力。它能发展上背部、肩部和肱二头肌的力量以及增强肩部的稳定性。

前提条件

■ 良好的上半身力量。

步骤

■ 手臂完全伸直，使用正握的方式抓住横杠（见图 a）；

■ 屈肘，把身体拉向上方，直至下巴位于横杠上方（见图 b）；

■ 有控制地放下身体到起始位置。

变式

■ 为了降低练习的强度，在深蹲架上放一个杠铃杆，当你握杆时，使身体与地面成 45 度角；

■ 双脚脚尖向上勾起，把身体向横杠方向拉动，直到胸部接触横杠；

■ 完成规定次数的练习。

要点

■ 设想自己在把横杠拉向胸部；

■ 练习过程中不能摆动躯干，也不要"偷懒"。

自重俯卧撑（Bodyweight Push-Up）

目的

■ 该练习能发展胸部、肩部以及肱三头肌的肌肉，改善上肢肌肉的耐力。

前提条件

■ 完成平板支撑的能力；

■ 肩部没有疼痛或旧伤。

步骤

■ 手臂完全伸直，并以平板支撑的姿势准备，手掌触地（见图 a）；

■ 保持躯干收紧，屈肘下沉，使胸部、臀部和躯干贴向地面，直到上臂与地面平行（见图 b）；

■ 完成规定次数或规定时间的练习。

变式

■ 把手撑在板凳上，或膝关节触地，可以降低练习强度；

■ 把双脚放在板凳或稳定球上，可以提高练习强度；

■ 改变下肢的位置（例如髋外展，向肩部方向提膝）也可以提高练习强度。

要点

■ 整个练习过程中不要撅起或塌下臀部。

自重双杠臂屈伸 (Bodyweight Dip)

目的

■ 该练习能发展胸部、肩部和肱三头肌的肌肉，改善上肢推的力量和肌肉耐力。

前提条件

■ 肩部没有损伤。

步骤

■ 身体处于双杠之间；

■ 掌心向内，双手握杠；

■ 伸肘把身体向上推起（注意手必须位于肩的下方），屈膝使小腿后交叉平行于地面（见图 a）；

■ 控制住身体，屈肘使身体下降至上臂大约与地面平行（见图 b）；

■ 伸肘，使用胸部、肩部的肌肉把身体推回到起始位置；

■ 完成规定次数的练习。

变式

■ 使用两条平凳完成该练习可以降低运动强度（两凳平行放置，留出一定间距，双脚放在一条平凳上，双手放在另一条平凳上）。

要点

■ 以顺畅和有控制的方式完成该练习。

■ 严禁摇晃身体和快起快落。

高级练习

只有在掌握了基础练习后，才能开始这部分的高级练习。这些练习中，许多动作必须有一定的体能基础才能保证安全。此外，如果你不能正确地完成这些练习，那么你也不会得到期望的结果。

自重移动式平板支撑 (Bodyweight Traveling Plank)

目的

这是静态平板支撑的进阶动作，可提升躯干稳定性，并显著提高热量消耗 / 新陈代谢水平。

前提条件

■ 完成最少 30 秒的静态平板支撑的能力；

■ 肩部没有旧伤。

步骤

■ 以腹部和手臂着地的俯卧姿势开始；

■ 交替屈伸肘关节，同时肘部支撑，使躯干向前移动、向上抬起，直至上臂垂直于地面（见图 a）；

■ 保持躯干收紧，背部平直，同时抬起右前臂和左脚，并向前移动；

■ 通过右手肘关节向下和向后运动拉动身体向前运动（见图 b）。重复该动作，换用左前臂和右脚向前运动；

■ 持续交替使用手和脚向前运动，直至完成规定的距离。

变式

■ 向后或向侧方移动完成练习；

要点

■ 不要在运动中扭转髋关节；

■ 整个练习过程中保持躯干收紧；

■ 侧向移动的平板练习能增加对大腿内收肌和胸部肌肉的刺激。

自重步行式平板支撑 (Bodyweight Walking Plank)

目的

■ 该进阶的平板支撑变式练习能很好地发展肩部和躯干的稳定性、协调性以及心肺能力。

前提条件

■ 完成最少30秒的静态平板支撑的能力；

■ 肩部没有旧伤。

步骤

■ 以腹部和手臂着地的俯卧姿势开始；

■ 向下颌的位置移动脚，持续地抬起臀部和躯干，直到肘关节直接位于肩部下方，上臂与地面垂直；

■ 将身体重量转移到右侧手肘（见图a），然后转换到左侧手肘（见图b）；

■ 伸直左侧手臂，并且掌心朝下。然后伸直右侧手臂，右手掌心朝下，直到成俯卧撑姿势（见图c）；

■ 做到上述姿势后，左臂屈肘，左前臂放下，然后右臂屈肘，右前臂放下。

■ 重复上述动作过程，以顺时针或逆时针的方向完成规定的重复次数。

要点

■ 整个练习动作过程中保持躯干收紧；

■ 保持固定的节奏：1=左侧掌心向下，2=右侧掌心向下，3=左前臂放下，4=右前臂放下。

自重原地青蛙蹲跳（Bodyweight Frog Hop）

目的

■ 该练习除了增强心肺能力和肌肉耐力外，还常用于改善髋关节的灵活性和下蹲深度。

前提条件

■ 具备较好地、持续地保持下蹲高度低于水平线的能力；

■ 完成至少 20 次无负重下蹲的能力；

■ 整个练习过程保持良好身体姿势的能力。

步骤

■ 以平板姿势开始；

■ 双脚同时向前跳起，落地保持手掌和脚完全触地的深蹲姿势（见图 a）；

■ 从上述姿势开始，尽可能高地向上跳起（见图 b）；

■ 回到起始姿势，并重复完成规定的次数。

要点

■ 保持躯干收紧和中立的姿势；

■ 下蹲的过程中，注意保持挺胸的姿势。

自重直线前后跳 (Bodyweight Line Jump)

目的

■ 该练习常用于发展脚步的快速移动和变向速度的能力。

前提条件

■ 下肢没有疼痛或损伤。

步骤

■ 面对地面上的标志线站立，向前跳（见图 a），越过标志线，然后尽可能快地跳回线后（见图 b）。

变式

■ 侧向完成该练习。

要点

■ 始终保持身体重心在标志线的正上方，这样你才能在多次跳之间实现快速转换；

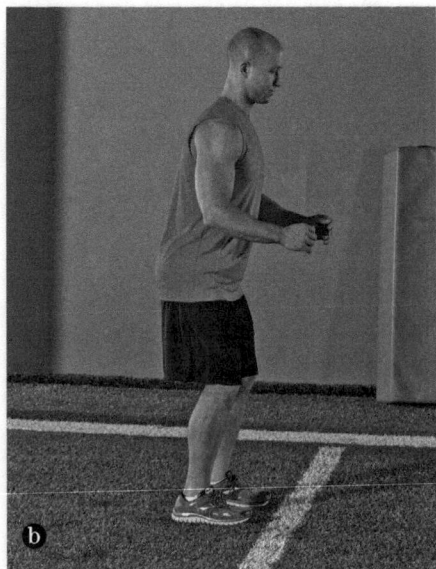

■ 保持挺胸，收肩并收紧躯干。

自重双臂前后俯卧撑 (Bodyweight Staggered Push-Up)

目的

■ 该俯卧撑的变式练习能增强核心控制能力，发展上肢单侧力量。它也是一种改善肩部稳定性的好的练习。

前提条件

■ 具备较好的、持续完成俯卧撑的能力；

■ 具备完成至少 10 个俯卧撑的能力；

■ 肩部没有疼痛或旧伤。

步骤

■ 平板支撑，手臂伸直，手掌触地；

■ 左手移至头的前方，同时右手正移至胸部下方（见图 a）；

■ 保持躯干收紧，屈肘使得胸部、髋部以及躯干下降，直至上臂平行于地面（见图 b）；

■ 伸肘直到回到起始姿势；

■ 交换姿势，右手在前，左手在后，完成另一个俯卧撑；

■ 继续交换手的位置，完成规定次数或时间的俯卧撑练习。

要点

■ 整个动作练习过程中，不要塌下或抬高臀部。

自重快速下蹲（Bodyweight Speed Squats）

目的

■ 该练习可以作为快速伸缩复合练习的基础练习，也能帮你训练下肢爆发力。

前提条件

■ 髋、膝、踝关节良好的灵活性；

■ 完成连续的、标准的下蹲练习的能力；

■ 完成至少 20 次下蹲的能力。

步骤

■ 保持躯干收紧，挺胸，肩胛骨回缩，髋、膝、踝关节屈曲；

■ 从大腿平行于地面开始（见图 a），伸展髋、膝、踝关节，回到起始姿势（见图 b）；

■ 在保持良好动作形式和技术的同时，尽可能快速地完成练习。尝试从下蹲的姿势起跳，但是双脚不能离开地面。

要点

■ 当你正确地完成动作时，你会因蹲起时的爆发力几乎跳离地面；

■ 下蹲时确保膝关节没有超过脚尖，且膝关节与第二足趾在同一力线上。

自重快速分腿蹲（Bodyweight Speed Split Squat）

目的

■ 该下蹲的变式练习能增强单腿的负荷，相比传统的下蹲方法，要求更强的侧向平衡能力。

前提条件

■ 良好的平衡和协调能力；

■ 髋、膝、踝关节没有疼痛或损伤。

步骤

■ 髋部保持朝前，不做任何旋转，一只脚后退一步，形成前后交错的站立姿势（见图a）；

■ 保持躯干绷紧，挺胸，肩胛骨回缩，同时屈曲髋、膝、踝关节，直到后腿的膝关节几乎触地（见图b）；

■ 当前腿大腿平行于地面时，伸展髋、膝、踝关节，爆发性地回到起始姿势；

■ 完成规定次数的重复练习，然后换另一侧腿。

变式

■ 抬高后脚，把它置于平凳或椅子上可以增加动作难度。

要点

■ 每侧腿完成同样的重复次数；

■ 当你正确完成动作时，你会因蹲起时的爆发力几乎跳离地面；

■ 下蹲时确保膝关节没有超过脚尖，且膝关节与第二足趾在同一力线上。

 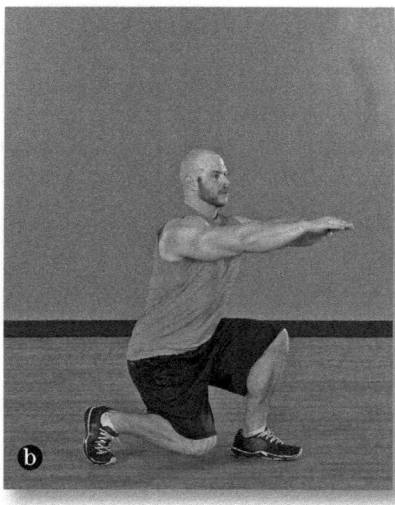

自重静力蹲（Bodyweight Squat Hold）

目的

■ 该练习主要发展下肢的等长力量。

前提条件

■ 具备能持久地、较好地完成下蹲练习的能力；
■ 能完成至少 20 次下蹲。

步骤

■ 将双手置于臀部或放在身体两侧，完成一个下蹲直至大腿表面与地面平行；
■ 保持上述姿势到规定时间。

变式

■ 将双手举过头顶，并伸直双臂，同时肩部后缩收紧。然后下蹲，保持姿势到规定时间。

要点

■ 整个练习过程中，膝关节、髋关节保持正确的力线；
■ 保持躯干收紧、挺胸以及肩部后缩的姿势。

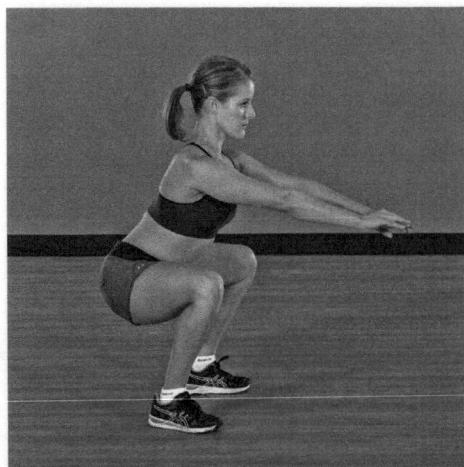

自重侧蹲（Bodyweight Lateral Squat）

目的

■ 该练习常用于改善下肢稳定性和平衡能力，由于该动作需要不断转换重心，也能发展臀部力量和柔韧性。

前提条件

■ 良好的平衡和稳定能力；

■ 下肢没有疼痛或损伤。

步骤

■ 手臂伸直并抬到与肩部在同一水平的位置；

■ 双脚分开站立，距离稍宽于肩；

■ 左腿屈膝，同时转移重心，成左侧弓箭步（见图 a），再转移重心到右侧（见图 b）；

■ 整个练习过程中，手臂应该伸直，保持与肩部在同一水平的位置，从而提供平衡。

要点

■ 下蹲时确保膝关节没有超过脚尖，且膝关节与第二足趾在同一力线上。

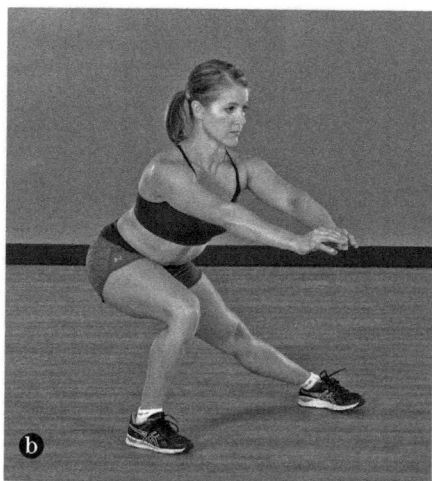

自重 180 度蹲转 (Bodyweight 180-Degree Squat Turn)

目的

■ 该练习能很好地改善下肢肌肉耐力、协调性以及本体感受。

前提条件

■ 平衡、稳定和协调能力；

■ 下肢没有疼痛或损伤。

步骤

■ 完成一个下蹲（见图 a）；

■ 蹲起的同时抬高左脚，以右脚为轴心，逆时针旋转到与之前相反的方向（见图 b）；

■ 立即完成下一次下蹲，然后重复上述过程，以左脚为轴顺时针旋转；

■ 持续地交替练习，直到你完成规定的重复次数。

要点

■ 下蹲时确保膝关节没有超过脚尖，且膝关节与第二足趾在同一力线上。

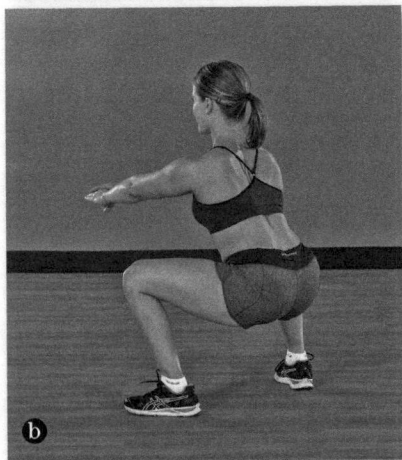

自重反向弓箭步（Bodyweight Reverse Lunge）

目的

■ 该练习能改善下肢肌肉耐力和协调性，以及发展单侧力量和耐力。

前提条件

■ 良好的平衡和协调能力；

■ 下肢没有疼痛或损伤；

■ 具备以持久的、较好的技术完成前弓箭步的能力。

步骤

■ 保持躯干收紧，右脚尽可能远地向后跨步；

■ 同时左腿屈膝成 90 度角，大腿与地面平行（见图 a）；

■ 伸直左腿，右脚向前移动回到起始姿势（见图 b）；

■ 重复上述动作，换为左脚向后跨步、右腿在前；

■ 持续交替完成规定的重复次数。

变式

■ 伸直支撑腿，收回摆动腿，回到起始姿势，之后摆动腿立即完成一个高抬腿并向前踢的动作。前踢腿收回到起始姿势，然后按照上述动作顺序完成规定次数的练习。再换一侧腿重复此动作。

要点

■ 确保支撑腿的膝关节不超过脚尖，且膝关节与第二足趾在同一力线上。

高级练习

自重弓箭步走（Bodyweight Walking Lunge）

目的

■ 该练习能改善下肢肌肉耐力、平衡和协调性，也能帮助发展单侧力量和耐力。

前提条件

■ 良好的平衡、稳定和协调性；

■ 下肢没有损伤；

■ 具备较好的、持续完成前弓箭步的技术能力。

步骤

■ 站姿开始；

■ 腰背收紧；

■ 右脚向前跨一大步（见图 a）；

■ 屈膝下蹲，直到大腿与地面平行（见图 b）；

■ 左腿向前跨步完成弓箭步；

■ 持续交替完成规定的距离。

变式

■ 该练习也能侧向移动完成；

■ 曲棍球弓箭步也能用弓箭步走的方式完成，但是跨大步不是直着向前而是侧向 45 度。

要点

■ 确保支撑腿的膝关节不超过脚尖，且膝关节与第二足趾在同一力线上；

■ 摆动腿向胸部靠近，抬腿处于支撑腿的上方。

 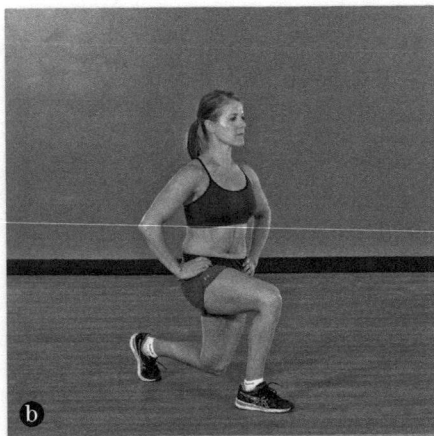

自重交替上下台阶（Bodyweight Alternating Step-Up）

目的

■ 该练习能改善下肢肌肉耐力、平衡和髋部的稳定性，也能帮助发展单侧腿的力量和耐力。

前提条件

■ 良好的平衡、稳定和协调性；

■ 没有下肢损伤。

步骤

■ 面对30~40厘米高的跳箱站立；

■ 抬左腿并将左脚完全平踏在跳箱上（见图a）；

■ 左腿蹬伸，然后抬起右腿，将右脚放在跳箱上（见图b）；

■ 首先，右脚回到初始姿势，完全踩在地上。然后左脚踏回地面；

■ 从右脚开始，重复此练习；

■ 持续交替完成规定次数的练习。

变式

■ 一侧腿完成规定次数的练习后，转换另一侧腿，完成同样次数的重复练习；

■ 可以侧向踏步和旋转踏步相结合，以增加练习的多样性。

要点

■ 确保双脚平踏在地面或跳箱上；

■ 确保支撑腿的膝关节不超过脚尖，且膝关节与第二足趾在同一力线上，髋部不能旋转。

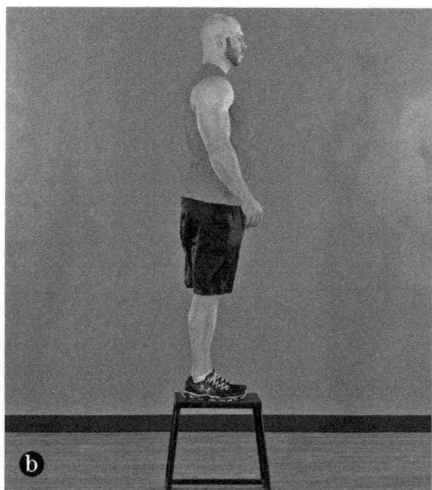

高级练习

自重波比跳（Bodyweight Burpee）

目的

■ 该练习常用于发展全身的灵敏性和爆发力，及发展身体整体体能。

前提条件

■ 良好的躯干稳定性；

■ 具备以良好的动作和技术完成深蹲的能力；

■ 下肢或上肢没有疼痛或损伤。

步骤

■ 以站姿开始，俯身双掌撑地，双脚后伸，成平板支撑姿式，完成一个标准俯卧撑（见图a）；

■ 双脚跳回起始站立位置，落在胸部下方（见图b），然后尽可能高地跳起（见图c）；

■ 完成规定时间或规定次数的重复练习。

变式

■ 为降低难度，可双脚向前蹬地后，简单地站立而不是跳起，常用于在初学者不能完成或保持正确跳起动作时；

要点

■ 手臂弯曲成90度；

■ 躯干收紧，髋部稍向前倾斜10度左右；

■ 每次跳起时尽可能地把自己推离地面；

■ 最小化垂直方向的动作（或摆动以及上下弹跳），完成尽可能多的跳跃次数。

自重快速上下跳箱（Bodyweight Quick Feet on Box）

目的

■ 该练习用来发展协调性、平衡能力、单腿稳定性以及脚步快速移动能力。

前提条件

■ 具备稳定和保持单腿平衡的能力；

■ 下肢没有疼痛或损伤。

步骤

■ 屈肘呈90度角，摆臂，左手手指置于与眼睛齐平的位置，同时右手屈肘90度摆臂，手指置于裤子臀部后口袋的位置处；

■ 抬起右脚，将足尖部位踏在15~30厘米高的跳箱上（见图a）；

■ 臀部以上的身体部分稍向前倾，像跑步一样快速交替摆动手臂和腿，双手双脚互换位置（见图b）；

■ 完成规定次数或规定时间的练习。

要点

■ 动作过程必须同时用相对侧的手和脚；

■ 保持躯干收紧；

■ 臀部以上的身体部分稍向前倾约10度；

■ 前腿的脚尖部位轻踏跳箱的顶部。

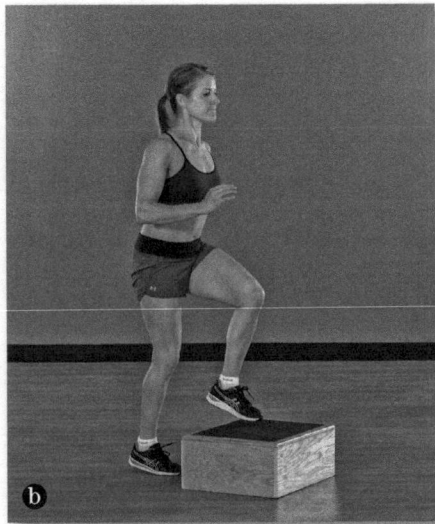

入门训练计划

如果你从来没有规律地进行锻炼，可能会面临不知道从哪开始进行练习的挑战。表 3.2 给出的是一个 4 周的入门训练计划，能帮助你舒适地进行自重训练。你应该每周两次，持续 4 周去完成这个计划。按照表中列出的练习顺序进行训练。每个练习应该坚持 20 秒。练习与练习之间没有间歇。完成所有练习之后，休息 2 分钟，然后重复所有的练习。每次训练应该将表中所列出的练习重复 3 次。

表 3.2　入门级自重训练计划

第 1 次	第 2 次
自重开合跳 p.13	自重开合跳 p.13
自重仰卧撑踢腿 p.14	自重俯卧撑 p.21
自重小虫爬 p.15	自重仰卧撑踢腿 p.14
自重熊爬 p.16	自重双杠臂屈伸 p.22
自重登山练习 p.17	自重小虫爬 p.15
自重鳄鱼式跨步 p.18	自重引体向上（如有需要，可用变式练习）p.20
自重剪刀式跨步 p.19	自重登山练习 p.17
自重俯卧撑 p.21	自重剪刀式跨步 p.19
自重双杠臂屈伸 p.22	自重鳄鱼式跨步 p.18
自重引体向上 p.20	自重熊爬 p.16

第 4 章

冲刺跑训练

冲刺跑（Sprinting），即高速奔跑，在许多运动中都是极其重要的。运动员往往需要在比赛或训练中进行不同距离的短跑。由于他们即使在疲劳的情况下依然要完成短距离的快速冲刺，因此冲刺跑训练（或短跑训练）是日常体能训练计划中的重要部分。

将冲刺跑融入日常体能训练中既有优势也有不足。优点主要在于冲刺跑的强度很大，是一种有效的高强度间歇训练方法。此外，许多项目运动员在冲刺跑中获得了成功，冲刺跑是符合一些间歇项目的专项训练模式，因此利用冲刺跑可以最大限度地挖掘运动员的潜力，从而提高运动表现。

另一方面，冲刺跑有很高的技术要求。高速的跑动取决于跑的力学机制、步长（每一步的长度）、步频（能够多快迈出一步）、力量和灵活性。良好的冲刺跑技术需要四肢的快速移动能力，同时最大效益地获取地面的反作用力并预防损伤，尤其是股后肌群和小腿等部位。如果在疲劳的状态下进行短跑训练，久而久之就会破坏技术动作，并且加大损伤风险，而且会导致速度变慢。换句话说，体能训练时，冲刺跑动作技术不正确，跑动时没有正确地发力，这种低劣的动作力学结构会影响速度的发挥——我们希望运动员无论如何都不要出现这种情况。

鉴于此，本章的主要内容是认识和实践正确的冲刺跑力学机制中的每个因素，并帮助你理解这些动作应该是怎样的。你可以采用这些练习手段来学习正确的跑步方式和技术（这些练习同样可以作为很好的体能训练内容）。最后，对冲刺跑训练作为体能训练的内容做了讨论。

基础入门

根据距离，短跑有三个不同的阶段。第一个阶段称为加速，在加速阶段，我们开始增加速度。第二阶段是最大速度，即在短跑的这个阶段中，我们尽可能达到的最大速度。第三阶段是速度耐力，我们尽力将最大速度保持更长的时间。

区别短跑的不同阶段是很重要的，因为加速阶段和最大速度阶段的技术动作有些许差别。除此之外，特定的阶段可能只适用于部分项目而不是所有项目。例如，棒球项目需要运动员在相对短的距离内加速，因此棒球运动员很少能够加速到最大速度。与此相反，一个跑 400 米的田径运动员必须发展这三个阶段。

最大速度

当我们讨论冲刺跑技术时，通常第一个需要解决的是最大速度。实现最大速度是我们一贯的目标，不论我们是走一步还是跑 200 米。

当跑步达到最大速度时，脚是抬离地面的。当脚接触到地面时，脚应当是从身体后方向你的髋关节抬起（见图 4.1）。目的在于让脚跟能贴近臀部。明白腿和髋的移动路径，想象你自己的右脚贴着墙在身后向上滑动。在此动作基础上，摆动腿向前直到大腿大致与地面平行，这样小腿才能展开。同样在这个姿势下，利用髋关节驱动使脚落向地面。前脚掌在身体稍前方的地方触及地面。右脚着地时，左脚贴近你的臀部。拉动自身向前，直到身体在支撑脚的上方通过，然后重复进行。换句话说，在体能训练中进行冲刺训练，更多的应该强调正确的力学机制。错误的动作会限制速度的发展，我们希望运动员避免这一错误。

无论何时进行冲刺跑，你的脚和踝关节都应该保持紧张。有时这被称为"勾脚"。在冲刺时，足和脚踝都是勾紧的，脚趾头不应该耷拉着向下。有一个方法可以帮助你保持这样的姿势，即在冲刺跑时想着抬高你的大脚趾。

冲刺跑的身体姿势也是非常重要的，当你的脚触及地面时身体应该保持高重心而不是弓身向前。保持高重心可以使你最大化地释放力量来对抗外力，反之弓身会阻碍你力量的产生。

良好的上肢动力学对于冲刺跑而言也是非常重要的。你的胳膊应该屈曲并保持在中立位置。你的手是张开还是握住取决于哪一种姿势让你觉得更舒服，但是你不能把手紧握成拳头，因为这样会使上身更加紧张。此外，胳膊应该沿直线方向前后摆动；而不是在体前交叉。交叉会导致身体扭转，不利于提高跑速（见图 4.2）。

加速

对于短跑运动员来说，加速阶段划分为两个子阶段：纯加速阶段和转换阶段。纯加速阶段的技术动作与最大速度阶段有略微不同。转换阶段的技术动作几乎与最大速度阶段完全一致，只是没有到达最大速度。

图 4.1 冲刺跑的最大速度阶段时腿和脚的运动轨迹：脚跟贴近臀部，腿向前摆动，落地
来源说明：Adapted, by permission, from G. Schmolinsky, 2000, *The East German textbook of athletes* (Toronto: Sport Books).

纯加速跑依赖于向前的动力学，腿部动作发生在身体的前方。在加速时，你抬离右脚离开地面。当你这样做时，你的右膝抬到身体的前方，然后利用你的臀大肌再驱动右脚下压着地，让前脚掌着地。当你的右脚触地后，抬离你的左脚，然后持续这种交替变化。

大部分人是在加速阶段后 10~15 米到达转化阶段。过了这个点后你就可以开始将后侧力学机制融入冲刺中，此时的技术动作要求跟最大速度冲刺时一样。

当加速冲刺到最大速度时，你的胳膊前后向摆动，同时保持良好的、直立的身体姿态（随着速度的增加，你的身体会稍微前倾）。脚和踝关节应当一直保持锁紧的状态。

图 4.2 最大冲刺速度时正确的姿态：脚踝勾紧，身体挺直，屈肘前后摆动，没有交叉

速度耐力

速度耐力是指保持最大速度的能力。只有田径运动员不需要过于担心速度耐力。只有在极少数运动情况下才需要直线地加速足够长的距离，并完全发挥速度耐力的作用。然而，有时速度耐力也是必需的，特别是已经出现了一次严重失误或者几次失误时。这种情况下，要知道以最大速度跑步与以其他速度跑步在力学上是完全相同的。面临的挑战是最大速度只能维持几秒钟。因此在这个阶段，我们只能尽可能地保持速度。虽然对于除了田径之外的运动项目，速度耐力不是关键因素，在需要间歇性爆发速度的运动项目中，重复冲刺能力是至关重要的，例如足球、曲棍球和橄榄球。在这些运动中将冲刺训练与训练计划结合起来，能在比赛场上收到巨大的回报，尤其是在一场比赛的后半阶段。控制能力较好的运动员在比赛中可以控制爆发速度。在许多情况下，这种训练可以让运动员击败对手拿到球、缩小得分差距或者在平局中获得胜利。速度耐力可以决定成败。

基础练习

当使用短跑作为高强度间歇训练的方法时，从损伤预防以及确保训练效果及转化能力的角度来看，技术是至关重要的。基于这样的考虑，将复杂的技术拆分成不同的部分作为基础练习，这样更容易掌握。在掌握了这些技术之后，这些基础练习可以作为很好的热身项目，而且可以一直用于体能训练中。

着地练习（Sprinting Footstrike）

目的

该项练习在于教会运动员如何把脚抬离地面、如何触及地面，以及在跑动中脚的哪个部分触及地面。同时这也是一个有效地发展短跑运动员小腿和足踝力量的专项化的训练。它还可以作为一种轻缓的或低强度的增强式练习。

前提条件

■ 能够勾住脚尖；
■ 明白用脚的哪一部分触地。

步骤

■ 面向行进方向准备开始；
■ 保持一条腿伸直，同时从髋部开始摆动左腿向前（见图 a）；
■ 摆腿向前，勾脚下压落地；
■ 摆动左腿向前使得脚的落点在髋关节偏前的位置（见图 b）；
■ 应该是脚前掌落地接触地面；
■ 你的身体跟随左腿向前，同时摆动右腿向前；
■ 持续地交替进行，完成规定距离的练习。

要点

■ 勾脚并尽可能快地抬离地面；
■ 保持支撑腿伸直，从髋部启动向前摆腿；
■ 前脚掌着地。

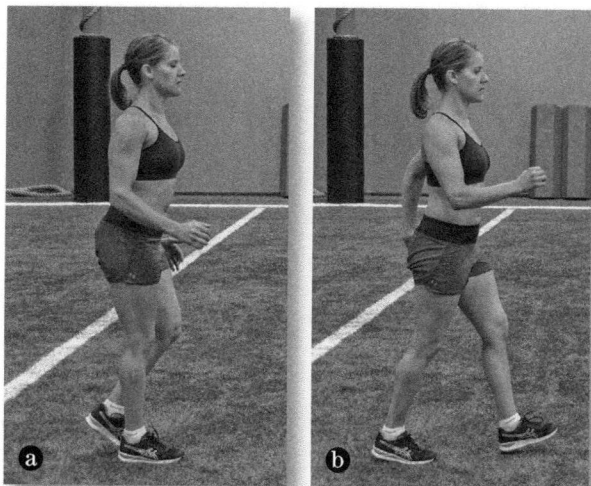

折叠腿练习（Sprinting Lift the Foot）

目的

学习后侧发力时，借由之前的练习手段来巩固该项练习，这项练习教你在冲刺跑时如何抬脚向上到你的髋部，当你熟练掌握这些动作时，该练习可以作为热身或体能训练的内容。

前提条件

- 能够勾住脚尖；
- 知道用脚的哪一部分触地；
- 有能力保持连贯良好的技术动作。

步骤

- 面向行进方向准备开始；
- 右脚抬离地面时勾脚（见图 a）；
- 抬离右脚到身体后侧，好比脚底贴着墙面向上滑动（见图 b）；
- 抬离右脚向上直到它贴近同侧臀部或者尽可能形成舒服的姿势；
- 保持勾脚，右腿向前迈步，前脚掌落地；
- 左腿重复进行；
- 持续的交替进行，完成规定距离的练习。

要点

- 勾脚并尽可能快地抬离地面；
- 在身体后方勾脚向上直到贴近臀部；
- 前脚掌着地。

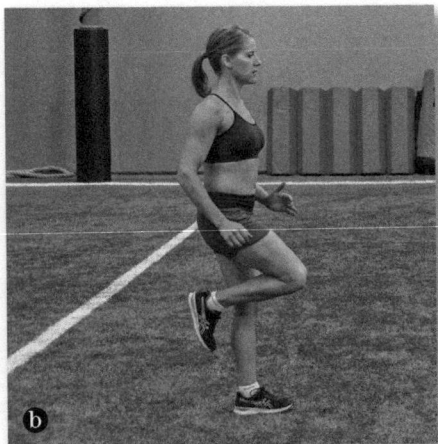

前摆腿练习（Sprinting Swing the Leg）

目的

该练习的巩固需要保持勾脚及前脚掌落地的技术要点。这项练习能够教会你前侧动力学以及如何使用髋关节驱动脚向前。当你熟练掌握之后，这项练习能够作为很好的热身或体能训练内容。

前提条件

■ 能够勾住脚尖；

■ 知道用脚的哪一部分触地；

■ 训练过程中有能力保持良好的身体姿态。

步骤

■ 面向行进方向准备开始；

■ 右膝抬高到身体前侧；

■ 当右脚离开地面时勾脚；

■ 右膝上抬，直至大腿平行于地面；

■ 保持勾脚，右腿向前迈步，前脚掌落地；

■ 左腿重复进行；

■ 持续地交替，完成规定距离的练习。

要点

■ 勾脚并尽可能快地抬离地面；

■ 前脚掌着地；

■ 当进行该项练习时身体保持高重心，保持胸部和肩部后张。

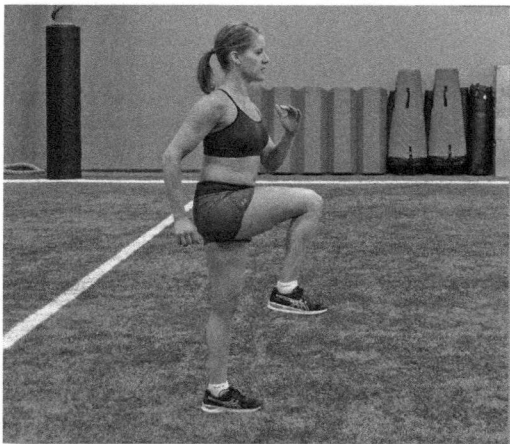

动作整合练习（Sprinting Put It All Together）

目的

该项练习的目的在于整合前面学的所有技术动作，并采用最大速度模拟跑动。当需要你把这些动作整合在一起的时候，它强化了每一个动作。同时它也是不错的准备活动内容，还有助于股后肌群以专项化的形式参与到训练中。

前提条件

■ 能够勾住脚尖；

■ 知道用脚的哪一部分触地；

■ 对后侧发力机制的理解；

■ 对前侧发力机制的理解；

■ 训练过程中有能力保持良好的身体姿态。

步骤

■ 面向行进方向准备开始；

■ 当右脚抬离地面时要勾脚；

■ 抬离右脚在身体后方，想象脚底贴着墙面向上滑动；

■ 抬离右脚向上直到它贴近同侧臀部或者尽可能形成舒服的姿势；

■ 右腿向前摆动直到大腿最后与地面平行；

■ 当你摆动右腿向前时，脚也应当从臀部开始向前摆动；

■ 利用髋关节驱动右脚下压使落点在身体前方；

■ 右脚的前脚掌落地；

■ 右脚支撑时，左腿重复同样的动作；

■ 持续地交替进行，完成规定距离的练习。

要点

■ 勾脚并尽可能快地抬离地面；

■ 前脚掌着地；

■ 训练过程中身体保持高重心，保持胸部和肩部后张；

■ 利用臀肌驱动脚下压到地面。

高级练习

基础练习是非常重要的，因为它提高和完善了冲刺跑的关键技术。冲刺跑技术动作的复杂程度超过了许多人的认识。基础练习同时也是实用的体能训练手段，特别是结合其他运动形式时。但它们并不是冲刺跑的替代品。本章中所描述的高级练习是将冲刺跑作为一种独立的方法用于高强度间歇训练。表 4.1 中列出了一些高级冲刺跑练习的范例。

表 4.1 高级冲刺跑练习的冲刺距离、练习时长与间歇时间

等距冲刺跑练习 （练习时长及间歇时间，以秒为单位）	阶梯式冲刺跑练习 （练习时长及间歇时间，以秒为单位）	限时冲刺跑练习 （练习时长和休息时间总和）
10×100 米（25 秒，50 秒）	1×20 米（10 秒，20 秒） 1×40 米（15 秒，30 秒） 1×60 米（20 秒，40 秒） 1×80 米（25 秒，50 秒） 1×100 米（30 秒，60 秒） 1×80 米（25 秒，50 秒） 1×60 米（20 秒，40 秒） 1×40 米（15 秒，30 秒） 1×20 米	1×40 米（20 秒） 1×100 米（30 秒） 1×80 米（25 秒） 1×60 米（20 秒） 1×40 米（20 秒） 1×100 米

阶梯式冲刺跑练习（Stepwise Sprinting）

目的

这种训练比等距冲刺跑练习更加具有专项性。它模拟了运动员在不同冲刺距离及恢复间歇的训练情况下的感受。不足之处在于它是一个可预估的训练，而不是正式比赛中的冲刺（不可预估）。

前提条件

■ 正确理解冲刺跑的力学机制；

■ 在目标距离内有足够的耐力维持正确的技术动作。

步骤

■ 站在起跑线上，面向行进方向；

■ 听到开始口令，跑完规定距离；

■ 在这个冲刺训练中，你在第一次冲刺时跑完特定距离，随后逐渐增加跑距；反之，第一组冲刺距离增加，随后逐渐减少跑距（举例见表 4.1）。

要点

■ 必须强调正确的技术动作；

■ 出于安全原因，一旦动作走形，训练应当立即停止；

■ 间歇时间要采用积极的恢复方式：来回走动或是慢跑，而不要坐下或躺下，因为静态的活动将不利于疲劳的恢复一并且会导致抽筋。

高级练习

等距冲刺跑练习（Constant Distance Sprinting）

目的

这是一种将冲刺跑作为高强度间歇训练手段的简易方式。许多运动将该方法融入体能训练中。例如美式橄榄球的场地长 100 码（约 91.4 米），可采用 100 米冲刺跑的方式。但运动员往往在后几次冲刺训练中懈怠，影响训练效果。

前提条件

■ 正确理解冲刺跑的力学机制；

■ 在目标距离内有足够的耐力维持正确的技术动作。

步骤

■ 站在起跑线上，面向行进方向；

■ 听到开始口令，跑完规定距离；

■ 在这个冲刺训练中，跑完一个预先设定的距离，例如 10 次的 100 码冲刺跑；

■ 这种训练的最佳效果是基于正确的冲刺持续时间和间歇时间。例如 100 码冲刺跑可以用 20 秒进行，60 秒恢复。如果你用时少于 20 秒，就有较多的休息时间；反之如果用时超过 20 秒，就会有较少的休息时间。参考表 4.1 的示例。

要点

■ 必须强调正确的技术动作；

■ 出于安全原因，一但动作走形，训练应当立即停止；

■ 间歇时间采用积极的恢复方式：来回走动或是慢跑，而不要坐下或躺下，因为静态的活动将不利于疲劳的恢复，并且会导致抽筋。

限时冲刺跑练习（Finite Time Sprinting）

目的

该项练习是这本书中最高级的一种方法。它是随机的，太慢或者疲劳了都是无效的。正因为如此，它更贴近于专项特征。这项训练的挑战在于你的同伴给予的训练安排是随机且不确定的。

前提条件

■ 正确理解冲刺跑的力学机制；

■ 在目标距离内有足够的耐力维持正确的技术动作。

步骤

■ 站在起跑线上，面向行进方向；

■ 听到开始口令，跑完规定距离；

■ 在这个冲刺训练中，你要跑完特定的距离，在起跑前会告诉你距离，这个距离在每个冲刺时都是随机的和变化的；

■ 你要在特定的时间完成冲刺及恢复，当时间一到，就进行下一组冲刺（举例参见表 4.1）。

要点

■ 必须强调正确的技术动作；

■ 出于安全原因，一旦动作变形，训练应当立即停止；

■ 间歇时间采用积极的恢复方式：来回走动或是慢跑，而不要坐下或躺下，因为静态的活动将不利于疲劳的恢复，并且会导致抽筋。

■ 总的跑量应当控制不超过 500~750 码（450~700 米）；

■ 应根据实际安排每个冲刺跑的持续时间及恢复时间，切记冲刺时的正确技术动作及速度是最重要的。

入门训练计划

下面这个训练计划将有助于你熟练掌握短跑训练技术并夯实基本功，使得你可以将冲刺训练更好地融入高强度间歇训练中。这份训练计划持续 4 周，每周训练 3 次：第一次的训练重点在于技术规范及最大速度，所以会给充足的距离来达到最大速度；第二次的训练重点在于技术规范及加速能力，这意味着冲刺距离变短，而且要更关注前侧发力机制；最后一次的训练重点在于技术和速度耐力，这意味着冲刺距离更长，同时保证每个冲刺间充足的恢复时间。完成这些练习内容后，你应当熟练掌握技术动作，并且具备一定的体能基础来进行更高级的训练。训练计划细节见表 4.2。

表 4.2 入门级冲刺跑训练计划

周一	周三	周五
·热身：慢跑 400 米 ·着地练习：2×20 米 p.43 ·折叠腿练习：2×20 米 p.44 ·前摆腿练习：2×20 米 p.45 ·动作整合练习：2×20 米 p.46 ·3~5 组 ×40 米，完全恢复	·热身：慢跑 400 米 ·着地练习：2×20 米 p.43 ·折叠腿练习：2×20 米 p.44 ·前摆腿练习：2×20 米 p.45 ·动作整合练习：2×20 米 p.46 ·3 组 ×5 米，完全恢复 ·3 组 ×20 米，完全恢复	·热身：慢跑 400 米 ·着地练习：1×20 米，慢跑回去 p.43 ·折叠腿练习：1×20 米，慢跑回去 p.44 ·前摆腿练习：2×20 米，慢跑回去 p.45 ·动作整合练习：1×20 米，慢跑回去 p.46 ·2 组 ×5 米，完全恢复 ·2 组 ×20 米，完全恢复 ·5 组 ×150 米，完全恢复

第 5 章

药球训练

药球（Medicine Ball）已经存在了几个世纪。根据托马斯（Thomas，2002）记载，虽然药球最早可以追溯到古埃及，但是希腊医生克劳迪斯·盖伦（Claudios Galenos）（约公元 130~200 年）被认为是第一个制定并且详细描述药球使用目的的人。在 16 世纪，热罗尼莫·米尔库利亚（Girolamo Mercuriale），提出了使用轻球（填充物是空气或羽毛）或重球（填充物为沙子）预防和治疗疾病。在 19 世纪末和 20 世纪初，药球训练被美国军事学院作为一种康复的手段。

药球不仅是一个非常灵活的训练工具，而且相对于其他形式的传统健身器材，价格十分低廉。药球存在不同的重量、尺寸、类型，可以用来发展不同形式和不同需求的身体训练。各地体育用品商店都有传统皮革装订的球、沙子填充的药球、设计反弹的橡胶药球，甚至是带手柄的球。另外我们也可以使用废弃的篮球和足球，通过往里面加水的方式制作属于自己的药球。除了通用性，药球也有相较于其他训练器材不具备的优点，就是它可以被扔出去。药球的这种属性使它可以增强自身的运动范围，同时也可以最大限度上增加运动功率。这是因为拮抗肌群并没有在动作后半程被有效激活。

用水制作药球

步骤 1：从旧的足球或篮球拔下塞子（必要时可用尖嘴钳去除）。

步骤 2：使用水管把水灌入球中。

步骤 3：重新插入塞子。

步骤 4：使用充气针和空气泵给球充气。

来源说明：Adapted from Chandler and Reuter,1994.

基础入门

关于药球重量，目前并没有一个选择标准，事实上它取决于很多因素：如训练的类型、训练者的运动表现和想要达到的训练效果等。一般情况下，应该选择可以使自己能达到预期的训练组数与训练效果的重量，如果选择的重量过重的话，训练的效果可能会大打折扣。违反这些原则会对以后的训练造成困难。另外，虽然负荷过重可能会导致运动损伤，但如果负荷过轻，会起不到训练的效果。当我们把目标定为训练肌肉耐力或速度，选择可以进行 15~20 次的重量进行练习，这样可以最大限度地把技术和运动表现能力发挥出来。如果可以提高负荷，采用 10~12RM 的练习也许会更有益。如果你还不清楚应该选多重的药球，那可以参考以下指导原则：

$$药球重量 = （体重 /2）\times 0.1$$

例如：　　　 8 磅 =（160/2）× 0.1，或者 3.6 千克 =（72/2）× 0.1

　　下面的练习和组合集中反映了广泛的健身和运动的目标：如肌肉力量和耐力、心肺功能、移动性、平衡、协调、速度和爆发力，所有的练习都可以用药球来进行。我们每次都是最大限度地去提高训练成果并且获得最全面的身体素质。但是请记住，想要得到最佳的训练效果，必须选择适合自己的训练。

基础练习

本节的练习对发展核心力量十分有帮助，也有助于全身力量的发展。本节的练习不仅仅适用于基础阶段，对于各个阶段的训练人群都比较适合。

药球下劈（Medicine Ball Chop）

目的

■ 发展上半身的耐力和核心肌肉的耐力。

前提条件

■ 肩部无损伤或病史；

■ 身体具备平板支撑的能力。

步骤

■ 双脚分开站立，与肩同宽，同时双手举药球于头顶上方（见图 a）；

■ 保持手臂伸直，肩部伸展，将药球从上往下移动至臀部位置（见图 b）；

■ 移动的过程中始终保持手臂伸直，同时再从下往上移动回原来位置，反复练习。

要点

■ 保持整个躯干收紧；

■ 不要让双臂弯曲；

■ 往下做劈砍动作时要快，同时保持动作的合理性和姿势的准确性。

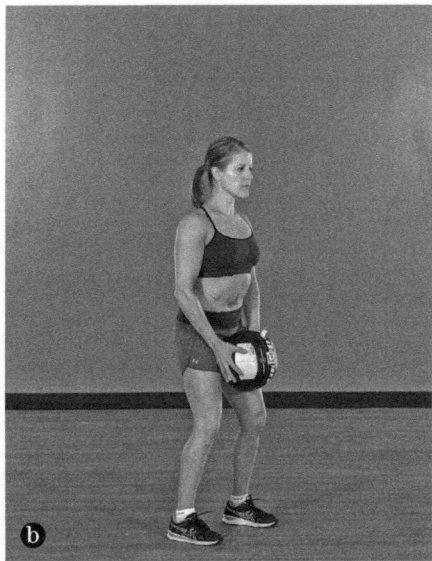

药球书写（Medicine Ball Alphabet）

目的

■ 发展上半身的耐力和核心的稳定性。

前提条件

■ 肩部无疼痛或病史；

■ 身体具备平板支撑的能力。

步骤

■ 双脚分开站立，与肩同宽，并且把球平举在与肩部或胸部在同一水平的位置（见图 a）；

■ 与保持手臂伸直，然后依次用药球书写英文字母（见图 b、图 c）；

■ 设置一定的训练时长或次数，然后重复这样的练习，也可以从后往前书写英文字母。

要点

■ 保持整个躯干收紧；

■ 不要让双臂弯曲；

■ 动作要快，同时保持动作的合理性和姿势的准确性。

药球高推（Medicine Ball Thruster）

目的

■ 发展与传统的下蹲有关的心肺功能，同时也是进行全身练习的一种方式。

前提条件

■ 肩部、背部及下半身无损伤；

■ 身体具备平板支撑的能力。

步骤

■ 双脚开立，与肩同宽，下蹲，保持住，并把球举在与胸部水平的位置上；

■ 进行下蹲（见图a）；

■ 从下蹲位置开始往上举，从胸部位置把球举过头顶（见图b），然后再回到起始位置；

■ 进行固定次数或预定时间的重复练习。

要点

■ 保持整个躯干收紧；

■ 将球举过头顶，直到双臂位于耳侧。

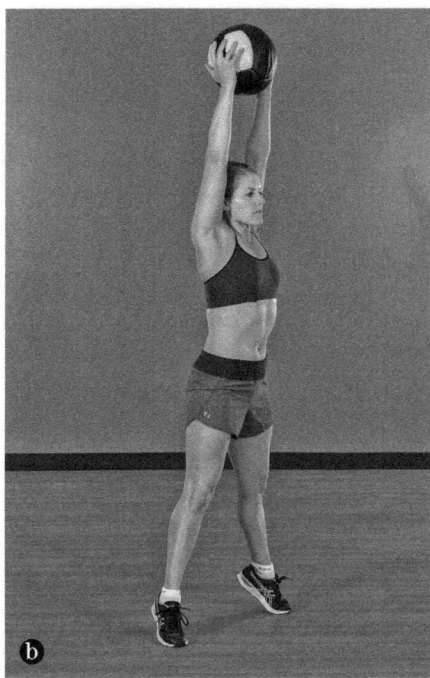

药球保加利亚深蹲（Medicine Ball Bulgarian Squat）

目的

■ 这个练习可以极好地改善单腿平衡，发展髋关节力量和稳定性。

前提条件

■ 可以运用正确的技术和动作下蹲；

■ 躯干稳定性良好。

步骤

■ 控制球放在身前或头顶上，从预设的姿势开始，抬高一只脚放在后面的板凳或椅子上（见图 a）；

■ 屈前腿下蹲直到大腿与地面平行（见图 b）；

■ 返回起始位置；

■ 进行预期的运动量，然后进行一定的重复。

要点

■ 膝关节不要内扣，下蹲后膝关节不能高于大腿。

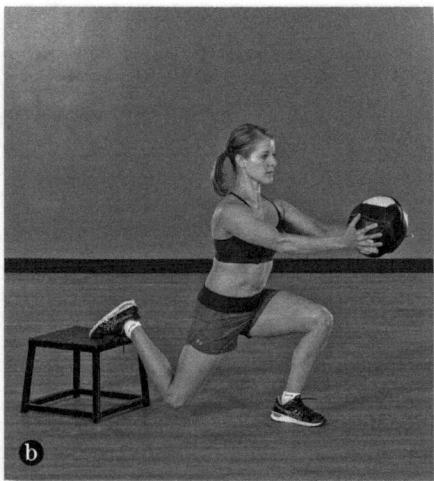

药球对墙练习（Medicine Ball Wall Ball）

目的

■ 这个练习可以提高全身爆发力或爆发力耐力。

前提条件

■ 肩背部无损伤；

■ 能够正确地进行下蹲。

步骤

■ 由面对墙壁开始；

■ 从预设姿势开始持球于胸前；

■ 下蹲（见图 a）。

■ 爆发性跳起并在运动的最高点抛球（见图 b）；

■ 在球从墙上弹回后接住球，然后回到半蹲位，为下次的跳起做准备。

要点

■ 眼睛必须看球，并且接球的时候要放松，像接篮球一样。

药球着地跳跃（Medicine Ball Touch and Jump）

目的

■ 这个练习主要用于提高爆发力耐力。

前提条件

■ 能正确地进行下蹲。

步骤

■ 采用预先设定好的姿势，持球于在胸前；

■ 下蹲将球轻触两脚之间的地面（见图 a）；

■ 然后用爆发力跳起并将球举过头顶（见图 b）。

要点

■ 屈膝至大腿平行于地面即可；

■ 在下蹲过程中膝关节不要内扣或高于大腿。

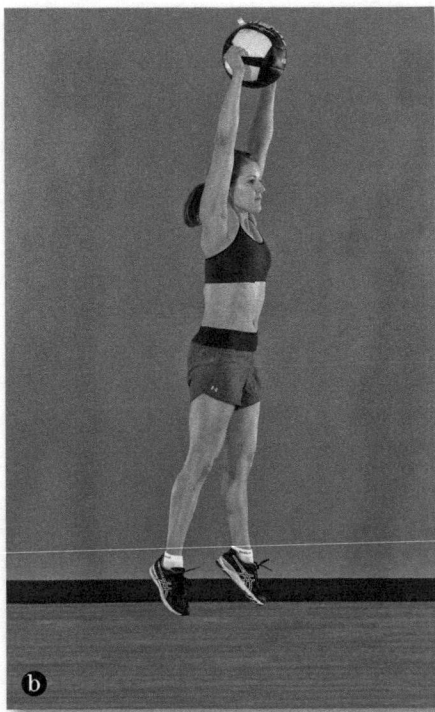

药球下砸（Medicine Ball Slam）

目的

■ 这个练习有利于提高上半身爆发力和爆发力耐力。

前提条件

■ 肩背部无损伤；

■ 保持刚性躯干的能力。

步骤

■ 保持预设的运动姿势，把球举于头顶并且伸直手臂（见图 a）；

■ 用力向下砸球，使球落于两脚之间（见图 b）；

■ 如果药球能反弹，那接球后继续；如果球不能反弹，那捡球后继续。

要点

■ 每次练习都最大限度地发力；

■ 眼睛必须看球，并且接球的时候要放松，像接篮球一样。

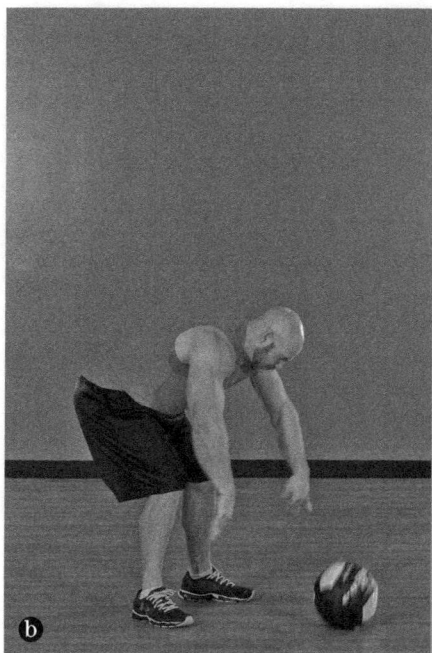

药球胸前传递（Medicine Ball Chest Pass）

目的

■ 这个练习主要是发展上肢的爆发力耐力。

前提条件

■ 下半身没有受伤。

步骤

■ 面对墙或是面对传球对象将球持于胸前，按照预设姿势站好（见图 a）；

■ 尽可能快速地面对墙或是搭档传递药球，完成预定量或时间的练习（见图 b）。

要点

■ 接到球后就像手上着了火一样快速传出。

药球坐姿体转（Medicine Ball Seated Twist）

目的

■ 提高核心耐力和增强胸椎的灵活性。

前提条件

■ 背部无损伤；

■ 躯干良好的等长收缩能力。

步骤

■ 坐于地面，手持药球，膝盖微弯，脚后跟与地面接触；

■ 臀部向后，直到身体与地面成45度，然后转动躯干将药球从臀部的一侧挪向另一侧，反复练习（见图a、图b）。

要点

■ 收紧躯干；

■ 保持良好的动作形式与技术的同时，尽可能地完成该动作。

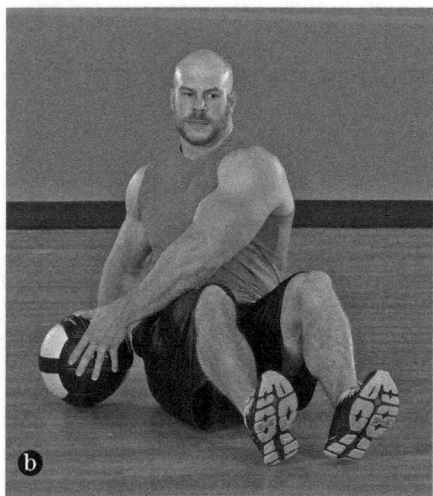

药球仰卧起坐（Sit-Up With Medicine Ball Lift）

目的

■ 通过这项练习提高躯干和肩部的稳定性和耐力，提升背阔肌的柔韧性和髋关节的屈肌力量。

前提条件

■ 能够进行正确的仰卧起坐；
■ 具有一定的肩关节活动度和上半身的灵活性。

步骤

■ 膝盖微弯，平躺于地上，脚底接触地面；
■ 手持药球，充分伸直胳膊，将球放于大腿上（见图 a）；
■ 做仰卧起坐，同时抬起背部和手臂，直到背部和手臂垂直于地面（见图 b）。

要点

■ 保持躯干和手臂在练习过程中完全伸直；
■ 保持躯干的稳定性，不要让背部在倒下的过程中失去控制，而要缓慢地倒下。

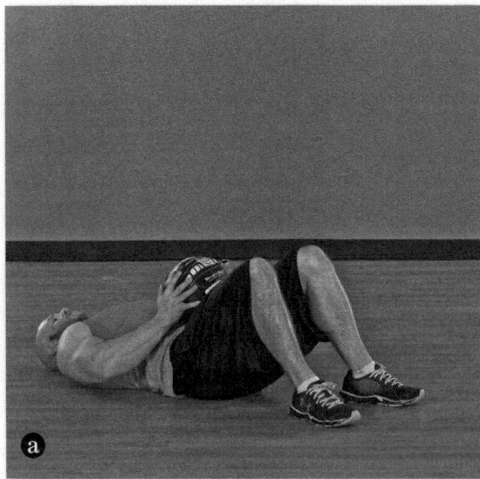

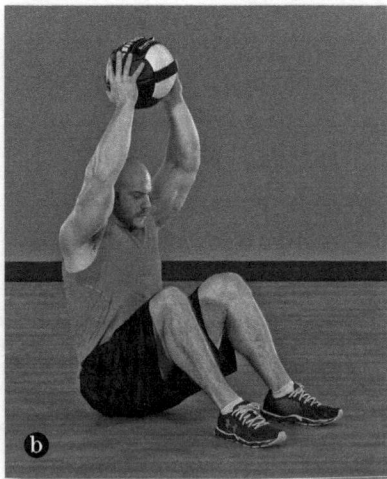

药球改进式躯体练习（Medicine Ball Modified Pike）

目的

■ 增加肌肉耐力和腘绳肌的柔韧性。

前提条件

■ 能够做仰卧起坐。

步骤

■ 平躺，右膝弯曲，左脚平放于地面（见图 a）；

■ 左腿悬空伸直，离开地面，并勾脚尖；

■ 双手持球伸直于头上，球不与地面接触；

■ 保持右脚不动，左膝伸直，做仰卧起坐的同时，左腿上抬，双手持球向前触碰左脚（见图 b）；

■ 换另一只脚进行此练习，直到达到预期的量和强度。

要点

■ 在练习过程中保持手臂和悬空腿完全伸直；

■ 在身体倒下的过程中速度不要过快，要缓慢倒下；

■ 始终保持手臂伸直。

 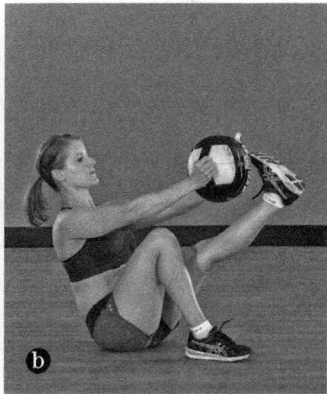

高级练习

高级的药球练习有一点复杂，动作也会更快一些，与基础练习相比，它对练习者的平衡能力要求更高。建议先用 2~3 个月的时间掌握药球基础练习，然后再进行高级练习。

药球斜砍提膝（Medicine Ball Chop With Knee Punch）

目的

■ 提高平衡、协调和身体的移动能力，并通过动态练习构建运动模式。

前提条件

■ 单腿的平衡能力；

■ 躯干的平板支撑能力。

步骤

■ 按照预设的姿势站好，右脚在前，左脚后撑；

■ 手臂伸直，将球拿于手上将球举过头顶，将球的位置控制在身前（见图 a）；

■ 将球向斜下方砍下，后腿向对侧肩部方向抬起，重复动作（见图 b）；

■ 反复练习，并且交换两腿位置。

要点

■ 抬起的膝盖应对着另一侧肩部；

■ 药球砍下位置应对应在另一侧运动裤口袋后方。

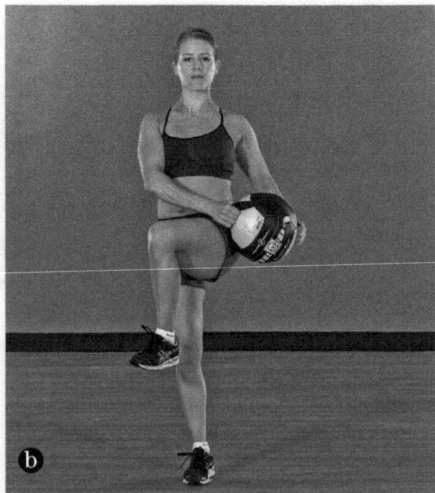

快蹲推球（Medicine Ball Speed Squat With Push）

目的

■ 提高下半身耐力，躯干和肩部的稳定性。

前提条件

■ 下肢和肩部无损伤；

■ 正确下蹲的能力。

步骤

■ 持球于胸口；

■ 下蹲的同时将药球向前推出；

■ 返回起始位置；

■ 尽可能快地重复以上动作。

要点

■ 保持躯干的平直与稳定；

■ 将球捧于胸部前；

■ 下蹲时，保持下背部平直、屈髋屈膝的标准深蹲姿式。

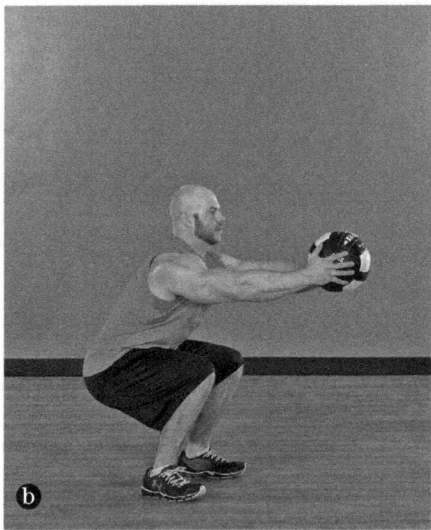

药球多角度下蹲（Medicine Ball Multiplanar Squat）

目的

■ 在接受离心负荷时提高练习者的下肢耐力和躯干的稳定性。

前提条件

■ 快速下蹲推球的能力。

步骤

■ 持球于胸前（见图 a）；

■ 快速下蹲，同时将球水平推出去至左膝盖的正上方（见图 b）；

■ 返回初始位置；

■ 重复动作，将球推出至右膝正上方，反复练习。

要点

■ 保持躯干的稳定；

■ 将球的位置控制在与肩部或者胸部在同一水平；

■ 做标准的深蹲姿势。

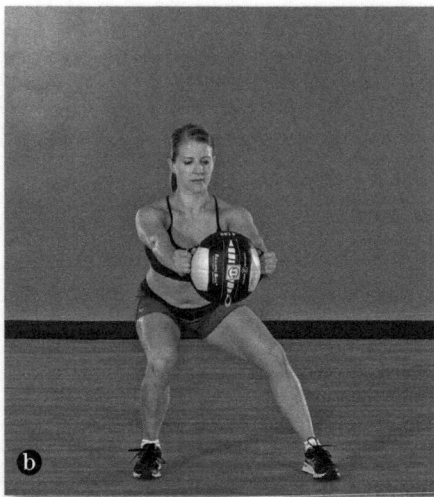

药球跳箱（Medicine Ball Step-Box Change）

目的

■ 这个练习可以很好地提高下肢步伐的协调性和上下肢肌肉耐力。

前提条件

■ 良好的协调和平衡能力。

步骤

■ 右脚踏于高度为10~30厘米的跳箱上，双手持药球于胸前（见图a）；

■ 移动身体，左脚踏上跳箱（见图b），右脚落于地面（见图c）；

■ 两脚交换训练；

■ 重复这样的动作，直到达到预期的量和强度。

要点

■ 注意力集中在步伐和跳箱上；

■ 试着看前方而不是往下看，因为往下看会影响你的身体姿势。

药球单腿深蹲（Medicine Ball Single-Leg Squat）

目的

■ 提高小腿和臀部的稳定性、力量和耐力。

前提条件

■ 良好的平衡能力；

■ 正确深蹲的能力。

步骤

■ 坐在椅子上，将药球置于身前，将左脚抬起远离地面（见图 a）；

■ 仅用自己的右脚站立起来（见图 b）；

■ 重复以上动作，然后进行换腿练习。

要点

■ 如果控制平衡十分困难，那么在站立的过程中向外用力压药球会帮助保持平衡；

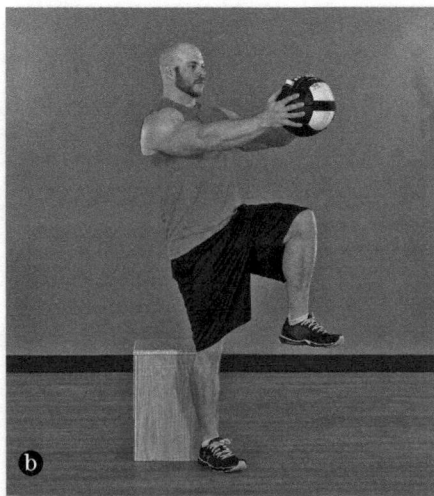

■ 支撑腿不要外翻或者内扣。

药球 90 度下蹲、跳跃和推（Medicine Ball 90-Degree Jump-Squat and Push）

目的

■ 有利于整体的灵活性和爆发力。

前提条件

■ 能够正确地进行下蹲。

步骤

■ 站立，持球于胸前；

■ 下蹲（见图 a），然后向上跳，同时向左旋转，使得落地后与起始位置成 90 度（见图 b）；

■ 跳跃的同时向外水平推球（见图 c）；

■ 接着跳回起始位置，重复以上的动作；

■ 继续重复以上动作，从左往右，从右往左，直到完成预期的量和强度。

要点

■ 蹲至大腿与地面平行；

■ 膝关节不要内扣或外翻。

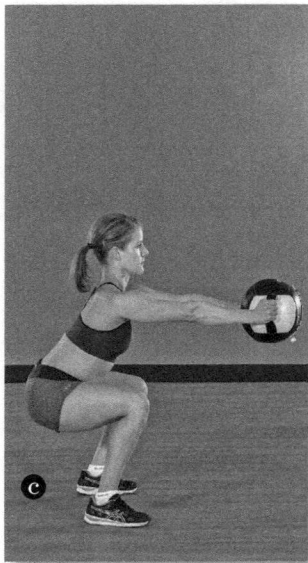

转体下劈抛球（Medicine Ball Rotational Slam）

目的

■ 提高上肢的协调性和爆发力。

前提条件

■ 能够正确完成下劈动作。

步骤

■ 这种下劈与实心球动作相似，不同的是，身体的重心是从左侧扭转到右侧；

■ 保持右脚朝前（见图a）；

■ 在左脚的外侧下劈球（见图b、图c）；

■ 接到反弹球后向相反方向下劈，重复这些动作。

要点

■ 尽可能用最大力量去完成每次的下劈；

■ 注意力集中在球上并且接球要缓慢。

药球后抛冲刺接球（Medicine Ball Bomb Toss to Sprint）

目的

■ 提高全身整体力量和加速能力。

前提条件

■ 具备跳起后正确落地的能力（膝盖与脚趾、胸部、肩部对齐）；

■ 肩部无病史。

步骤

■ 持球于髋部位置；

■ 纵跳，并且用爆发力把球从头顶上方向后抛（见图 a）；

■ 转体 180 度，冲刺追接球（见图 b），然后再向反方向进行此练习；

■ 重复此练习 4~6 次。

要点

■ 使用爆发力扔球，尽可能扔远。

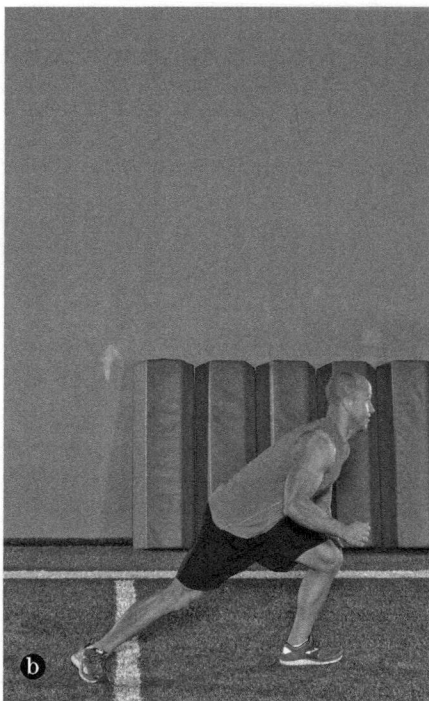

药球交叉俯卧撑（Medicine Ball Off-Centered Plyo Push-Up）

目的

■ 增加上肢肌肉耐力，增加肩部和躯干的稳定性。对单侧俯卧撑增加负荷要求。

前提条件

■ 一定的肩部力量和稳定性；

■ 肩部没有受伤史；

■ 良好的躯干稳定性。

步骤

■ 俯卧撑姿势，一只手在球上，另一只手接触地面；

■ 做俯卧撑（见图a），然后随着身体的上升把球爆发性地移动到另一只手的方向（见图b），反之亦然，反复练习。

要点

■ 你的重心应该始终在接触地面的手的那边，而不是在接触球的手的那边；

■ 保持躯干的稳定和平稳。

入门训练计划

表 5.1 所示的是 4 周的入门级药球训练计划。这个计划对高水平的运动员来说是很好的热身计划,每周训练 2 次,持续训练 4 周。按列表中的顺序依次练习。每次练习持续 30 秒,并且尽可能少地间歇。按计划进行多次重复的练习。

表 5.1　4 周入门级药球循环训练计划

第 1 次	第 2 次
循环:	循环:
药球下劈 p.53	药球下砸 p.59
药球高推 p.55	药球保加利亚深蹲 p.56
药球着地跳跃 p.58	药球着地跳跃 p.58
药球仰卧起坐 p.62	药球改进式躯体练习 p.63
药球胸前传递 p.60	药球坐姿体转 p.61
药球书写 p.54	药球对墙练习 p.57

第 6 章

重绳训练

　　重绳（Heavy Ropes）是可以用来做多种训练的特别粗的长绳。一般长度为15.2~30.5 米，直径大约 51 毫米。可以用做全身训练，也可以作为核心训练。重绳训练可以有节奏地进行，也是间歇训练的一种最佳形式。这些练习多是在站立情况下，动用全身多种大肌肉和核心肌群参与工作。此外，重绳是一种动态的功能性训练。

　　重绳有一些你需要注意的不足之处。当一个人水平较高时，你很难用大绳做一些更难的训练，因为它有特定的长度和重量，所以你很难施加更大的外界负荷。解决的办法是增加练习的持续时间，缩短间歇时间，整合多种训练方法以及通过增加重绳的长度或直径来增加训练的难度，但是有可能会降低训练质量。还有一个不足是，与其他训练工具相比，重绳的训练方法手段较为受限。此外，重绳需要占用更大的面积。表 6.1 列举了不同训练水平的锻炼者所需要的重绳的长度和直径。

表 6.1　重绳的选择

训练水平	直径（毫米）	长度（米）
初学者	32	15.2~18.3
初学者－中级选手	38	15.2~18.3
中级选手	38	18.3
高级选手	51	15.2~18.3
精英运动员	>51	12.2~18.3

基础入门

　　两只手抓住重绳每边的最末端，重绳的中间经常被拴在一个固定的地方（如巨大的壶铃），保证重绳的固定点是很重要的，否则重绳来回晃动会降低锻炼的效果。除了需要固定重绳的一端，你需要知道重绳有不同的抓握方式，其中包括单手抓握、双手抓握和重叠抓握。

单手抓握

　　单手抓握（见图 6.1）是最常见的一种抓握方式，当使用这种方法时，重绳的中间被固定住，另外两端分别固定在你的左右手中。抓握时掌心向下，当然，你也可以使用掌心向上的方式，注意手掌应牢牢包裹重绳的两端。

双手抓握

　　双手抓握（见图 6.2）主要用于核心练习，重绳的中点固定住，双手抓握重绳的另外两端。使用双手抓握时，重绳应当固定，双手固定住重绳两端，拇指缠绕在重绳上。

重叠抓握

　　这种抓握方式类似于单手抓握，但是在重绳的末端绳体有一个重叠，从而增加了你训练的难度，因为你需要有更大的抓握力量（见图 6.3）

图 6.1

图 6.2

图 6.3

基础练习

重绳的基础练习动作同样是非常重要的，因为这些基本动作教会你下一阶段所必须掌握的基本技术，而且它们是通用的，可以发展全身的肌肉力量及能量供应方式。

重绳开合跳（Heavy Ropes Jumping Jacks）

目的

这个练习可以作为热身动作，它是一个可以发展全身肌肉力量的节奏感强的动作，因此它可以安排特定的重复次数或训练时间。这个动作较为简单，对所有水平的锻炼者都适用。

前提条件

■ 在没有重绳的情况下可以完成开合跳；

■ 明白如何单手抓握重绳。

步骤

■ 固定重绳的中点；

■ 立姿，抓住重绳两端（见图a）；

■ 腰背挺直；

■ 身体重心落在两脚脚后跟；

■ 起跳，双脚外分；

■ 同时双手握重绳外展，并抬高双臂使其高于肩关节（见图b）；

■ 还原并且重复在特定的时间进行训练。

要点

■ 整个动作过程中保持腰背挺直；

■ 始终保持身体重心在两脚脚踝之间；

■ 保持重绳在身体两侧，如果太过往前会导致身体重心不平衡。

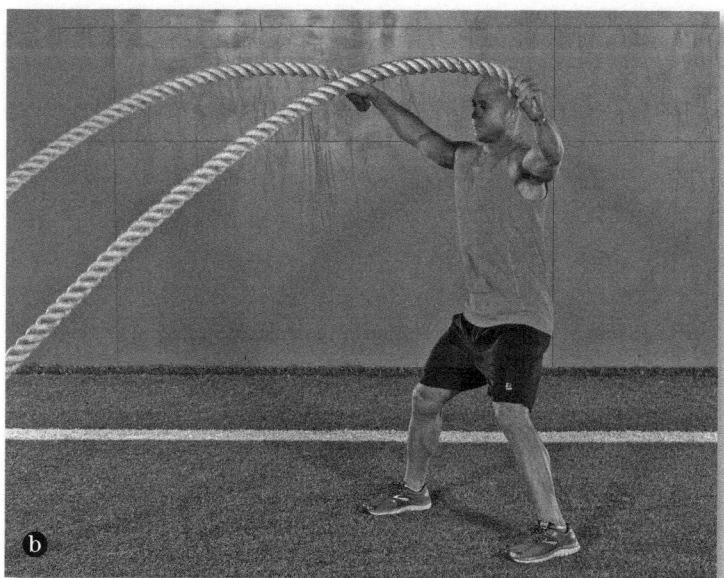

重绳双手用力下砸（Heavy Ropes Two-Handed Slam）

目的

■ 这个练习可能是重绳训练中最常用的练习，可以作为热身动作，是一个全身肌肉参与的节奏感强烈的动作。

前提条件

■ 完成深蹲的能力；

■ 直臂有力量举起重绳；

■ 明白如何单手抓握重绳。

步骤

■ 固定重绳的中点；

■ 立姿，抓住重绳两端；

■ 腰背挺直；

■ 身体重心落在脚后跟；

■ 髋关节向后，迅速成一个半蹲的姿势；

■ 直臂上下甩动，向上时直到手臂伸直与地面平行（见图 a）；

■ 不停顿向下半蹲，手臂直接向地面甩动（见图 b）；

■ 在预定的时间内反复练习。

要点

■ 整个动作过程中保持腰背挺直；

■ 始终保持身体重心在两脚之间；

■ 做这项练习时，深蹲动作起伏要迅速。

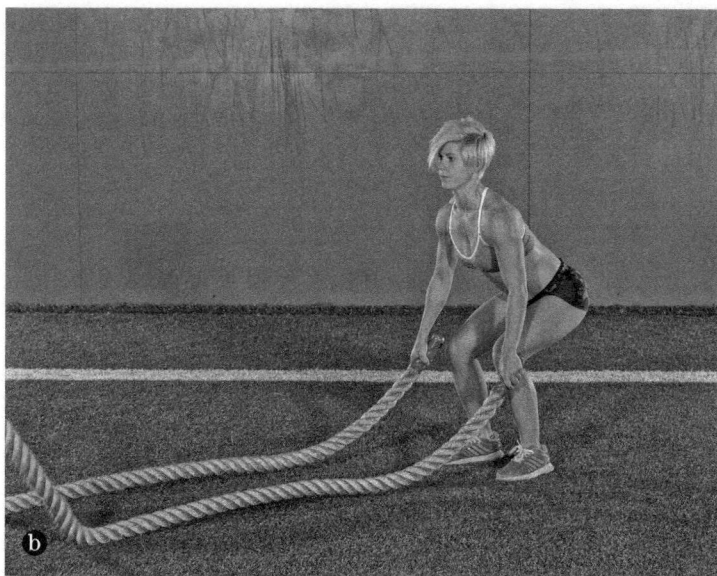

目的

这项练习可以提高你的身体能力，将会动用到你的肩关节，胸部，上背部的肌肉力量，同样需要下肢和核心的肌肉力量来稳定你的身体。

前提条件

- 保持半蹲的能力；
- 直臂有力量举起重绳；
- 明白单手抓握重绳的方法。

步骤

- 固定重绳的中点；
- 立姿，抓住重绳两端；
- 腰背挺直；
- 身体重心落在脚后跟；
- 髋关节向后，迅速成一个半蹲的姿势；
- 保持半蹲的姿势，一手臂向上甩动，一手臂向下甩动（见图 a），向上时直到手臂伸直与地面平行，双手交替进行（见图 a），交换方向（见图 b）；
- 在规定的时间内重复练习。

要点

- 整个动作过程中保持腰背挺直；
- 始终保持身体重心在两脚之间。

重绳伐术（Heavy Ropes Woodchopper）

目的

这项练习主要训练核心肌群，因为它可以有节奏的进行，所以对心肺也是一种训练，就像其他的重绳练习一样，这项练习在站姿情况下进行，能动员全身的主要肌肉。

前提条件

■ 完成半蹲的能力；

■ 直臂有力量举起重绳；

■ 明白单手抓握重绳的方法。

步骤

■ 固定重绳的中点；

■ 立姿，抓住重绳两端；

■ 腰背挺直；

■ 身体重心落在两脚脚后跟；

■ 髋关节向后，迅速成一个半蹲的姿势；

■ 迅速站直，并且双手持重绳向相反方向高举过头顶；

■ 不停顿，换一个方向，半蹲后将重绳甩向你面前的地面；

■ 在规定的时间内重复练习。

要点

■ 整个动作过程中保持腰背挺直；

■ 始终保持身体重心在两脚之间；

■ 在整个动作过程中有节奏的进行。

重绳旋转（Heavy Ropes Twist）

目的

这项练习重点训练你的核心肌群，尤其是腹斜肌。它可以有节奏地重复进行，因此可以用于体能训练，在保持站姿情况下对下肢肌肉力量也是一种锻炼。

前提条件

- 保持半蹲的能力；
- 直臂举起重绳的力量；
- 明白单手抓握重绳的方法。

步骤

- 固定重绳的中点；
- 立姿，抓住重绳两端；
- 腰背挺直；
- 身体重心落在两脚脚后跟；
- 髋关节向后，迅速成一个半蹲的姿势；
- 保持这个姿势，手臂向上运动时需平行于地面（见图 a）；
- 在上臂上举的情况下，快速使肩关节向左运动（见图 b）；
- 不要停顿，肩关节转向右运动；
- 在规定的时间内重复练习。

要点

- 整个动作过程中保持腰背挺直；
- 始终保持身体重心在两脚脚后跟。

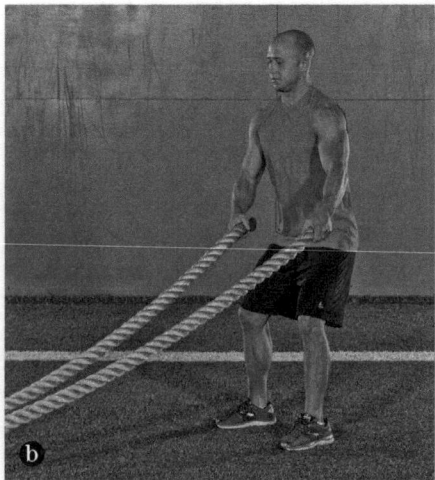

重绳顺时针手臂画圈（Heavy Ropes Clockwise Arm Circle）

目的

这项练习主要训练上背部，胸部和肩部的肌肉，可以有节奏地进行，因此可以用于体能训练。此外，这项练习也需要你下肢和核心肌群来稳定身体。

前提条件

■ 保持半蹲的能力；

■ 直臂有力量举起重绳；

■ 明白单手抓握重绳的方法。

步骤

■ 固定重绳的中点；

■ 立姿，抓住重绳两端；

■ 腰背挺直；

■ 身体重心落在两脚脚后跟；

■ 髋关节向后，迅速成一个半蹲的姿势；

■ 保持这个姿势，手臂向侧方运动，并且手臂需平行于地面（见图a）；

■ 保持手臂平行地面的同时，双手快速向顺时针方向画圈运动（见图b）；

■ 在规定的时间内重复练习。

要点

■ 整个动作过程中保持腰背挺直；

■ 始终保持身体重心在两脚脚后跟；

■ 保持手臂平行于地面。

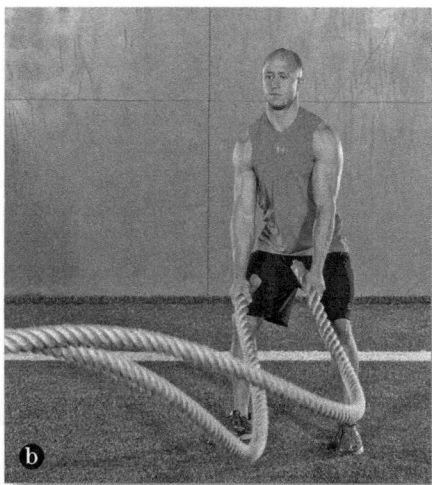

重绳逆时针手臂画圈（Heavy Ropes Counterclockwise Arm Circle）

目的

这项练习主要训练上背部，胸部和肩部的肌肉，可以有节奏的进行，因此可以用于体能训练。此外，这项练习也需要你下肢和核心肌群来稳定身体。

前提条件

- 保持半蹲的能力；
- 直臂有力量举起重绳；
- 明白单手抓握重绳的方法。

步骤

- 固定重绳的中点；
- 立姿，抓住重绳两端；
- 腰背挺直；
- 身体重心落在两脚脚后跟；
- 髋关节向后，迅速成一个半蹲的姿势；
- 保持这个姿势，手臂向侧方运动，并且手臂需平行于地面；
- 保持手臂平行地面的同时，双手快速向逆时针方向画圈运动（见图 a、图 b）；
- 在规定的时间内重复练习。

要点

- 整个动作过程中保持腰背挺直；
- 始终保持身体重心在两脚脚后跟；
- 保持手臂平行于地面。

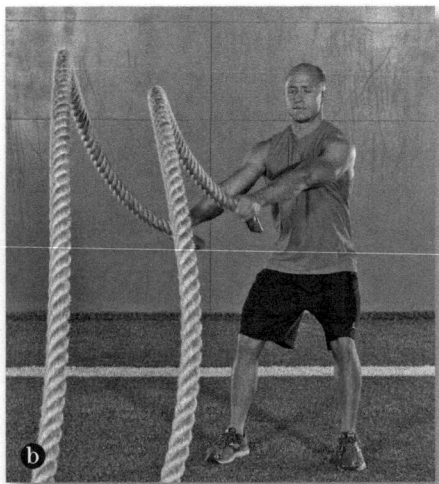

重绳拖拽行走（Heavy Ropes Towing）

目的

这项练习可以以行进的距离作为负荷，既可以作为提高体能的训练方式，也可以作为旨在提高力量的练习。对下肢的肌肉力量是一种挑战，同时需要核心和躯干保持稳定的能力。

前提条件

- 保持半蹲的能力；
- 直臂有力量举起重绳；
- 明白双手抓握重绳的方法。

步骤

- 将重绳的中点固定在雪橇上，背对雪橇；
- 双手抓握在重绳的两端；
- 背部保持紧张；
- 保持半蹲的姿势并向前行进；
- 向前走，以特定的距离作为负荷（见图a、图b）。

要点

- 整个动作过程中保持腰背挺直。

重绳坐姿后拉（Heavy Ropes Pulling）

目的

这项练习可以以行进的距离作为负荷，既可以作为提高体能的训练方式，也可以作为旨在提高力量的练习。主要训练肩部、上背部和肱二头肌，同时需要核心和躯干保持稳定的能力。

前提条件

■ 直臂有力量举起重绳。

步骤

■ 将重绳固定在雪橇上；

■ 坐在距离雪橇合适的地方，面对雪橇；

■ 坐在地上时背部挺直；

■ 抓握重绳后拉使其靠近身体；

■ 用右手将重绳拉向你（见图 a）；

■ 用左手将重绳拉向你；

■ 在特定的距离内重复练习（见图 b）。

要点

■ 这个练习中，佩戴手套会是不错的选择；

■ 背部挺直；

■ 避免因身体旋转拉动重绳。

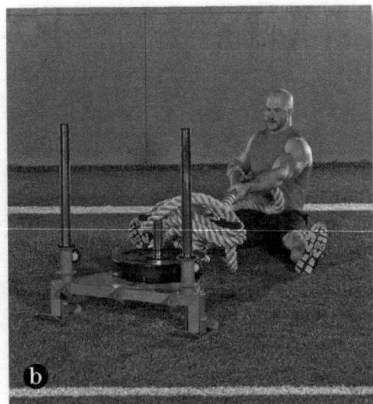

重绳拔河（Heavy Ropes Tug of War）

目的

这项练习发展全身的力量，耐力，躯干和下肢的稳定性。此外，它还很有趣。

前提条件

■ 同伴的体型和你相似；

■ 保持半蹲的能力；

■ 抓握住重绳的能力。

步骤

■ 将重绳拉直放在地面上；

■ 与同伴各持重绳的一端，面对面站立；

■ 双手抓握住重绳；

■ 用力向后拉（在保持自己身体不移动的前提下，尽量把对手拉向你）。

要点

■ 这个练习中，佩戴手套会是不错的选择。

高级练习

本章描述的高级练习的基本技术与基础练习相似，其中很多练习需要一定的体能基础，你需要做一些前期的准备工作，否则练习将会没有效率甚至容易受伤。

重绳单手用力下砸（Heavy Ropes One-Handed Slam）

目的

这项练习要求你半蹲站立，绷紧核心肌群以稳定你的躯干，与双手重绳下砸相比，这项练习单手进行，所以难度会更大，更容易疲劳。

前提条件

■ 非常好的抓握以及下砸的能力。

步骤

■ 固定重绳的中点；

■ 立姿，抓住重绳两端；

■ 腰背挺直；

■ 身体重心落在两脚脚后跟；

■ 髋关节向后，迅速成一个半蹲的姿势（见图 a）；

■ 右手直臂上下甩动，向上时直到手臂伸直与地面平行或高于肩关节（见图 b）；

■ 不停顿，半蹲后手臂直接向地面甩动；

■ 左手重复动作；

■ 在规定的时间重复练习。

要点

■ 整个动作过程中保持腰背挺直；

■ 始终保持身体重心在两脚之间；

■ 练习这个动作时蹲起应该连贯而迅速。

重绳后撤步下砸（Heavy Ropes Backpedal Slam）

目的

这项练习更复杂，具有更多变化，对体能的要求更高，将会锻炼到你全身的肌群。

前提条件

- 非常好的抓握以及下砸的能力；
- 练习双手重绳下砸动作至少 3 个月；
- 非常好的后撤步的能力。

步骤

- 固定重绳的中点；
- 立姿，抓住重绳两端；
- 站地离重绳被固定的距离近一点，这样可以有足够的时间后撤；
- 腰背挺直；
- 身体重心落在两脚脚后跟；
- 髋关节向后，迅速成一个半蹲的姿势；
- 保持直臂上下甩动，向上时直到手臂伸直与地面平行（见图 a）；
- 不停顿，手臂直接向地面甩动（见图 b）；
- 当你在举起和下砸重绳时，做一个后撤步。

要点

- 整个动作过程中保持腰背挺直；
- 后撤步时，身体重心应放在脚踝上；
- 为保持平衡呈半蹲姿势。

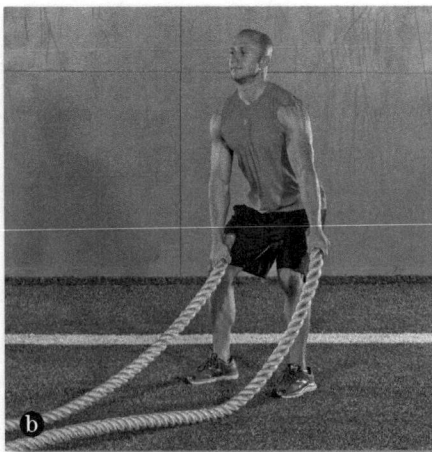

重绳侧滑步下砸（Heavy Ropes Shuffle Slam）

目的

这项练习更复杂，具有更多变化，对体能的要求更高，将会锻炼到你全身的肌群。

前提条件

■ 非常好的抓握以及下砸的能力；

■ 练习双手下砸重绳动作最少3个月；

■ 非常好的后撤步的能力。

步骤

■ 固定重绳的中点；

■ 立姿，抓住重绳两端；

■ 离重绳被固定的距离近一点，这样可以有足够的时间后撤；

■ 腰背挺直；

■ 髋关节向后，迅速成一个半蹲的姿势；

■ 保持直臂上下甩动，向上时直到手臂伸直与地面平行（见图a）；

■ 不停顿，手臂直接向下甩动（见图b）；

■ 当你在举起和下砸重绳时，向左或向右做侧滑步；

■ 在规定的时间里连续进行滑步，确保每侧的滑步时间相同。

要点

■ 整个动作过程中保持腰背挺直；

■ 侧滑步时，保持身体重心；

■ 滑步时两脚不要交叉；

■ 为保持平衡呈半蹲的姿势。

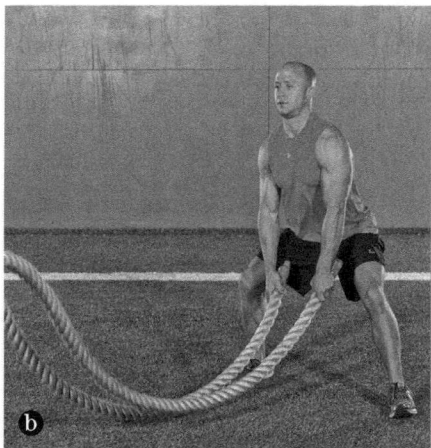

高级练习

目的

这项练习需要更多的平衡能力，同样会锻炼到踝关节，足部，胫骨周围的肌群，这些肌肉主要工作来保持站立姿势的稳定性，这将会是个非常棒的练习。

前提条件

- 非常好的抓握以及下砸的能力；
- 练习双手下砸重绳动作至少3个月；
- 单腿站立至少1分钟的能力。

步骤

- 固定重绳的中点；
- 立姿，抓住重绳两端；
- 腰背挺直；
- 身体重心落在两脚脚后跟；
- 抬起一条腿，保持单腿站立在地面上；
- 另一腿髋关节向后，迅速成一个半蹲的姿势；
- 回到站立的姿势，朝相反方向向上甩动直到手臂伸直与地面平行（见图 a）；
- 不停顿，半蹲后手臂直接向地面甩动（见图 b）；
- 换另一条腿进行，在规定的时间里连续进行。

要点

- 整个动作过程中保持腰背挺直；
- 保持身体平衡以后再进行单腿下砸重绳动作；
- 保持身体重心在脚后跟；
- 练习此动作时，半蹲要连续且要快速。

重绳不稳定界面下砸（Heavy Ropes Unstable Slam）

目的

这项练习需要更多的平衡能力，同样会锻炼到踝关节，足部，胫骨周围的肌群，这些肌肉主要工作来保持站立姿势的稳定性，这将会是个非常棒的练习。

前提条件

- 非常好的抓握以及下砸的能力；
- 练习下砸重绳动作至少 3 个月；
- 非常好的单腿站立下砸的能力。

步骤

- 固定重绳的中点；
- 立姿，抓住重绳两端；
- 腰背挺直；
- 站在不稳定的平面上；
- 髋关节向后，迅速成一个半蹲的姿势；
- 迅速站起来，双手朝相反方向向上运动直到手臂伸直与地面平行（见图 a）；
- 不要停顿，半蹲下手臂直接向地面甩动（见图 b）；
- 在规定的时间里重复练习，并且交换在不稳定表面上的脚。

要点

- 整个动作过程中保持腰背挺直；
- 保持身体平衡以后再进行下砸重绳动作；
- 保持身体重心在脚后跟；
- 练习此动作时半蹲应该训练且连贯。

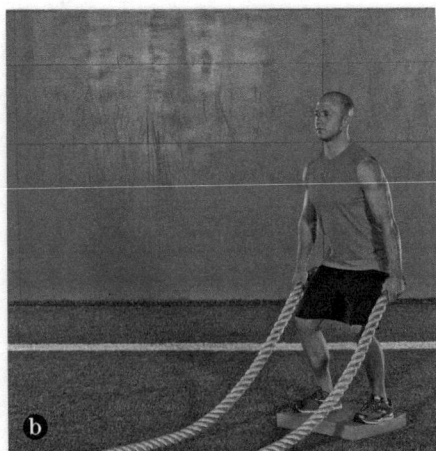

重绳单手甩动（Heavy Ropes One-Handed Wave）

目的

就像双手甩动一样，单手进行练习需要你的核心肌群参与以保持身体稳定，每次只用单手进行运动，所以对体能要求更高，并且有一些疲劳感，将会是一项非常棒的练习。

前提条件

- 非常好的双手甩动的技巧；
- 练习双手甩动动作至少 3 个月。

步骤

- 固定重绳的中点；
- 立姿，抓住重绳两端；
- 腰背挺直；
- 重心放在两脚脚后跟；
- 髋关节向后，迅速成一个半蹲的姿势；
- 保持半蹲姿势，右手向上运动时直到手臂伸直与地面平行（见图 a）；
- 不停顿，单手直接向下甩动（见图 b），交换方向；
- 在规定的时间里连续交换进行。

要点

- 整个动作过程中保持腰背挺直；
- 保持身体重心在脚后跟。

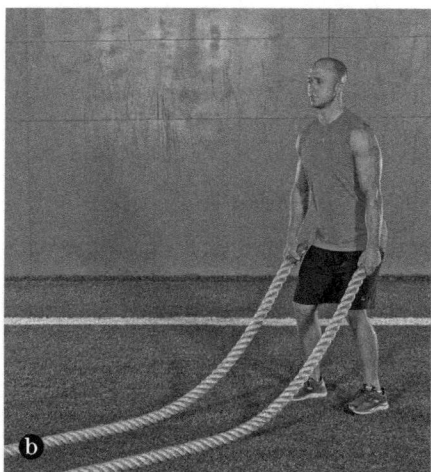

高级练习

重绳单腿站立甩动（Heavy Ropes One-Legged Wave）

目的

这项练习除了获得甩动练习的益处以外，还需要更多的平衡能力，同样会锻炼到踝关节、足部、胫骨周围的肌群，这些肌肉主要工作来保持站立姿势的稳定性，这将会是个非常棒的练习。

前提条件

- 非常好的抓握以及下砸的能力；
- 练习双手甩动重绳动作至少3个月；
- 单腿站立至少1分钟的能力。

步骤

- 固定重绳的中点；
- 立姿，抓住重绳两端；
- 腰背挺直；
- 抬起一条腿，单腿站立在地面上；
- 重心落于两脚脚后跟；
- 另一侧的髋关节向后，迅速成一个半蹲的姿势；
- 保持半蹲姿势，举起手直到手臂伸直与地面平行（见图a）；
- 不要停顿，单手直接向下甩动（见图b）；
- 在规定的时间里连续进行然后换一条腿。

要点

- 整个动作过程中保持腰背挺直；
- 保持身体重心在脚后跟；
- 保持身体平衡。

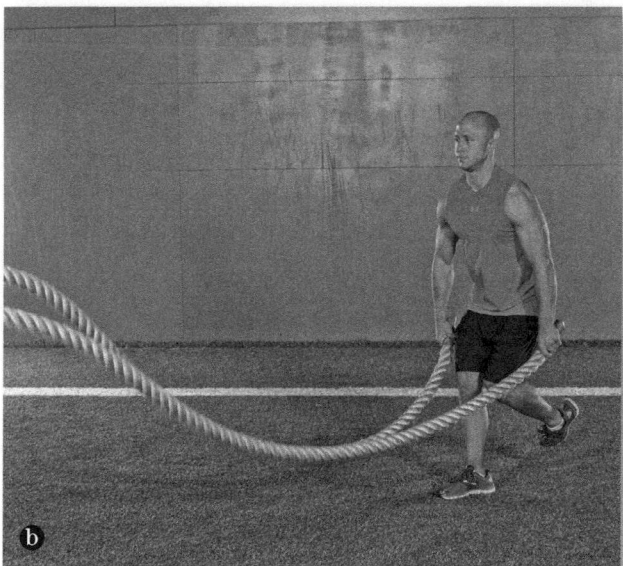

高级练习

重绳不稳定界面双手交替甩动（Heavy Ropes Unstable Wave）

目的

除了常规甩动动作所能获得的益处外，这项练习需要更多的平衡能力，同样会锻炼到踝关节、足部、胫骨周围的肌群，这些肌肉主要工作来保持站立姿势的稳定性，这将会是个非常棒的练习。

前提条件

■ 非常好的抓握以及甩动的能力；

■ 练习双手甩动动作至少 3 个月；

■ 单腿站立完成甩动的能力。

步骤

■ 固定重绳的中点；

■ 立姿，抓住重绳两端；

■ 腰背挺直；

■ 站在不稳定的界面上；

■ 髋关节向后推，迅速成一个半蹲的姿势；

■ 保持半蹲姿势，单手向上甩动直到手臂伸直与地面平行；

■ 不要停顿，单手直接向下甩动，双手交替进行（见图 a、图 b）；

■ 在规定的时间里重复练习，然后换腿。

要点

■ 整个动作过程中保持腰背挺直；

■ 保持身体重心在脚后跟；

■ 在甩动的过程中，保持身体平衡。

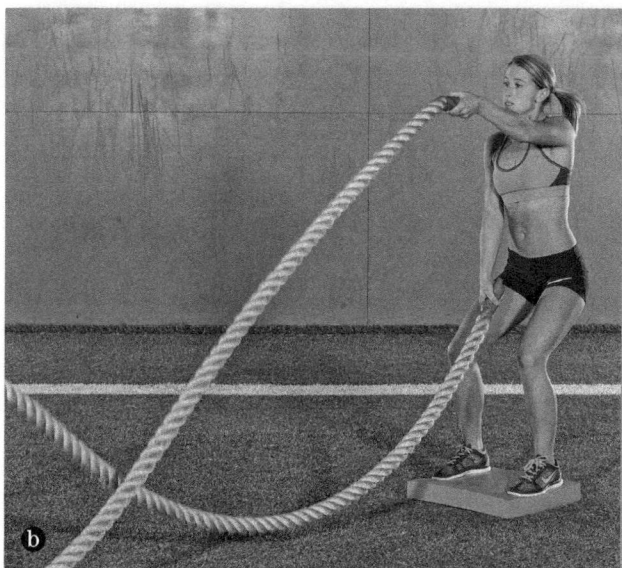

高级练习

重绳斜向伐木（Heavy Ropes Oblique Woodchopper）

目的

这项练习主要锻炼核心肌群，其特点是具有节奏性，所以是一个很适合作为体能训练的动作。类似于其他重绳练习，这项练习需要上下肢肌群的协调参与，主要锻炼腹斜肌。

前提条件

■ 连贯的伐木动作的技术；

■ 练习伐木动作至少 3 个月。

步骤

■ 固定重绳的中点；

■ 立姿，抓住重绳的两端；

■ 腰背挺直；

■ 髋关节向后，迅速成一个半蹲的姿势；

■ 迅速站立，双手持重绳向相反方向举高于头顶（见图 a）；

■ 不要停顿，换一个方向，迅速半蹲，双手直接向左下甩动（见图 b）；

■ 在规定的时间里重复练习。

要点

■ 整个动作过程中保持腰背挺直；

■ 保持身体重心在脚后跟；

■ 在规定时间内，半蹲需要迅速且有节奏。

高级练习

重绳单腿站立伐木（Heavy Ropes One-Legged Woodchopper）

目的

这项练习是伐木动作的进阶版，主要锻炼核心肌群，但是单腿站立需要更好的平衡能力，同时会锻炼到踝关节、足部、胫骨周围的肌肉。

前提条件

- 连贯的伐木动作技术；
- 练习伐木动作至少 3 个月；
- 单腿站立至少 1 分钟的能力。

步骤

- 固定重绳的中点；
- 立姿，手持重绳在腰部水平部位；
- 腰背挺直；
- 单腿站立；
- 重心在脚后跟上；
- 髋关节向后，迅速成一个半蹲的姿势；
- 迅速站立，双手持重绳向相反方向举高于头顶（见图 a）；
- 不要停顿，成半蹲姿势，换一个方向，双手直接向你面前的地面甩动（见图 b）；
- 在规定的时间里重复练习，然后换腿。

要点

- 整个动作过程中保持腰背挺直；
- 在完成伐木动作时保持身体平衡；
- 保持身体重心在脚后跟；
- 在规定时间内半蹲须迅速且有节奏。

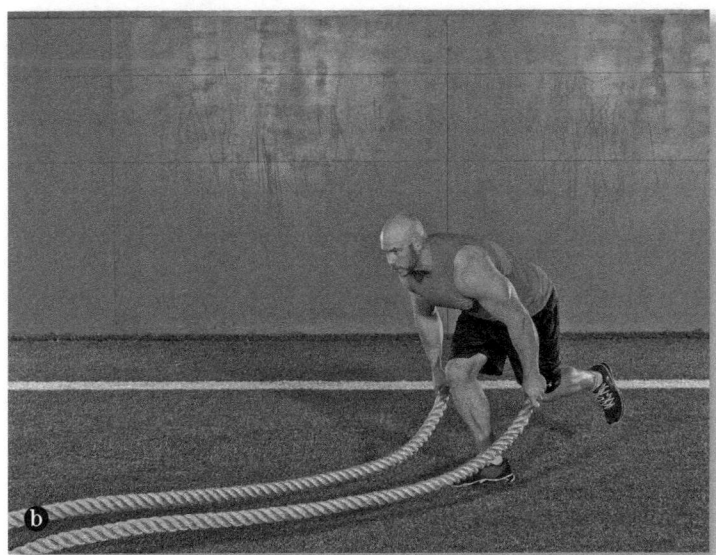

入门训练计划

如果你以前没有使用过重绳，这些进阶的程序将会帮助你尽快熟悉它。它将会教你怎样更好地熟悉基本动作，并在将来更好地进行高阶动作的训练。这种安排可以每周进行两次，因为是循环的进行练习，每个动作可以只做一组。当你做完一项训练，立刻进行下一项训练。表 6.2 列出了这些练习的安排顺序。每个练习你可以进行 30 秒的训练，当完成所有的动作后，休息 2 分钟，然后循环进行。

表 6.2　入门级重绳训练计划

第 1 天	第 2 天
循环：	循环：
重绳双手用力下砸 p.78	重绳交替上下甩动 p.80
重绳顺时针手臂画圈 p.83	重绳伐木 p.81
重绳交替上下甩动 p.80	重绳开合跳 p.76
重绳逆时针手臂画圈 p.84	重绳顺时针手臂画圈 p.83
重绳开合跳 p.76	重绳旋转 p.82
重绳伐木 p.81	重绳逆时针手臂画圈 p.84
重绳旋转 p.82	重绳双手用力下砸 p.78

第 7 章

悬吊训练

在过去十年中，悬吊训练（Suspension Training）在健身行业中的使用呈现爆炸式的增长。最重要的是，悬吊训练改变了自重训练的模式（自重俯卧撑、深蹲、弓箭步等），它将练习者身体的一部分悬吊在空中，而不是稳定的，训练者可能整个身体都在空中做运动。因此，训练者必须募集更多的肌肉去完成每次练习和保持自身的稳定。使用悬吊训练，能够加强核心区、肩部、臀部肌肉之间的相互协作，从而完成稳定的训练动作。悬吊训练方法多样，可保持训练的趣味性，同时，悬吊训练装置非常易于携带，所以对处在假期或者在边远地区开展训练的人是非常理想的选择。

悬吊训练同样有弊端。第一，悬吊训练很难掌握，它需要良好的平衡性和稳定性，即使是简单的练习，如俯卧撑，都需要花些时间才能掌握。第二，因为悬吊训练装置的所有部分都会在空间中发生移动，所以安全是一个值得关注的问题。例如，如果你正在做俯卧撑练习，你的手悬吊在训练绳上，当你的一只手突然间移动时，就有可能成为导致肩部损伤的风险因素。第三，悬吊训练装置比较昂贵，每组训练装置需要大约 200 美元。最后，悬吊训练的超负荷挑战是固有的，在你完成学习和提升自己的身体基础之后，让训练难度更具有挑战性，就变得很困难。你可以通过每次延长训练时间来提升难度，但对于运动员来说，这有可能会导致他们使用了错误的能量供应系统，降低了动作质量。因此，悬吊训练经常与其他类型的训练相结合用于高级的训练计划中（详见表 7.1）。

表 7.1　悬吊训练与其他种类训练相结合的示例

壶铃双手摆动（30 秒）p.135	壶铃双手摆动（30 秒）p.135
重绳双手用力下砸（30 秒）p.78	重绳双手用力下砸（30 秒）p.78
悬吊划船（30 秒）p.112	悬吊深蹲（30 秒）p.115
壶铃双手摆动（30 秒）p.135	壶铃双手摆动（30 秒）p.135
双手甩重绳（30 秒）p.78	双手甩重绳（30 秒）p.78
悬吊胸部推（30 秒）p.111	悬吊后弓箭步（30 秒）p.116

基础入门

悬吊训练的准备工作相对较多，主要包含固定、调整和基础姿势三个部分。了解到这些要求有助于确保安全并成功地训练。因此，本章涵盖了如何保护和调整悬吊训练者，正确使用悬吊训练的抓手和在训练中保持正确的基础训练身体姿势几个部分。

固定和调整

悬吊训练装置需要被固定在其他物体上。该物体必须确保能够承担你身体的重量，而不会出现移动和损坏。例如，一个树枝可能足够高，但如果树枝不够粗壮的话，当你在做悬吊俯卧撑或者胸部推举的时候，它就可能会折断。一个引体向上的把杆或者一组平行梯是固定悬吊装置的理想地点，但是门、小树枝等不适合作为悬吊装置的固定点，因为它可能无法承受你的体重。

悬吊训练装置通常有一个带卡扣装置的带子。卡扣在带子一端的末尾处，悬吊装置的剩余部分在带子的另一端末尾处。这个卡扣装置和带子环绕着固定在物体上，让训练者可以接触到的高度，然后将卡扣装置与带子相连接（见图 7.1）。

如果你想要悬吊训练装置远离地面，可以将带子围绕固定装置多缠绕几次，从而提高悬吊训练的高度。如果你希望悬吊循环训练更加贴近地面，带子可以少缠绕几次，从而降低悬吊训练的高度。有些训练中，悬吊训练的高度越高越好，有些训练中则是越低越好，还有些是高度适中较好。悬吊训练的位置高度主要取决于训练内容和难度级别。

大多数悬吊训练的手柄也可以向上或向下调整。一般来说，这主要是依靠一个可以调节连接手柄带子的卡扣。当打开卡扣，释放带子，手柄可向上或向下调整（见图 7.2）。这为悬吊训练装置提供了另一种方法，去使训练者靠近地面或远离地面。

抓握

悬吊训练有 4 种基本的抓握方法。每种抓握时拇指和手指需要环绕把手握紧。第一种握法是俯卧抓法（见图 7.3），即掌心向下或背离身体，俯卧撑或胸部推举适用于俯卧抓法。第二种抓握方法是仰卧抓法（见图 7.4），掌心向上或者面对身体。例如肱二头肌弯举时，就使用这种抓握方法。第三种类型是中立的抓握方法（见图 7.5），双手掌心相对。第四种抓握方法，主要适用于单手练习。一个单手练习有可能会使用仰卧抓法、俯卧抓法或者中立抓法，但最大的区别是，悬吊训练者将要开始单手的练习。执行单手练习时，需要将其中的把手穿过另一个把手处（见图 7.6），然后再进行单手练习。

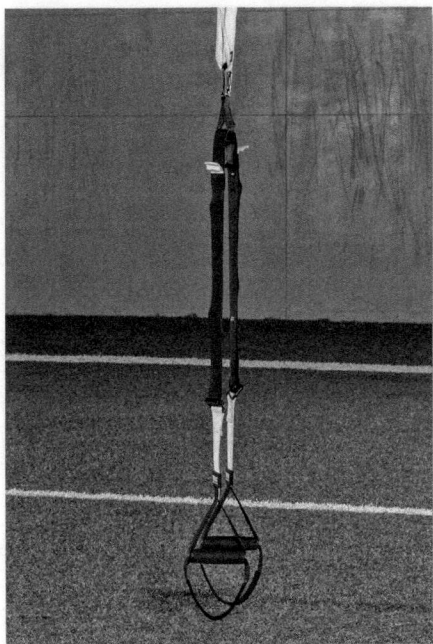

图 7.1　悬吊训练带及卡扣

图 7.2　可调节手柄

图 7.3　俯卧抓法

图 7.4　仰卧抓法

图 7.5　中立抓法（掌心相对）

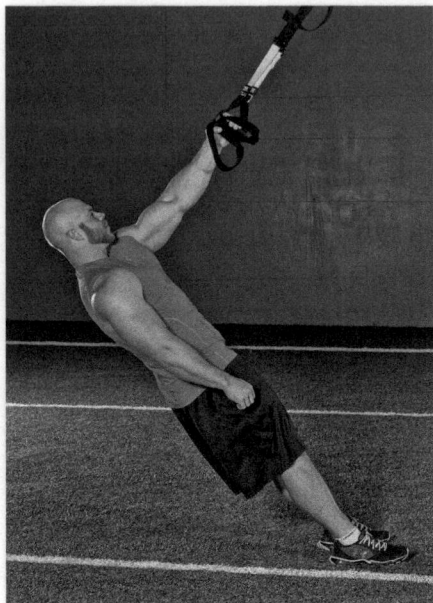

图 7.6　单手抓法（一个把手穿过另一个）

姿势

　　这本书展示了悬吊训练中五个基本姿势。使用这五个训练姿势可以完成很多变化不同的练习方法。这五动作分别为仰卧站立位、仰卧位、俯卧站立位、俯卧位、站立位。

仰卧站立位

　　这个姿态主要用于上背部、肩部和肱二头肌练习动作。当仰卧站立位势，手柄应调整至与肩同高（见图 7.7）。这种姿态下可能使用任意一种抓握方法。如果你是悬吊训练的初学者，首先将你的双脚并拢置于把手下方。然后抓住把手。保持你双脚的位置，逐渐后仰直至你的手臂完全伸

图 7.7　仰卧站立位

展。如果你的动作正确，从你的踝关节到你的肩关节，全身是呈一条直线的。

　　当你越来越熟练地掌握这些练习，想要增加难度时，最简单的方法就是改变你双脚的位置。你可以通过向前移动你的双脚，让身体更倾斜，从而增加仰卧站立位训练的难度。如果你的双脚向前移动得太远，就需要调整把手的高度，否则它们将会低于

肩部的高度。同时需要注意的是，任何时候都要保持身体呈一条直线。

仰卧位

这个姿势主要用于腘绳肌和核心区训练。对仰卧位姿势来说，首先调整把手的高度，使把手离开地面，通常来说，把手的高度不能超过膝盖的高度（见图 7.8）。第二步，背部平躺于地面。根据不同的练习，选择你手握把手（此时你的肩部应该位于把手正下方）或者将脚放入把手。

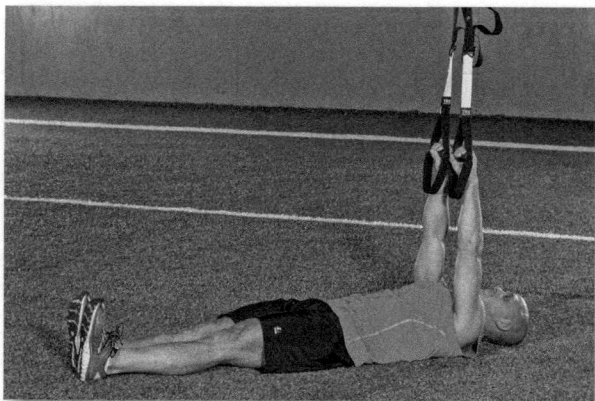

图 7.8 仰卧位

俯卧站立位

这个位置主要用于胸部和肱三头肌训练。调整把手的高度，让它们与髋部高度平齐。根据不同的练习，在这种姿态下俯卧抓法和中立抓法会配合使用。开始姿势，仍是双脚位于把手正下方，保持双脚位置，伸展你的手臂，身体逐渐前倾。记住保持身体呈一条直线（见图 7.9）。

在这种姿态下要加大练习的难度时，可以使双脚向后移动，让它们远离把手。这种姿态会让你前倾的程度加大，承担更多的身体重量。

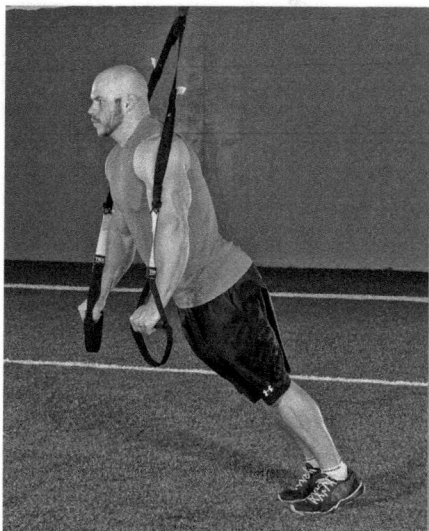

图 7.9 俯卧站立位

俯卧位

这个姿态的变化主要用于俯卧撑，高阶的肩部、核心区练习。使用这个姿势时，首选应调整把手的位置，让他们刚好可以离开地面进行运动。然后呈俯卧撑姿势，保持你的脚后跟至肩部的身体呈一条直线（见图 7.10）。根据不同的训练内容，选择是你的手抓住把手（练习俯卧撑）或者将你的脚放入把手（核心区练习）。

站立位

大量的下肢练习会选择站立位的姿势。调整把手的高度，使得它们与胸部或者肩部平齐。抓住把手，并且向后站，直至训练带拉紧（见图 7.11）。从该起始位置起，进行练习。

图 7.10 俯卧位   图 7.11 站立位

基础练习

无论你的训练水平如何，本部分内容里所列举出的练习都是在运用悬吊训练的间歇训练中最重要的内容之一。除了能够强化你的体能，这些练习还有很多其他目的。首先，它们可以教会你正确的姿态、抓握方法和基础运动的模式。第二，它们可以发展你的平衡能力和本体感受。最后，它们还可以强化众多稳定肌的肌力去协助你完成悬吊训练。

悬吊胸部推（Suspension Chest Press）

目的

该训练动作主要发展胸部、肩部以及肱三头肌。在练习过程中，核心区会帮助维持身体的稳定，所以也会对核心区有训练意义。该练习在本质上是有一定节律性的，可以用于体能训练。

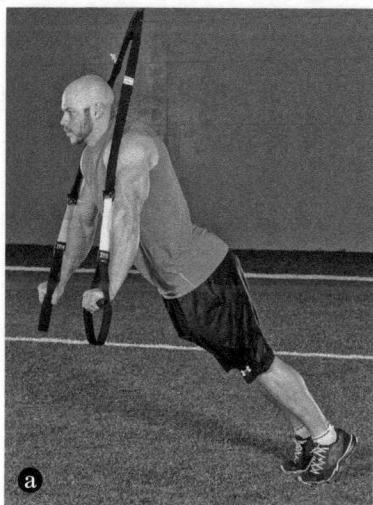

前提条件

■ 具备调节带子至合适位置的能力；
■ 具备在俯卧站立位进行训练的能力。

步骤

■ 用俯卧抓法抓住把手；
■ 保持俯卧站立位姿势（见图a）；
■ 从该姿势起，屈肘将双手逐渐分开，身体向下去靠近双手（见图b）；
■ 当身体到达最底端时，向反方向运动，直至手臂完全伸展；
■ 重复预先设定好的训练次数。

要点

■ 在训练过程中保持身体从脚后跟到肩部呈一条直线；
■ 在起始位置时，双手距离较近，当身体开始下降时，双手分开一些；
■ 在练习过程中，首先降低身体靠近把手，然后推开身体远离它们。

基础练习

悬吊划船（Suspension Row）

目的

该训练动作主要锻炼上背部、肩部以及肱二头肌。在练习过程中，核心区会帮助维持身体的稳定，所以也会对核心区有训练意义。该练习在本质上是有一定节律性的，可以用于体能训练。

前提条件

■ 具备调节带子至合适位置的能力；

■ 具备在仰卧站立位进行训练的能力。

步骤

■ 抓住把手，任意一种抓握方式都可以；

■ 保持仰卧站立位姿势（见图a）；

■ 从该姿势起，将身体拉向把手（见图b）；

■ 反向运动，然后重复预先设定好的训练次数。

要点

■ 在训练过程中保持身体从脚后跟到肩部呈一条直线；

■ 将身体拉向把手时，保持肘关节与身体反向运动；

■ 当在拉的过程中，注意收紧肩胛骨。当在身体下落的过程中，注意肩胛骨外展。

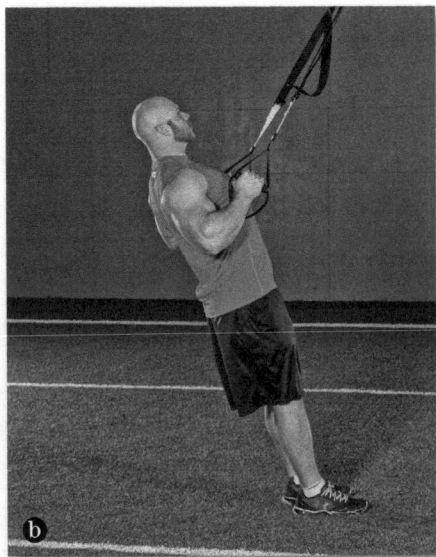

悬吊肱二头肌弯举（Suspension Biceps Curl）

目的

该训练动作主要发展肱二头肌。在练习过程中，核心区会帮助维持身体的稳定，所以也会对核心区训练有帮助。该练习在本质上是有一定节律性的，可以用于体能训练。

前提条件

■ 具备调节带子至合适位置的能力；
■ 具备在仰卧站立位进行训练的能力。

步骤

■ 使用仰卧抓法抓住把手；
■ 保持仰卧站立位姿势；
■ 练习开始前，保持双脚在把手正下方同时手臂完全伸展（见图a）；
■ 保持双脚不动，屈肘同时将身体拉向把手（见图b）；
■ 反向运动，然后重复。

要点

■ 在训练过程中保持身体从脚后跟到肩部呈一条直线；
■ 缓慢将身体向下放，同时保持控制。

悬吊肱三头肌伸展（Suspension Triceps Extension）

目的

该训练动作主要发展肱三头肌。在练习过程中，核心区会帮助维持身体的稳定，所以也会对核心区训练有帮助。该练习在本质上是有一定节律性的，可以用于体能训练。

前提条件

■ 具备调节带子至合适位置的能力；
■ 具备在俯卧站立位进行训练的能力。

步骤

■ 使用俯卧抓法抓住把手；
■ 保持仰卧站立位姿势；
■ 站立，双脚在把手正下方；
■ 从起始位置开始，伸展手臂，将把手向前推离身体（见图a）；
■ 前倾直至把手与你的前额平行；
■ 从该位置起，屈肘并且降低身体位置使你的头靠近把手（见图b）；
■ 在该位置下固定住你的手臂，使用肱三头肌将你的身体推离把手；
■ 然后重复预定次数。

要点

■ 在训练过程中保持身体从脚后跟到肩部呈一条直线；
■ 不要让你的肘关节在练习过程中向两侧张开。在整个过程中，肘关节应该始终指向地面。

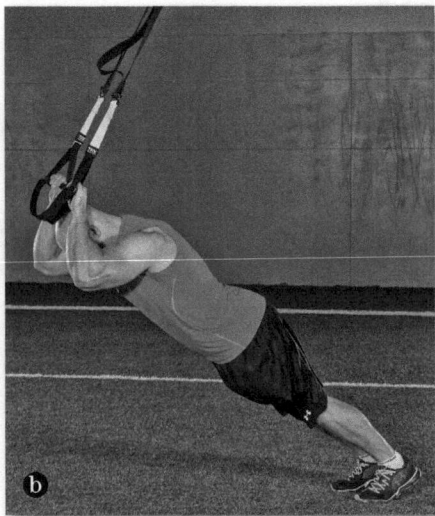

悬吊深蹲（Suspension Squat）

目的

该训练动作主要发展下肢肌肉，特别是股四头肌、腘绳肌和臀肌。练习过程中，需要核心区帮助维持身体的稳定。同时，该练习也可用于体能训练。

前提条件

- 具备在站立位进行训练的能力；
- 具备在深蹲练习时保持双脚平放在地面上的能力。

步骤

- 使用手掌向下的抓法或者中立位抓法抓住把手；
- 保持站立位姿势，双脚分开与髋关节同宽（见图a）；
- 后背挺直；
- 保持身体重量落于脚后跟上，髋关节向后同时屈膝。
- 下蹲，直至你的大腿与地面平行（见图b）；
- 反向运动，然后重复预定次数。

要点

- 在训练过程中始终保持后背挺直；
- 在练习过程中始终保持重心落于脚后跟上。

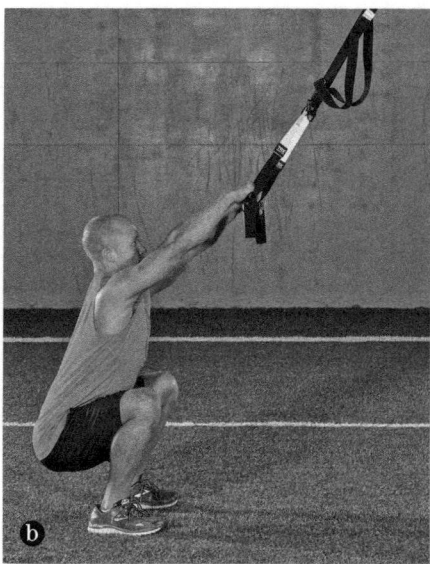

悬吊后弓箭步（Suspension Reverse Lunge）

目的

该训练动作将使你在练习中将注意力放在一条腿上。这是一个发展股四头肌、腘绳肌和臀肌的非常好的练习。另外，它也会让你在练习中保持平衡和稳定。

前提条件

- 具备保持站立位的能力；
- 具备在没有悬吊装置下进行反向弓箭步的能力。

步骤

- 使用手掌向下的抓法或者中立位抓法抓住把手；
- 保持站立位姿势，双脚分开与髋关节同宽；
- 后背挺直；
- 左脚向后跨一大步；
- 右腿同时屈膝屈髋；
- 身体重心下降，直至右腿与地面平行（见图 a）；
- 用右腿站起来，左腿向前跨一步（见图 b）；
- 换另一侧；
- 保持交替换腿，直至重复到预定次数。

要点

- 在训练过程，前脚要始终保持平放在地面上；
- 当向后跨步时，后侧的膝盖不要触碰地面。

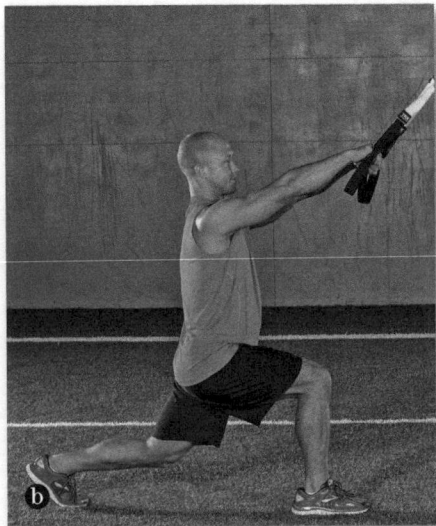

悬吊顶髋（Suspension Hip Up）

目的

该训练动作主要锻炼核心区、臀部及腘绳肌。

前提条件

■ 具备保持仰卧位姿势的能力；

■ 具备抬起双腿并且保持此姿势的能力。

步骤

■ 呈仰卧位姿势；

■ 调整自己的姿势，使得你的双脚在把手正下方；

■ 将脚后跟置于把手中（见图 a）；

■ 从该位置起，抬起你的髋部离开地面（见图 b）；

■ 降低身体位置，然后重复到预定次数。

要点

■ 在训练过程，保持双腿并拢。

悬吊屈腿（Suspension Leg Curl）

目的

　　该训练动作主要发展臀肌和腘绳肌。在练习过程中，核心区会帮助你达到预定姿势，并且保持姿势，所以也会对核心区训练有帮助。和大多数悬吊练习一样，该练习非常适合用来进行体能训练。

前提条件

■ 具备保持仰卧位的能力。

步骤

■ 保持仰卧位；

■ 将脚后跟置于把手中；

■ 在双腿伸直的情况下，将髋关节抬离地面（见图a）；

■ 保持髋关节始终离开地面，同时屈膝，将把手靠近髋关节（见图b）；

■ 回到原位，然后重复预定次数。

要点

■ 在训练过程，保持髋关节始终离开地面；

■ 在将把手靠近髋关节的过程中，髋部会比起始位置抬高。

悬吊屈膝触胸（Suspension Knees to Chest）

目的

该训练动作会锻炼核心肌群和全部的腹肌。它会首先动员上腹部和下腹部肌群，去完成该项练习。腹斜肌主要承担维持稳定的工作。因为要用上肢去支撑你的身体，所以该练习也会对肱三头肌、三角肌、胸部及肩袖肌群有帮助。

前提条件

■ 具备保持俯卧位的能力；

■ 具备用上肢支撑自己身体的能力。

步骤

■ 将脚置于把手中；

■ 呈俯卧位姿势（见图 a）；

■ 手臂和腿需要伸直；

■ 在用手臂支撑身体的情况下，将膝关节靠近胸部（见图 b）；

■ 回到原位，然后重复到预定次数。

要点

■ 在将膝关节靠近胸部的过程中，髋部会比起始位置抬高。

悬吊仰卧举腿（Suspension Lying Leg Raise）

目的

该训练动作是另一个核心动作练习。它会首先动员上腹部和下腹部肌群，去完成该项练习。腹斜肌主要承担维持稳定的工作。

前提条件

■ 具备保持仰卧位的能力。

步骤

■ 呈仰卧位姿势；

■ 调整姿态，使眼睛在把手正下方；

■ 触摸并抓住把手（见图 a）；

■ 保持你的双腿并拢伸直，将它们抬离地面一小段（大约 10 厘米）距离（见图 b）；

■ 回到原位，然后重复预定次数。

要点

■ 在练习过程中保持双腿并拢伸直。

高级练习

对于进行悬吊训练的人来说，高级练习会更具趣味和挑战。它们需要更高水平的体能、力量、平衡和本体感觉。它们中的一些可能是有潜在危险的。因此，你必须在完全掌握了基础练习之后才能够进行高级练习。

悬吊俯卧撑（Suspension Push-Up）

目的

俯卧撑主要锻炼胸部、肩部和肱三头肌。当把该练习作为稳定性训练时，核心区和上背部会主要承担维持稳定的角色。

前提条件

■ 具有连续做 20 个标准俯卧撑的能力；
■ 具有连续做 20 个标准胸部推的能力；
■ 最少有 3 个月以上稳定性训练的经历。

步骤

■ 掌心向下握住把手；
■ 呈俯卧位姿势（见图 a）；
■ 用手臂承担身体的大部分重量；
■ 屈肘，降低身体重心以靠近地面；
■ 同时将把手分开至身体两侧；
■ 降低身体的位置直至身体与把手平齐（见图 b）；
■ 反向运动，直至手臂完全伸展；
■ 重复预定次数。

要点

■ 在练习过程中，踝关节和肩关节应该始终在一条直线上；
■ 在练习过程中，把手的位置可能会向两侧移动。

悬吊飞鸟（Suspension Fly）

目的

与哑铃动作一样，悬吊飞鸟动作主要练习胸肌。由于核心区肌群在练习过程中需要帮助维持身体的稳定，因而它也对核心区肌群具有锻炼效果。它也是一个很好的体能练习动作。

前提条件

- 具有俯卧站立位姿势的能力；
- 具有连续做 20 个标准胸部推的能力；
- 最少有 3 个月以上悬吊训练的经历。

步骤

- 中立抓握法握住把手；
- 呈俯卧站立位姿势（见图 a）；
- 肘部略微弯曲；
- 让双手缓慢分开，身体逐渐降低，直至把手与身体平齐（见图 b）；
- 反向运动，然后重复预定次数。

要点

- 保持脚后跟和肩关节始终在一条直线上；
- 在练习过程中，保持肘关节轻微弯曲；
- 当双手向两侧移动时，身体位置应逐渐降低；
- 该练习应该在缓慢和有控制的情况下进行。

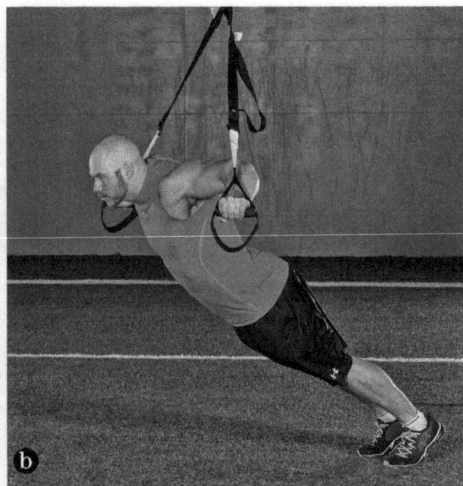

悬吊单手划船（Suspension One-Armed Row）

目的

该训练动作主要发展上背部、三角肌后束及肱二头肌。它是进阶的划船训练动作，因为每次练习仅有一个手臂参与。该练习在增加难度的同时，也加大了平衡和稳定性的要求。

前提条件

- 具备调节单手抓握悬吊装置的能力；
- 具备在仰卧站立位进行训练的能力；
- 具备连续进行 20 个标准划船动作的能力。

步骤

- 调节悬吊装置，单手抓握；
- 用中立法抓握把手；
- 保持仰卧站立位姿势（见图 a）；
- 从该姿势起，屈肘将身体拉向把手（见图 b）；
- 缓慢回复到原位置，重复预先设定好的训练次数。然后换对侧。

要点

- 在训练过程中保持身体从脚后跟到肩部呈一条直线；
- 将身体拉向把手时，保持肘关节始终贴近身体；
- 当在将把手拉向身体的过程中，注意保持肩胛骨的回缩。当反方向回复运动时，注意肩胛骨的前伸；
- 在缓慢、可控的情况下进行该练习。

 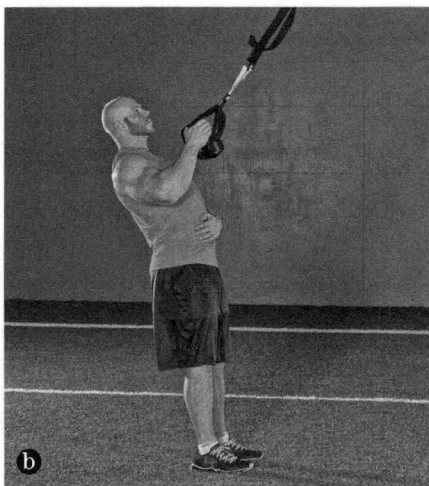

高级练习

悬吊反向飞鸟（Suspension Reverse Fly）

目的

该训练动作主要发展肩部及上背部肌肉。在进行该练习时，核心区肌肉需要帮助维持稳定。

前提条件

- 具备在仰卧站立位进行训练的能力；
- 具备连续进行 20 个标准胸推动作的能力；
- 具备连续进行 20 个标准划船动作的能力。

步骤

- 用中立法抓握把手，双手靠近；
- 保持仰卧站立位姿势；
- 肘关节微屈，并且在练习过程中始终保持该角度（见图 a）；
- 将双手向两侧移动。当双手开始移动时，身体逐渐被拉向前，靠近悬吊装置（见图 b）；
- 恢复到原位置，然后重复。

要点

- 在训练过程中保持身体从脚后跟到肩部呈一条直线；
- 在缓慢、可控的情况下进行该练习；
- 在练习过程中保持肘关节轻微的弯曲；
- 将双手向两侧移动时，身体应逐渐靠近悬吊装置。

悬吊单腿深蹲（Suspension One-Legged Squat）

目的

和深蹲练习一样，该训练动作主要发展股四头肌、腘绳肌和臀肌。不同于深蹲练习，该动作发展单侧腿的力量。单侧腿练习，很自然地会需要更好的平衡感以及良好的踝关节、足、胫骨周围的力量去维持身体的稳定。

前提条件

■ 具备连续 20 个标准深蹲的能力；
■ 具备每侧腿连续 10 个标准后弓步的能力。

步骤

■ 使用中立位抓法抓住把手；
■ 保持站立位姿势；
■ 后背挺直；
■ 保持左腿伸直，将左脚抬离地面，使左脚位于身体前侧（见图 a）；
■ 将身体重量落于右脚脚后跟上，进行深蹲，直至你的大腿与地面平行（见图 b）；
■ 反向运动，重复预定次数。然后换对侧。

要点

■ 在真正开始深蹲前，首先要保持身体平衡；
■ 在练习过程中始终保持后背挺直。

悬吊脚固定单腿蹲（Suspension Foot-in-Trainer One-Legged Squat）

目的

和单腿深蹲练习一样，该训练动作主要发展股四头肌、腘绳肌和臀肌。同时也发展单侧腿的力量。该进阶动作练习需要非常好的平衡和协调能力。

前提条件

■ 具备每侧腿连续 10 个标准单腿深蹲的能力。

步骤

■ 调整悬吊训练装置至单手使用模式，把手的高度需离开地面大约与膝关节同高；
■ 背对悬吊装置站立；
■ 站立在悬吊装置前，将你的右脚放于悬吊把手中（见图 a）；
■ 保持左脚平放在地面上，右脚在悬吊装置上，用左腿进行深蹲（见图 b）；
■ 重复预定次数后换对侧。

要点

■ 该练习需要在缓慢有控制的情况下进行；
■ 在真正开始深蹲前，确定要保持身体平衡。

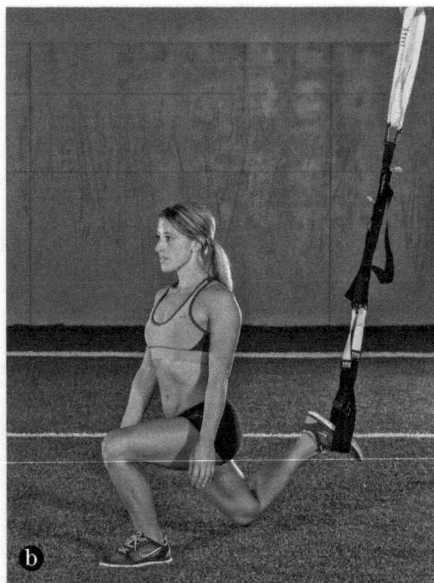

悬吊脚固定单腿顶髋（Suspension Foot-in-Trainer One-Legged Hip Bridge）

目的

该训练动作主要锻炼臀肌及腘绳肌。在练习过程中，核心区肌肉主要起到维持稳定的作用。单腿的练习会对下肢练习带来挑战。

前提条件

■ 具备完成连续 20 个标准屈腿练习的能力。

步骤

■ 调整悬吊装置至单手使用模式；

■ 调整悬吊手柄的高度，让手柄大约与膝关节同高；

■ 保持仰卧位姿势；

■ 将右脚脚后跟置于把手中（见图 a）；

■ 右膝轻微屈膝；

■ 伸展右膝，用右腿将双侧髋关节抬离地面（见图 b）；

■ 降低身体位置，重复预定次数，然后换对侧。

要点

■ 当髋关节在地面上时，进行练习的腿大约屈膝至 135 度。

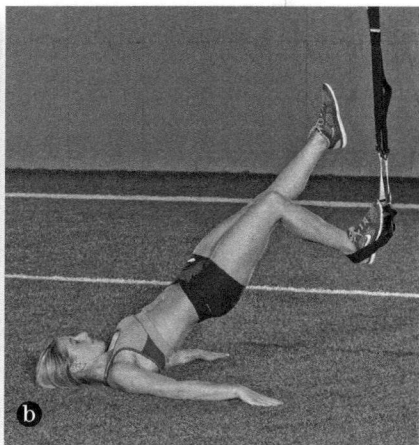

悬吊脚固定单脚屈腿（Suspension Foot-in-Trainer One-Legged Leg Curl）

目的

该训练动作主要锻炼臀肌及腘绳肌。在练习过程中，核心区肌肉主要起到维持稳定的作用。单腿的练习会对下肢练习带来挑战。

前提条件

■ 具备完成连续 20 个标准屈腿练习的能力。

步骤

■ 调整悬吊装置至单手使用模式；

■ 调整悬吊手柄的高度，让手柄大约离地与膝关节同高；

■ 保持仰卧位姿势；

■ 将右脚脚后跟置于把手中（见图 a）；

■ 右膝轻微屈膝；

■ 伸展右膝，用右腿将双侧髋关节抬离地面；

■ 保持这个上升姿势，屈右膝，使右脚脚后跟向髋关节靠近（见图 b）；

■ 伸展膝关节，保持该上升姿势，然后重复；

■ 重复预定次数，然后换对侧。

要点

■ 在练习过程中，髋关节始终离开地面；

■ 当屈膝将把手拉近髋关节时，髋关节可能会上抬。

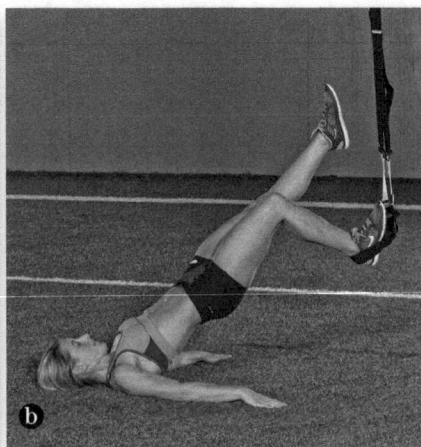

悬吊屈体（Suspension Pike）

目的

该训练动作是训练核心动作的进阶动作。腹直肌的上腹部和下腹部肌群会帮助完成该项练习，腹斜肌帮助维持骨盆稳定。该项练习在平衡和稳定方面具有很大挑战性。

前提条件

■ 具备连续做 20 个标准屈膝触胸的能力。

步骤

■ 将脚置于把手中；

■ 呈俯卧位姿势（见图 a）；

■ 保持手臂和腿伸直，向空中提升髋关节，使身体呈倒 V 字形（见图 b）；

■ 回到原位，然后重复预定次数。

要点

■ 在练习过程中，保持双手和双腿伸直；

■ 当提升髋部时，悬吊把手会靠近手臂。

高级练习

悬吊钟摆（Suspension Clock）

目的

该进阶训练动作主要锻炼腹斜肌。有下背部损伤的人不适宜该项练习。

前提条件

■ 具备连续做 20 个标准屈膝触胸、顶髋和仰卧举腿的能力；

■ 至少有三个月练习屈膝触胸、顶髋和仰卧举腿的经历。

步骤

■ 呈仰卧姿势；

■ 调整自身姿态，让眼睛处于把手正下方；

■ 触摸并且抓住把手；

■ 保持双腿伸直，举起双腿直至它们垂直于地面（见图 a）；

■ 保持双腿并拢伸直，试着将它们向身体右侧放下（见图 b）；

■ 回到原位，然后试着将双腿向身体左侧放下；

■ 重复预定次数。

要点

■ 在练习过程中，双腿要尽可能地保持伸直；

■ 转动一些髋关节，可以帮助你完成将双腿下落至身体一侧的动作。

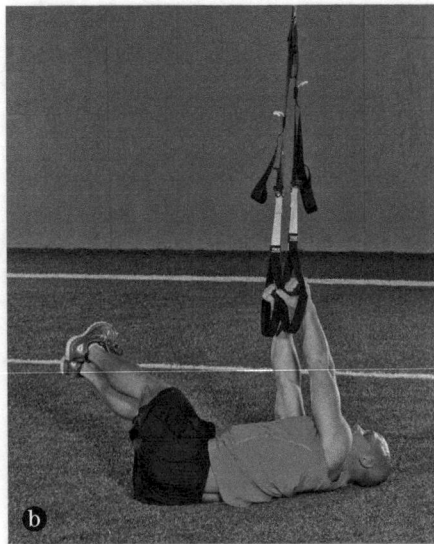

入门训练计划

下表中的入门计划可以让你更加熟悉悬吊训练。它会要求你掌握如何调整训练装置，学习基础姿势，和学习不同的抓握方法。另外，它将帮助你的身体有能力参加进阶悬吊训练。该计划每周进行 2 次，应该循环进行。你可以每项练习固定的次数，然后在两项练习之间休息尽可能少的时间。在你完成该列表中的所有动作之后，从头开始进行全部动作的新一轮循环。

表 7.2　悬吊训练入门计划

第 1 天	第 2 天
悬吊胸部推 p.111	悬吊深蹲 p.115
悬吊划船 p.112	悬吊后弓箭步 p.116
悬吊肱二头肌弯举 p.113	悬吊屈腿 p.118
悬吊肱三头肌伸展 p.114	悬吊顶髋 p.117
悬吊深蹲 p.115	悬吊胸部推 p.111
悬吊后弓箭步 p.116	悬吊划船 p.112
悬吊屈腿 p.118	悬吊肱二头肌弯举 p.113
悬吊屈膝触胸 p.119	悬吊肱三头肌伸展 p.114

第 8 章

壶铃训练

在过去的几年里，壶铃（Kettlebells）已经从边缘的工具发展成为体能中心和健身房随处可见的工具。现在，既使是初级体能教练都想了解此项工具并把它应用到运动中。壶铃是由重球和铃耳组成，可以增加肌肉力量、提高力量、发展爆发力。壶铃有独特的形状，可以进行不同形式的训练，还可以广泛地进行间歇训练，因为壶铃训练节奏性很强。

壶铃训练和跑步机一样可以提高心率和耗氧量，这些练习可以锻炼全身大部分肌肉，通过调整重量，可以轻松地改变练习强度。因此，壶铃的灵活性是其他工具无法替代的。

壶铃训练要求身体的每一次都承受负荷，它与杠铃训练不一样，不允许身体的代偿。这些练习发展核心、肩关节力量和稳定性、平衡感、空间意识。大多数壶铃练习可以转化为专项技术动作。

像其他工具一样，你也需要认识到壶铃的缺点。首先，它比其他自由器械价格昂贵。要考虑花多少钱去买，以及买多重的壶铃。其次，学习如何使用这些练习需要耗费时间。因为平衡和技术的成分，你需要投入更多的时间去学习基础练习。一些高级练习如果执行不到位则很危险。最后的缺点是不可宽恕的错误。出现这些错误会导致运动损伤。当尝试壶铃举过头顶时，如果你移动方法不正确将导致前臂受伤。

壶铃训练有很多方式。第一，很多杠铃和哑铃能做的练习也可以通过壶铃进行训练，因此壶铃是一种非常棒的工具，可以增加肌肉质量、肌肉力量和爆发力。第二，壶铃独特的设计使练习者可以进行杠铃和哑铃无法完成的动作。第三，进行间歇训练。一般来说，这些练习通过设定时间与其他练习结合起来。表 8.1 展示了壶铃、徒手和绳索训练的范例。最终人们通过利用壶铃达到有氧水平的效果。这些有挑战的练习需要长期进行连续不断有规律的移动。

表 8.1　壶铃训练与其他形式训练相结合的计划范例

开合跳 p.13	悬吊深蹲 p.115
壶铃双手摆动 p.135	壶铃高翻 p.138
重绳单手下砸 p.88	重绳单手下砸 p.88
10 码（9.14 米）登山练习 p.17	10 码（9.14 米）小虫爬 p.15
壶铃抓举 p.136	壶铃高脚杯深蹲 p.140
重绳单手下砸 p.88	重绳单手下砸 p.88

除非有特殊标明，每项练习进行 30 秒钟。循环练习，每个循环间歇 1~2 分钟。

基础入门

学会如何恰当地抓和控制壶铃可以节约时间，减少错误动作和运动损伤。在进入练习前先要学会如何抓铃和控制壶铃。这本书阐述了三种抓壶铃的方法和一种控制壶铃的方法。

书中大部分练习会使用壶铃内侧抓握法。这种抓握法可以使练习者变得更加强壮。开始前，使壶铃置于地面，手柄朝上，练习者往下看壶铃，用右手抓壶铃的左上角，确保食指和拇指抓住壶铃（见图 8.1）。使用左手抓壶铃的话，则抓住壶铃的右上角。

在做抓举和过顶深蹲练习时，使用壶铃中间抓法可以预防前臂挫伤。这种抓法先使壶铃置于地面，手柄朝上，用食指和中指抓住手柄的中部（见图 8.2）。

在很多练习中使用双手抓法，这种方法要使用双手抓住壶铃手柄的中部，双手紧靠，使用食指和拇指抓住壶铃手柄（见图 8.3）。

图 8.1　壶铃内侧抓法　　　图 8.2　壶铃中部抓法　　　图 8.3　壶铃双手抓法

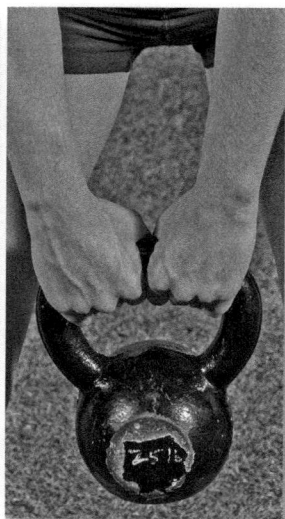

　　壶铃的控制与壶铃在肩上的位置有关系。控制是非常重要的，因为可以在高翻和硬拉中达到训练效果。正确的控制有利于肩的健康，控制不恰当会增加动作的困难性，甚至导致运动损伤。第一，要意识到壶铃实际上不会对肩有利，壶铃在手臂和肩的外侧。第二，壶铃在肩部固定时，使用壶铃内侧抓法，并使手掌指向天花板。第三，在此位置时，要使肘指向身体前侧而不是向身体外侧展开（见图 8.4）。在此位置可以为过顶动作做好准备。

图 8.4 壶铃在肩的正确位置

基础练习

这些训练大部分使用壶铃作为体能训练的工具。这些练习是应用到其他运动项目中、更高级壶铃训练的关键技巧。同样这些练习为身体做更高级别的练习做好准备。

壶铃双手摆动（Kettlebell Two-Handed Swing）

目的

壶铃双手摆动需要全身肌肉的参与，可以发展力量、爆发力和水平面的力量。该练习在本质上是有一定节律性的，可以用于体能训练。

前提条件

■ 在深蹲位置能够使用髋部发力；
■ 深蹲位置重心落在脚后跟上；
■ 保持背部正确的姿势。

步骤

■ 壶铃置于地面上；
■ 双脚分开与肩同宽，壶铃位于双脚之间；
■ 背部直立；
■ 重心落在脚上，深蹲屈髋至双手抓住壶铃；
■ 起立，双手抓住壶铃胳膊伸直；
■ 手臂伸直，俯身屈膝屈髋，手臂带动壶铃后摆超过膝关节（见图 a）；
■ 不要停顿，伸膝伸髋，手臂带动壶铃前摆至手臂稍超过地面平行线（见图 b）；
■ 反方向重复练习。

要点

■ 保持重心落在脚后跟上；
■ 练习过程中背部绷紧；
■ 进行此动作时以髋关节为轴；
■ 动作过程中保持手臂始终伸直；
■ 摆动手臂至与地面平行。

基础练习

壶铃抓举（Kettlebell Snatch）

目的

壶铃抓举需要全身肌肉的参与，是以地面为基础发展平衡和本体感觉。该练习在本质上是有一定节律性的，可以用于体能训练。

前提条件

■ 在深蹲位置能够使用髋部发力；

■ 深蹲位置重心落在足跟；

■ 保持背部正确的姿势；

■ 充足的力量保证壶铃过顶并保持手臂伸直；

■ 壶铃超过头顶时保持壶铃和髋部在一条直线上并维持好平衡。

步骤

■ 壶铃置于地面上；

■ 双脚分开与肩同宽，壶铃位于双脚之间；

■ 背部立直；

■ 重心落在脚上，深蹲屈膝屈髋，右手抓住壶铃手柄的中部；

■ 起立，抓住壶铃，胳膊伸直；

■ 左手在身体外侧维持好平衡；

■ 右手臂伸直，俯身屈膝屈髋，手臂带动壶铃在膝关节间向后摆；

■ 不要停顿，伸髋伸膝，壶铃向前摆动；

■ 随着壶铃摆动，屈右肘，带动壶铃顺着身体向上运动，当壶铃超过肘关节时，右手抓住壶柄转动至手朝上，壶底朝下（见图 a)；

■ 当右手朝上，壶底朝下时，迅速做深蹲动作（见图 b）；

■ 动作结束时壶铃在头的微后方，壶铃与髋关节在一条直线上；

■ 反方向重复练习；

■ 完成规定的次数后，换手重复练习。

要点

■ 保持重心落在脚后跟上；

■ 练习过程中背部绷紧；

■ 进行此动作时以髋关节为轴；

■ 整个过程中使用壶铃中部抓法；

■ 当肘部在壶铃下方时，手抓住壶柄转动至手朝上，壶底朝下；

■ 壶铃与髋部在一条直线上并保持好平衡。

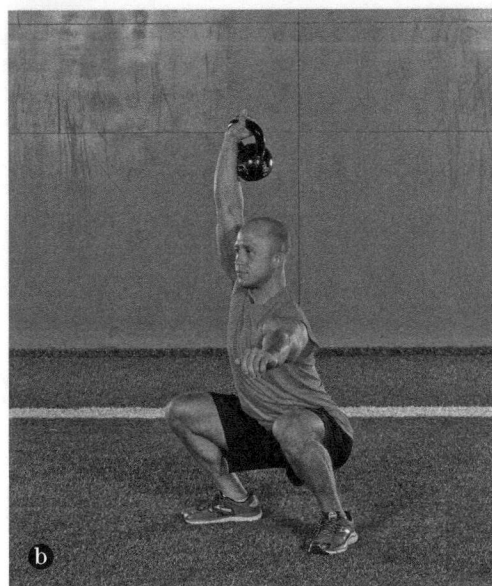

壶铃高翻（Kettlebell Clean）

目的

像本章的其他练习一样，壶铃高翻也是以地面为基础的动作，并需要全身肌肉参与。该练习在本质上是有一定节律性的，可以用于体能训练。另外，高翻能教会你如何将壶铃放到肩上，为其他练习做好准备。

前提条件

■ 在深蹲位置能够使用髋部发力；

■ 深蹲位置重心落在脚上；

■ 保持背部正确的姿势；

■ 控制壶铃在肩部。

步骤

■ 壶铃置于地面上；

■ 双脚分开与肩同宽，壶铃位于双脚之间；

■ 背部立直；

■ 重心落在脚上，深蹲屈髋，使用右手内侧壶铃抓法；

■ 起立，右臂伸直（见图 a）；

■ 俯身屈膝屈髋，手臂带动壶铃在膝关节间向后摆；

■ 不要停顿，伸髋伸膝，壶铃向前摆动；

■ 随着壶铃摆动，屈右肘；

■ 顺势深蹲，使壶底落在肩部（见图 b）；

■ 完成规定的次数后换手重复练习。

要点

■ 保持重心落在脚后跟上；

■ 练习过程中背部绷紧；

■ 进行此动作时以髋关节为轴；

■ 整个过程中使用壶铃内侧抓法；

■ 动作结束时，保持壶底落在前臂和肩部的外侧；

■ 肘指向身体前侧。

壶铃挺举（Kettlebell Jerk）

目的

壶铃挺举是另一个以地面为基础，有节奏的，动用全身肌肉的练习。此动作可以发展爆发力，上肢力量。另外，可以发展平衡和本体感觉。

前提条件

- 在深蹲位置能够使用髋部发力；
- 深蹲位置重心落在脚上；
- 保持背部正确的姿势；
- 正确控制壶铃在肩关节；
- 充足的力量保证手臂伸直壶铃举过头顶；
- 壶铃与髋部在一条直线上并保持好平衡。

步骤

- 右肩上壶铃高翻；
- 右肘指向身体前侧；
- 重心在脚后跟上，迅速变成四分之一深蹲（见图a）；
- 不要停止，伸髋伸膝，腿带动壶铃离开肩部（见图b）；
- 同时向上推举壶铃，使壶铃在头的稍后方；
- 壶铃与髋在一条直线上；
- 完成规定的次数后换手重复练习。

要点

- 下蹲和急起之间要迅速，没有停顿；
- 下蹲过程中保持壶铃没有离开肩部；
- 在下蹲和急起间确保肘指向身体前侧；
- 在动作结束阶段壶铃应该在头的稍后方，壶铃与髋在一条直线上。

壶铃高脚杯深蹲（Kettlebell Goblet Squat）

目的

壶铃高脚杯深蹲能够发展下肢和核心区的力量。该练习在本质上是有一定节律性的，可以用于体能训练。高脚杯蹲也可以增加负重来发展下肢力量。

前提条件

- 在深蹲位置能够使用髋部发力；
- 深蹲位置重心落在脚上；
- 保持背部正确的姿势。

步骤

- 双脚分开与肩同宽，壶铃位于双脚之间；
- 双手抓住壶铃的两侧；
- 保持壶铃与胸部在同一水平线上，双肘朝下（见图 a）；
- 背部立直；
- 重心落在脚后跟上，屈髋屈膝下蹲（见图 b）；
- 下蹲至个人舒服的最低点；
- 起立重复练习，完成规定的次数。

要点

- 以髋关节为轴进行深蹲；
- 深蹲过程中保持重心在脚后跟上；
- 保持背部在正确的位置。

壶铃硬拉（Kettlebell Deadlift）

目的

像杠铃硬拉一样，壶铃硬拉被用作下肢和核心的训练。此练习可以有规律地进行并且可以当做健身训练的内容。壶铃硬拉也被用来发展力量。

前提条件

- 在深蹲位置能够使用髋部发力；
- 深蹲位置重心落在脚上；
- 保持背部正确的姿势。

步骤

- 壶铃置于地面上；
- 双脚分开与肩同宽，壶铃位于双脚之间；
- 背部立直；
- 重心落在脚上，深蹲屈髋，使用双手抓住壶铃（见图 a）；
- 保持双臂伸直，背部立直，抓住壶铃伸髋伸膝起立（见图 b）；
- 重复练习。

要点

- 整个过程中保持重心在脚后跟上；
- 背部立直绷紧；
- 起立过程中，臀部和肩部按照同一速度升起；
- 双臂始终伸直。

基础练习

壶铃罗马尼亚硬拉（Kettlebell Romanian Deadlift）

目的

■ 就像杠铃罗马尼亚硬拉练习一样，壶铃罗马尼亚硬拉可以用来发展腘绳肌、臀部肌肉以及下背部肌肉。它可以增加腘绳肌的肌肉长度，这对短跑和跳跃来说是很重要的。它也可以用于发展体能，或者作为力量训练的手段。

前提条件

■ 保持背部正确的姿势。

步骤

■ 双手抓握壶铃，呈站立姿态；

■ 壶铃位于身体前侧并与大腿贴合（见图 a）：

■ 双手握住壶铃手柄的中部；

■ 双脚分开与髋同宽；

■ 背部挺直；

■ 屈髋，膝盖微屈，臀部后移；

■ 身体慢慢弯曲，使壶铃贴着腿部慢慢下滑（见图 b）；

■ 使壶铃降低到一个合适的、让自己感觉舒服的位置；

■ 挺髋起身，回到起始位置。

要点

■ 这个动作是从臀部开始进行的，而不是膝盖或背部；

■ 手臂保持伸直状态；

■ 整个练习过程中保持背部紧绷。

壶铃俯卧撑（Kettlebell Push-Up）

目的

■ 这是俯卧撑的变式，可以发展胸肌、肩部肌群和肱三头肌，也是一项很好的体能训练方式。

前提条件

■ 能够进行 20 个标准的俯卧撑。

步骤

■ 壶铃置于地面上，铃耳朝上；

■ 俯卧撑姿势，左手抓住壶铃（见图 a）；

■ 两手距离略比肩宽；

■ 两手与中部或者下部胸腔在一水平线上；

■ 从开始位置下降身体到壶铃高度；

■ 反方向直到手臂伸直；

■ 完成规定的次数后换手重复练习。

要点

■ 整个练习中脚后跟和肩在一条直线上；

■ 下降身体到壶铃高度；

■ 两侧都要进行此练习。

壶铃俯身划船（Kettlebell Bent-Over Row）

目的

划船的壶铃变式可以发展上背肌群、肩部和肱二头肌。它也可以发展上肢力量，也可作为常规体能训练计划中的一部分。

前提条件

■ 保持背部合理的姿势。

步骤

■ 站立姿势，每只手中抓住一只壶铃；

■ 使用抓中部铃耳方法；

■ 双脚分开与髋同宽；

■ 背部挺直；

■ 不要锁膝，膝关节的角度在整个过程中不变；

■ 重心在脚后跟上，屈髋，身体前倾，允许壶铃在大腿的下方（见图a）；

■ 当躯干与地面平行时，停止前倾；

■ 保持上背部的位置不变，向身体两侧拉壶铃直到壶铃与腹部在一条水平线上（见图b）；

■ 壶铃返回起始位置重复完成规定的次数。

要点

■ 整个过程中背部紧绷；

■ 避免上肢晃动；

■ 拉动壶铃贴近身体时，保持上臂绷紧且壶铃轻触身体；

■ 壶铃向躯干提拉时，注意让肩胛骨内收；

■ 壶铃回到起始位置时，注意让肩胛骨外展。

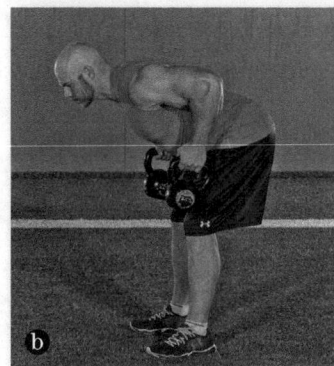

壶铃推举（Kettlebell Press）

目的

壶铃推举可以发展肩部肌群和肱三头肌。另外，此动作需要核心肌群稳定躯干，也是一项锻炼上肢力量的练习。

前提条件

■ 保持背部正确的姿势。

■ 保持壶铃在肩部正确的位置。

■ 手臂伸直，有足够的力量保证壶铃举过头顶。

■ 壶铃举过头顶时，壶铃和髋关节在一条直线上并维持好平衡。

步骤

■ 在肩部做壶铃高翻动作（见图a）。

■ 双脚与髋同宽。

■ 背部立直。

■ 左臂张开维持平衡。

■ 右肘朝向身体前侧，向上推举壶铃（见图b）。

■ 壶铃经过头的稍后方，动作结束时壶铃应与髋部在一条直线上。

■ 返回起始位置重复练习，换手进行此动作完成规定的次数。

要点

■ 整个过程中背部绷紧。

■ 整个过程中避免使用腿。

■ 肘必须在规定位置，在整个练习中不能向身体两侧张开。

■ 每个动作结束时壶铃应与髋在一条直线上并保持平衡。

高级练习

要想安全有效地进行高级练习，你需要拥有良好的技术和力量作为基础。也就是说，你不能越过基础练习直接参加高级练习。

壶铃单手摆动（Kettlebell One-Handed Swing）

目的

壶铃单手摆动需要每次用单侧手臂，该动作要求独特。像壶铃双手摆动一样，它发展的是水平方向的力量。壶铃单手摆动常常用于力量训练或体能训练。

前提条件

■ 经过长时间壶铃双手摆动的训练，好的技术；
■ 能进行壶铃双手摇摆自身体重 20% 的重量 10 次。

步骤

■ 壶铃置于地面上，铃耳朝上；
■ 双脚分开与肩同宽，壶铃位于双脚之间；
■ 背部立直；
■ 重心落在脚上，深蹲屈髋，右手抓住壶铃，使用壶铃内侧抓法；
■ 起立，单手抓住壶铃手臂伸直；
■ 俯身屈膝屈髋，手臂带动壶铃后摆至双膝之间（见图 a）；
■ 不要停止，反方向向前摆动壶铃至手臂与地面平行（见图 b）；
■ 重复完成规定的次数；
■ 换手重复练习。

要点

■ 保持重心落在脚后跟上；
■ 保持背部绷紧；
■ 进行此动作时以髋关节为轴；
■ 动作过程中保持手臂始终伸直；
■ 避免手臂摆动超过水平面。

壶铃双手抓举（Kettlebell Two-Handed Snatch）

目的

壶铃双手抓举也需要全身肌肉的参与，它同时发展身体双侧的肌肉力量、平衡和本体感觉。此变式比壶铃单手抓举需要更多的协调和柔韧能力。

前提条件

■ 拥有很好的壶铃单手抓举技术。

■ 进行至少六个月的单手壶铃抓举的训练。

■ 能进行壶铃单手抓举自身体重 20% 的重量 10 次。

步骤

■ 壶铃置于地面上；

■ 双脚分开与肩同宽，壶铃位于双脚之间；

■ 背部立直；

■ 重心落在脚上，深蹲屈膝屈髋，每只手抓住壶铃手柄的中部；

■ 起立，抓住壶铃，手臂伸直；

■ 右手臂伸直，俯身屈膝屈髋，手臂带动壶铃在膝关节间向后摆；

■ 不要停顿，伸髋伸膝，壶铃向前摆动（见图 a）；

■ 随着壶铃摆动，屈肘，带动壶铃顺着身体向上运动，当壶铃超过肘关节时，右手抓住铃耳；

■ 转动至手朝上，壶底朝下；

■ 壶铃达到最高点时迅速做深蹲动作（见图 b）；

■ 壶铃举过头顶时，壶铃和髋关节在一条直线上并维持好平衡；

■ 回到起始姿势重复进行。

要点

■ 保持重心落在脚后跟上；

■ 练习过程中背部绷紧；

■ 进行此动作时以髋关节为轴；

■ 整个过程中使用壶铃中部抓法；

■ 当肘部在壶铃下方时，手抓住壶柄转动至手朝上，壶底朝下；

■ 壶铃与髋在一条直线上并保持好平衡；

■ 当壶铃移动过顶时，控制壶铃则变得轻松。

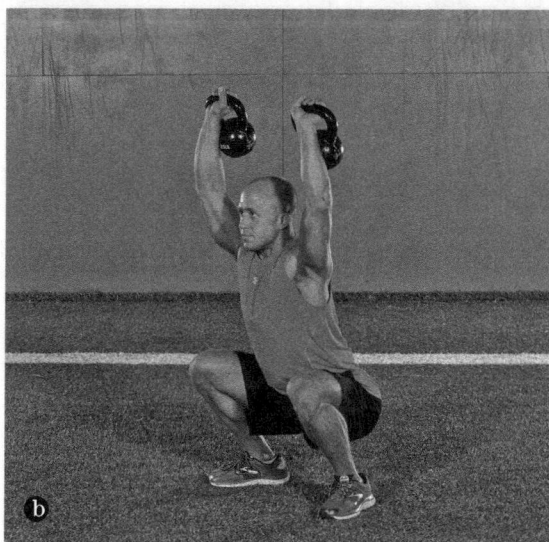

高级练习

壶铃双手高翻（Kettlebell Two-Handed Clean）

目的

壶铃双手高翻与壶铃双手抓举有很多共同的效果。其中一个不同点是（像壶铃单手高翻一样）是使用双肩，为进一步的练习做好准备。

前提条件

■ 拥有进行单手高翻良好的技术并经过长期训练；

■ 进行至少六个月的壶铃单手高翻的训练；

■ 能进行壶铃单手高翻自身体重20%的重量10次。

步骤

■ 壶铃置于地面上；

■ 双脚分开与肩同宽，壶铃位于双脚之间；

■ 背部立直；

■ 重心落在脚上，深蹲屈髋，使用内侧壶铃抓法；

■ 起立，双手抓住壶铃手臂伸直；

■ 保持手臂伸直，俯身屈膝屈髋，手臂带动壶铃在膝关节间向后摆；

■ 不要停顿，伸髋伸膝，壶铃向前摆动（见图a）；

■ 随着壶铃摆动，屈右肘；

■ 顺势深蹲，使壶底落在肩部（见图b）；

■ 返回起始姿势，完成规定的次数后换手重复练习。

要点

■ 保持重心落在脚后跟上；

■ 练习过程中背部绷紧；

■ 进行此动作时以髋关节为轴；

■ 整个过程中使用壶铃内侧抓法；

■ 结束动作时，保持壶底落在前臂和肩部的外侧；

■ 肘指向身体前侧。

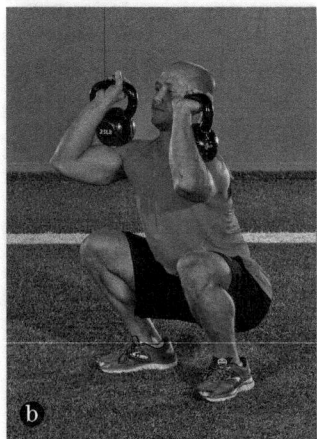

壶铃双手挺举（Kettlebell Two-Handed Jerk）

目的

在发展爆发力、力量和全身大部分肌肉方面，这项练习的作用与壶铃单手挺举相同。双手挺举比单手挺举需要更多的技巧。

前提条件

■ 拥有进行单手挺举良好的技术并经过长期训练；
■ 进行至少六个月的壶铃双手挺举的训练；
■ 能进行壶铃双手挺举 20% 自身体重 10 次。

步骤

■ 肩上壶铃高翻；
■ 双肘指向身体前侧；
■ 重心在脚后跟上，迅速变成四分之一深蹲（见图 a）；
■ 不要停顿，伸髋伸膝，腿带动壶铃离开肩部；
■ 同时向上推举壶铃，使壶铃在头的稍后方（见图 b）；
■ 壶铃与髋部在一条直线上；
■ 反方向完成规定的次数。

要点

■ 下蹲和急起之间要迅速，没有停顿；
■ 下蹲过程中保持壶铃没有离开肩部；
■ 在下蹲和急起间确保肘指向身体前侧；
■ 在动作结束阶段壶铃应该在头的稍后方，壶铃与髋在一条直线上；
■ 壶铃过顶时，控制壶铃相互靠近以便保持平衡和控制壶铃。

高级练习

壶铃过顶深蹲（Kettlebell Overhead Squat）

目的

壶铃过顶深蹲对平衡和本体感觉要求很高。它可以发展肩、髋、膝、踝的灵活性，也可以发展上肢肌肉。这项练习经常作为力量训练的常用手段，或者在健身房作为常规的训练。

前提条件

- 进行深蹲的同时重心在脚后跟上；
- 能够保持正确的背部姿势；
- 进行过长期规范的抓举和挺举练习；
- 进行过至少六个月的单手抓举和单手挺举练习。

步骤

- 右手壶铃抓举动作举过头顶（见图 a）；
- 确保壶铃位置在头的稍后方；
- 移动脚至双脚与肩同宽；
- 保持壶铃在头上方，下蹲至最舒服的位置（见图 b）；
- 返回起始姿势，完成规定的次数后换手重复练习。

要点

- 张开另一侧手臂维持身体平衡；
- 壶铃和髋部在一条直线上；
- 保持壶铃在头顶不动，手臂伸直；
- 深蹲时重心在脚后跟上。

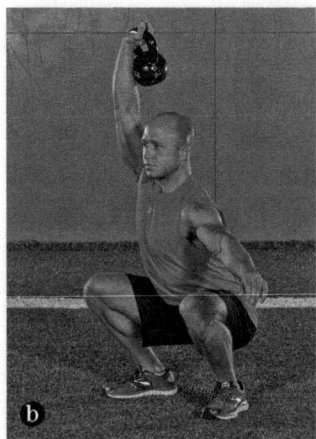

壶铃过顶弓箭步蹲（Kettlebell Overhead Lunge）

目的

像弓箭步蹲一样，壶铃过顶深蹲发展下肢力量，每次练习集中在单腿上。不像其他的弓箭步，此练习也发展肩部灵活性。同时需要一定的平衡感和本体感觉。

前提条件

- 能够进行徒手弓箭步蹲；
- 进行过长期规范的抓举和挺举练习；
- 进行过至少六个月的单手抓举和单手挺举练习。

步骤

- 左手壶铃抓举动作举过头顶（见图 a）；
- 确保壶铃位置在头的稍后方；
- 右臂伸开保持平衡；
- 向前跨一步，前脚脚后跟和后脚脚尖对齐；
- 屈右膝至大腿与地面平行（见图 b）；
- 双腿站立恢复原状；
- 重复完成右腿所规定的次数；
- 换手持壶铃，交换腿的位置重复练习。

要点

- 保持背部紧绷；
- 壶铃必须和髋部在一条直线上；
- 在弓箭步过程中手臂撑住壶铃；
- 向前跨一步，前脚脚后跟和后脚脚尖对齐；
- 步长要满足前腿与地面平行，胫骨与地面垂直。

壶铃单腿罗马尼亚硬拉（Kettlebell One-Legged Romanian Deadlift）

目的

如普通硬拉、单腿罗马尼亚硬拉可以发展腘绳肌、臀肌和下背部的力量一样，此动作也可以拉伸腘绳肌。实际上，这是一项不对称的练习，这意味着它可以与现实生活中的一些运动有机地统一，如短跑。此项练习对发展平衡能力和本体感觉也有很大的帮助。

前提条件

- 进行长期规范的壶铃硬拉罗马尼亚硬拉训练；
- 进行过至少六个月的罗马尼亚硬拉练习。

步骤

- 右手持壶铃站立；
- 壶铃中部抓法；
- 双脚与肩同宽；
- 背部立直；
- 从开始位置，抬起一条腿（见图 a）；
- 屈髋使上身前倾，右腿离开地面抬起；
- 随着身体前倾，壶铃顺着左侧大腿尽可能向下滑动至最舒服位置（见图 b）；
- 反方向，重复进行至完成规定次数。

要点

- 手臂伸直；
- 重心在脚后跟上；
- 抬起的那侧腿应与躯干平行。

壶铃俯卧划船（Kettlebell Prone Row）

目的

壶铃俯卧划船是另一项发展上背力量、肩带肌群和肱二头肌的练习。另外此项练习需要核心和肩关节起到稳定的作用。

前提条件

■ 进行 20 次规范的壶铃俯卧俯撑训练；

■ 能够进行 5 次标准俯卧撑。

步骤

■ 俯卧撑姿势；

■ 壶铃靠近左手；

■ 左手握铃，重心转移到右臂（见图 a）；

■ 保持俯卧撑姿势，拉动壶铃靠近左侧身体（见图 b）；

■ 放下壶铃，重复完成规定的次数，换另一边练习。

要点

■ 支撑手臂始终伸直；

■ 从肩到脚后跟在一条直线上。

壶铃土耳其起立（Kettlebell Get-Up）

目的

土耳其起立发展了身体的一系列能力。锻炼平衡和本体感觉。增加肩关节力量和稳定性。提高核心力量和稳定性，锻炼下肢肌群力量。

前提条件

- 能够进行 20% 自身体重过顶深蹲 10 次；
- 进行长期规范的过顶弓箭步蹲；
- 进行过至少六个月的过顶深蹲和弓箭步蹲练习。

步骤

- 仰卧于地面上，眼看天花板；
- 壶铃置于靠近右肩的地面上；
- 右腿弯曲使脚后跟靠近（见图 a）；
- 把右脚平放在地面上；
- 使用壶铃内侧抓法举起壶铃；
- 手臂伸直；
- 手臂始终伸直，左臂平放在地面上，与身体呈 90 度角；
- 右脚蹬地，向左侧转动身体（见图 b）；
- 转动身体的同时，壶铃始终与地面垂直；
- 左手臂撑地，身体呈坐姿；
- 壶铃在头顶上方与地面垂直；
- 向前滑动右腿呈弓箭步姿势（见图 c）；
- 起立，保持壶铃在头顶上方（见图 d）；
- 反方向进行，重复以上动作换另一侧练习。

要点

- 此练习动作复杂，所以动作要求慢并且标准；
- 此练习不允许出现错误；
- 开始将壶铃推到头顶后，手臂在整个过程中保持伸直；
- 失去控制时允许抛出壶铃，避免运动损伤。

壶铃风车（Kettlebell Windmill）

目的

壶铃风车发展肩关节力量和稳定性，可以提高核心稳定性和耐力。壶铃风车也可以发展平衡和本体感觉。

前提条件

■ 能够进行 20% 自身体重过顶深蹲 10 次；
■ 进行过至少 6 个月的过顶深蹲练习。

步骤

■ 将壶铃高翻至左肩位置；
■ 举起或者挺举过头顶；
■ 脚向左转 45 度；
■ 臀部朝上；
■ 保持壶铃举过头顶，左侧臀部朝左，身体向右倾斜；
■ 向右倾斜身体的同时，右手向下滑向右腿；
■ 尽可能向下弯腰；
■ 反方向并重复进行；
■ 换另一侧进行。

要点

■ 脚的指向应与身体倾斜的方向一致；
■ 髋关节保持向前，不要左右转动；
■ 控制壶铃的手臂始终伸直；
■ 失去控制时允许抛出壶铃，避免运动损伤。

入门训练计划

如果你将壶铃训练作为体能训练的一部分，你应该花一些时间进行这些练习。学好并能规范的练习可以确保身体安全和训练有效。表 8.2 提供了一个简单的训练计划来帮助你熟悉这些练习。你可以使用这些计划进行力量训练的热身或者体能训练。

表 8.2　**入门级壶铃训练计划**

第 1 天	第 2 天
壶铃双手摆动 10 次 p.135 壶铃抓举 5 次（右手）p.136 壶铃双手摆动 10 次 p.135 壶铃抓举 5 次（左手）p.136 壶铃高脚杯深蹲 10 次 p.140 壶铃高翻 5 次（右手）p.138 壶铃硬拉 5 次 p.141 壶铃高翻 5 次（左手）p.138 壶铃罗马尼亚硬拉 10 次 p.142	壶铃挺举 5 次（右手）p.139 壶铃俯卧撑 10 次（右手抓壶铃）p.143 壶铃挺举 5 次（左手）p.139 壶铃俯卧撑 10 次（左手抓壶铃）p.143 壶铃俯身划船 5 次 p.144 壶铃推举 5 次（右手）p.145 壶铃俯身划船 5 次 p.144 壶铃推举 5 次（左手）p.145
按照需求重复进行	

第 9 章

沙袋训练

近几年，沙袋（Sandbags）作为一种力量训练工具逐渐受到关注。沙袋制作方法简单且经济实用，许多体能训练的沙袋使用乙烯基、帆布或其他坚固材料制成，掉落时不会引起损坏或受伤。沙袋上有不同的把手，以适应不同类型的抓握方式。

和传统的抗阻训练形式相比，沙袋可以提供一个独特的训练刺激。在沙袋移动、托举过程中，内部的沙子也在移动。运动的过程中沙袋产生的动态、活跃的阻力形式和许多运动项目很相似，尤其是针对一些需要进行格斗性或者要求直接与对手身体对抗（如橄榄球）的项目。与杠铃、哑铃相比，在运动的过程中沙袋可以创造一个不稳定环境，沙袋的重心不在沙袋中心的这个特点，可以提高练习者的平衡、协调、认知和肌肉力量等能力。

基础入门

沙袋可以很好地提供各种基础或复杂的练习。在基础训练之后，你可以把更多的训练元素或训练组合融入训练中。例如，训练中把前蹲与过顶上举结合，或罗马尼亚硬拉与垂直划船结合作为全身的练习。从表 9.1 中，你可以得到一些相关的多组（4~6）复合训练方案，在掌握一些基础技术的前提下，这些复合训练可以逐步提高训练者的体能。

表 9.1　动作组合范例

高翻 + 前蹲
前蹲 +Y 形上举
前蹲 + 前弓箭步
罗马尼亚硬拉 + 高拉
过顶推举 + 过顶深蹲

设计一些组合动作的时候，需要注意一些要点。

1. 在确保你可以顺利地完成上一个训练的基础上，完成下一个训练。使用相同的手抓沙袋，确保你不会在动作转换的过程中浪费时间。

2. 在组合训练中，训练负荷以最弱的训练动作为准。例如很多人可以很轻松地完成很多次深蹲，却不能很轻松地完成很多次过顶深蹲。因此在设计组合训练的时候，你需要考虑你能完成过顶深蹲的次数。

3. 在完成所有训练之前，不要放下沙袋。

基础练习

本节训练重点在于基础阶段的训练，这些训练有利于以后进行其他复杂的组合训练，在完成本章的高级练习或者组合训练前，你需要熟练掌握这些练习。

沙袋罗马尼亚硬拉（Sandbag Romanian Deadlift）

目的

罗马尼亚硬拉可以提高下肢的肌肉耐力和腘绳肌的动态柔韧性，同时可以发展躯干的稳定性。此外，这个练习可以发展臀部链的运动功能，此功能对于许多基础练习和高级练习是很必要的。

前提条件

■ 没有下背痛或损伤史；

■ 臀部可以正确运动的能力。

步骤

■ 立姿，挺胸，沉肩，脚踝，膝盖和臀部微微弯曲；

■ 双手抓沙袋中间位置，置于大腿中部（见图 a）；

■ 背部挺直，膝盖微屈，臀部向后，腰部前屈；

■ 保持沙袋与腿部接触，向下移动，直到感觉腘绳肌被拉伸或沙袋接触脚踝（见图 b）；

■ 挺髋起身，回到起始位置。

要点

■ 整个练习过程中保持下背部微微反弓；

■ 为了减少下背部的压力，尽量保证沙袋与腿部接触。

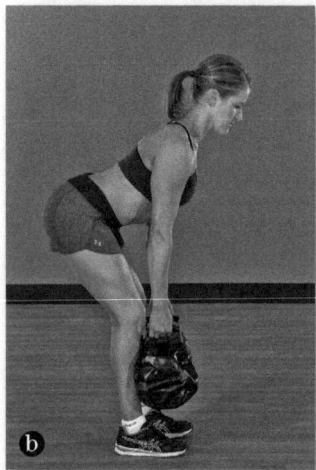

沙袋前蹲（Sandbag Front Squat）

目的

此项练习提高下肢和躯干肌肉的耐力，提高脚踝、膝盖、臀部的活动度。

前提条件：

■ 脚踝、膝盖、臀部、肩部需要有良好的活动度；

■ 整个训练阶段躯干要有保持挺直的能力。

步骤

■ 双脚张开站立，略比肩宽；

■ 双手自然抓握沙袋置于肩部；

■ 将肘部向前，意识中尽量将它们推向天花板，直到大臂与地面平行，沙袋放于锁骨部位（见图a），这个姿势被称为支架姿势；

■ 保持此姿势，然后向下深蹲至大腿与地面平行（见图b）；

■ 伸展脚踝、膝盖、臀部，返回起始位置。

要点

■ 在整个动作阶段保持躯干挺直，下背部微微反弓；

■ 保证整个蹲起重量分散作用在全脚掌，膝盖应与脚尖在同一方向，整个过程全部脚掌与地面接触。

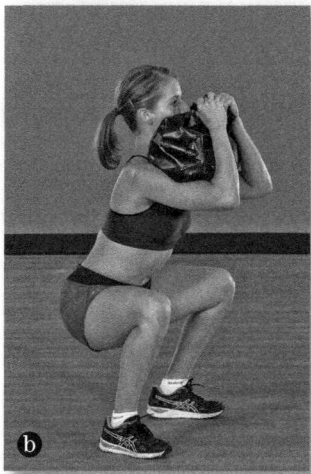

沙袋硬拉（Sandbag Deadlift）

目的

这是一个多关节的练习，可以发展下肢的肌肉耐力。

前提条件

■ 正确掌握深蹲技术。

步骤

■ 从下蹲位置开始，双手自然抓沙袋（见图 a）；

■ 保持手臂充分伸直，然后下背部微屈，起身、直到膝盖、臀部、躯干充分伸展（见图 b）。

要点

■ 保证整个蹲起重量分散作用到全脚掌，膝盖应与脚尖在同一方向，整个过程脚掌与地面接触；

■ 整个过程避免弓背和圆肩。

沙袋分腿蹲（Sandbag Split Squat）

目的

此项练习可以提高下肢肌肉耐力，减少两腿的力量和耐力差异，提高平衡能力。

前提条件

■ 具有前蹲的能力；

■ 有良好的肩关节活动度；

■ 好的躯干稳定性；

■ 无下肢急性损伤。

步骤

■ 双脚站立宽度大约在肩宽到臀宽之间，双手自然抓握沙袋置于肩部或者中立位置呈支架姿势；

■ 不要旋转臀部，摆动腿向后退一步呈弓箭步（见图 a），两侧前脚掌应充分接触地面；

■ 挺胸，躯干与肩部收紧，膝盖、臀部、躯干屈曲直到后撤腿的膝盖接触地面（见图 b）；

■ 当前侧大腿与地面平行时，伸展膝盖、臀部、躯干至起始位置；

■ 重复预先预定好的训练次数，两腿交替进行练习。

要点

■ 保持前膝与前脚脚趾在同一直线；

■ 在运动的过程中，保持躯干挺直。

变化

■ 为了增加躯干和肩部的稳定性，在进阶训练的过程中可以把沙袋举过头顶。

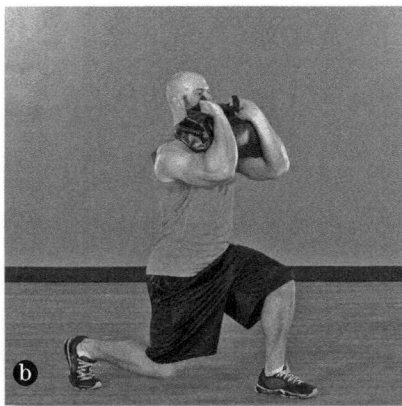

沙袋跨步蹲（Sandbag In-Place Lunge）

目的

跨步蹲是一个行进间向前的练习，可以提高下肢肌肉的耐力，降低左右腿力量与耐力的差异，提高左右腿的平衡。此外，它也是一个功能性的练习动作，可以用于跑步或其他需要左右腿交互运动的项目中。

前提条件

■ 有前蹲的能力；

■ 肩关节有较好的活动度；

■ 好的躯干稳定性；

■ 下肢没有急性损伤。

步骤

■ 双立姿，双脚分开与肩同宽，双手自然抓握沙袋，置于肩部，呈支架姿势（见图 a）；

■ 一条腿向前跨一大步；

■ 当跨步腿的全脚掌接触地面，膝盖、臀部、踝关节屈曲直到大腿与地面平行（见图 b）；

■ 保持支撑腿膝关节与脚趾在一条直线；

■ 支撑腿快速蹬地，回到起始位置；

■ 两腿交替进行训练。

要点

■ 确保两条腿的训练量相同。

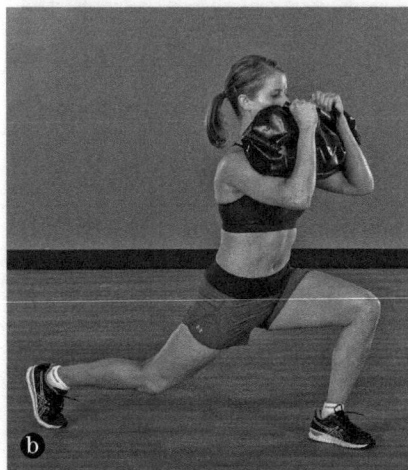

沙袋推举（Sandbag Overhead Press）

目的

过顶推举是一个发展上肢肌肉耐力的很好的练习方式，尤其是对肩部和肱三头肌。

前提条件

■ 良好的肩部稳定性；

■ 肩部没有损伤。

步骤

■ 立姿，挺胸，沉肩，脚踝、膝盖和臀部微微弯曲，使用支架姿势抓住沙袋（见图 a）；

■ 背部挺直；

■ 伸展手臂，垂直向上推举沙袋（见图 b）；

■ 手臂屈曲，手臂与沙袋回到起始位置。

要点

■ 在整个练习过程中保持背部挺直；

■ 如果沙袋在过顶时失去控制，不要试图去接沙袋，让其在你前面或后面落地即可。

沙袋俯身划船（Sandbag Bent-Over Row）

目的

此练习可以增强上背部的肌肉力量与躯干的稳定性。

前提条件

■ 练习者需要掌握罗马尼亚硬拉技术；

■ 下背部无受伤；

■ 拥有良好的躯干稳定性。

步骤

■ 立姿，挺胸，沉肩，脚踝、膝盖和臀部微微弯曲；

■ 双手中立式抓住沙袋拉至大腿中部；

■ 躯干收紧，膝盖微曲，臀部向后推，腰部前屈；

■ 保持沙袋接触腿部，沙袋向下放，直到腘绳肌有轻微拉伸的感觉或者沙袋碰到脚踝（见图 a）；

■ 挺直腰背，保持此姿势；

■ 屈肘上提沙袋至肚脐（见图 b），然后肩部与手臂伸展，将使沙袋回到起始位置；

■ 完成预先设计的次数。

要点

■ 在整个运动过程中，保持下背部微微反弓；

■ 在整个运动过程中，保证沙袋在脚的正上方；

■ 保持膝盖微弯曲；

■ 在整个运动过程中，肩胛骨向中间收紧并下沉。

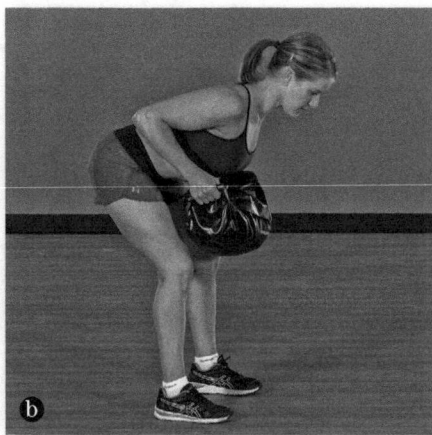

沙袋立姿划船（Sandbag Upright Row）

目的

立姿划船可以提高肩部肌群和斜方肌的力量和耐力。

前提条件

■ 肩部没有受伤。

步骤

■ 立姿，挺胸，沉肩，脚踝、膝盖和臀部微微弯曲，使用中立式或者手势向下的方式抓住沙袋放在大腿前侧（见图 a）；

■ 背部挺直；

■ 弯曲手臂，肩部外展，上提沙袋至与胸部齐平（见图 b）；

■ 手臂慢慢伸直，使沙袋回到起始位置。

要点

■ 整个练习过程保持背部挺直；

■ 为了减少肩部受伤的风险，沙袋举至与胸部齐平即可，不要拉过下颌。

高级练习

高级练习，需要练习者有更好的技术、力量或技术与力量的结合能力。掌握这章的基础练习后，可以练习下列动作。

沙袋过顶深蹲（Sandbag Overhead Squat）

目的

此练习是提高肩部和躯干的稳定性极好的动作，同时增强下肢肌群的耐力。

前提条件

■ 有良好的肩部与躯干稳定性；

■ 肩部没有受伤；

■ 肩部活动度良好。

步骤

■ 利用中立式或者手势向下抓住沙袋举过头顶（见图 a）；

■ 向下蹲的过程中收紧躯干，直到大腿大约与地面平行（见图 b）；

■ 当蹲到最底部时，手臂应保持完全伸直；

■ 保持沙袋一直举在头顶，然后伸展脚踝、膝盖、臀部回到起始位置，同时手臂与肩部锁紧，挺胸挺直。

要点

■ 这项练习的要点在于，在整个练习过程中，确保所有负重平均分散作用于整个脚掌，膝盖与脚趾方向一致。

a

b

沙袋农夫走（Sandbag Farmer's Walk）

目的

农夫走主要发展躯干稳定性和抓握的力量，而沙袋中动态移动的沙子可以提供运动员在比赛中体会到的相似的动态阻力。

前提条件

■ 良好的躯干稳定性和抓握力量；

■ 完成硬拉的能力；

■ 有能同时举起两个沙袋的力量。

步骤

■ 站姿，沙袋放于两只脚的外侧；

■ 下蹲，背部挺直，利用手势向下同时提起两侧沙袋；

■ 双手各提起一个沙袋练习行走 10 米到标志物处（见图 a、图 b）；

■ 绕过标志物，返回到起点，放下沙袋。

变式

■ 增加沙袋的重量；

■ 增加行走的距离；

■ 抓住沙袋的最末端，把沙袋举过头顶，这样更能提高躯干和肩部对稳定性，因为沙袋会前后摆动；

■ 当你只用一个沙袋时，想象成你正在提着行李走路，这样可以提升异侧躯干的稳定性（如果你的右手负重，左侧的躯干就必须更加收紧来稳定身体）。

要点

■ 在整个训练过程中，保持背部收紧。

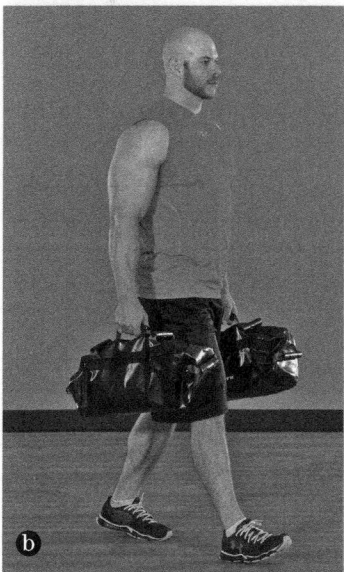

沙袋俯卧撑 + 过顶推举（Sandbag Push-Up to Overhead Press）

目的

这个练习是一个全身灵敏性和协调性的训练，可以用于提高躯干的稳定性和整个上肢的肌肉耐力。

前提条件

- 肩部无受伤；
- 可以很标准地完成俯卧撑练习。

步骤

- 以俯卧撑姿势为起始位同时用中立式抓住沙袋（见图 a）；
- 完成一次俯卧撑练习（见图 b），然后快速把膝盖拉向胸部（见图 c），起立同时把沙袋举至锁骨部位（见图 d）；

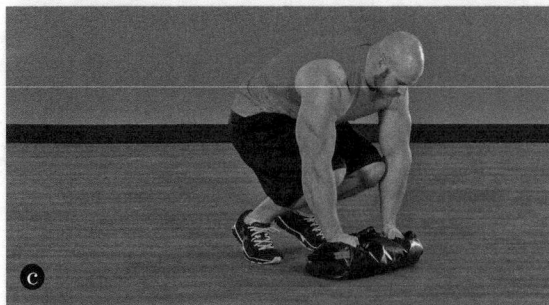

■ 当站立时把沙袋举过头顶（见图e）；

■ 把沙袋贴近身体放低于膝盖处，然后放回到地面回到起始位置。

要点

■ 在沙袋从地面被举起的过程中保持沙袋靠近身体，以减少对下背部的压力。

沙袋 Y 形上举（Sandbag Y Press）

目的

　　Y 形上举在过顶上举的基础上增加了旋转的要素，可以提高躯干的稳定性与灵活性。

前提条件

- 肩部无受伤；
- 能正确完成上举动作；
- 有好的躯干活动度。

步骤

- 双手中立式抓握沙袋（见图 a），放于大腿中部，以四分之三蹲姿为起始位置；
- 控制动作，流畅地把沙袋举至肩部水平位置，然后将沙袋举过头顶，右脚旋转抬起，身体旋转以便躯干转向左侧（见图 b）；
- 当沙袋举过头顶之后，屈肘放下沙袋同时右脚旋转，回到起始位置；
- 重复旋转左脚，保持沙袋上举身体转向右侧。

要点

- 当后侧脚转动的时候，可以想象成用脚踩压虫子的动作；
- 在整个运动过程中，躯干和背部收紧；
- 保持前侧腿向前伸直的同时，在运动的过程中后面一侧臀部可以转动。

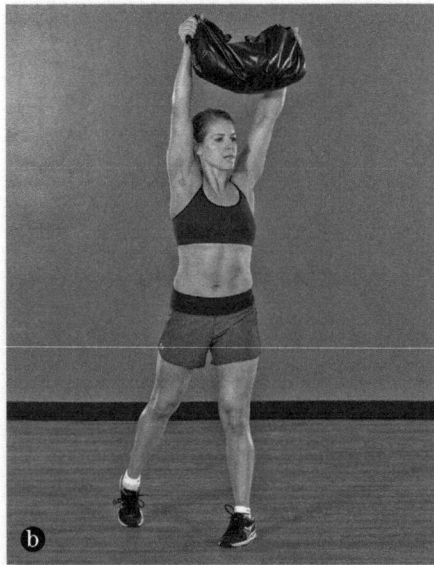

沙袋弓步提膝（Sandbag Walkover Lunge）

目的

此练习可以利用重心偏离中心的负重，提高平衡身体平衡能力以及躯干和臀部的稳定性。

前提条件

■ 可以很好地完成弓箭步动作；

■ 每侧腿都有很好的平衡能力。

步骤

■ 沙袋置于肩部或锁骨位置；

■ 保持背部和躯干收紧；

■ 右腿向后方跨一大步，做反向弓箭步（见图a）；

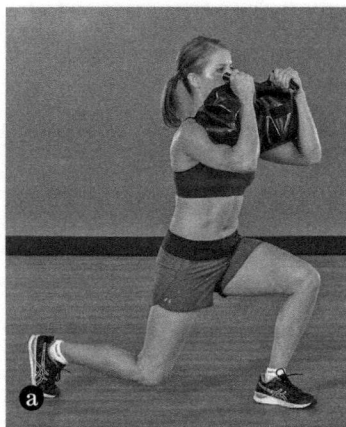

■ 左腿支撑，右腿快速向胸部位置上抬，然后维持身体姿势和关节排列（见图b）；

■ 右腿快速向前跨，做前弓箭步；

■ 右腿支撑，左腿快速向胸部位置上抬，然后维持身体姿势，两腿交替进行；

■ 完成预先设计的次数，如果使用支架姿势，将沙袋放在左肩上，用对侧的腿练习。

要点

■ 两侧腿完成的负荷应相同；

■ 臀部下蹲的过程中，保持躯干和骨盆不要翻转。

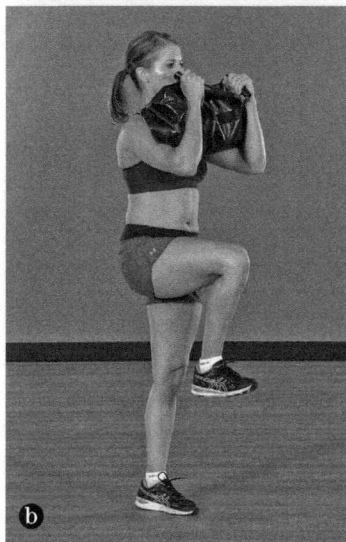

沙袋上摆（Sandbag Swing and Lift）

目的

此练习是一个蹲和上拉结合的练习，可以帮助提高练习者躯干的灵活性和旋转爆发力。

前提条件

■ 背部无受伤；

■ 躯干活动度良好。

步骤

■ 双手用中立式抓握沙袋，放于大腿中部，以四分之三蹲姿为起始位置（见图a）；

■ 保持沙袋靠近身体，旋转躯干，举起沙袋跨过身体置于左侧肩部（见图b）；

■ 将沙袋摆回起始位置，完成预先设计的次数，然后将沙袋放置在对侧臀部处，举到左肩上练习相同的次数。

要点

■ 保持躯干收紧；

■ 练习的过程中不要圆肩。

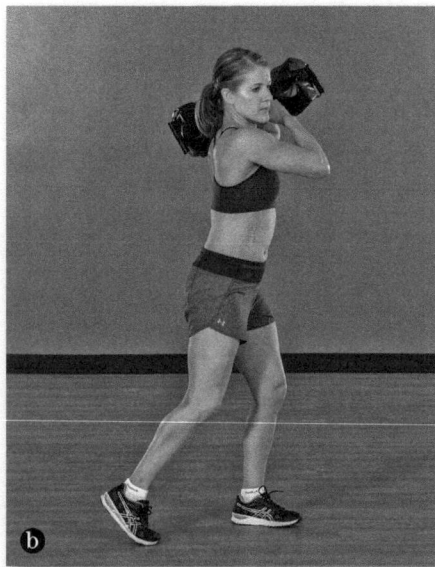

沙袋高拉（Sandbag High Pull）

目的

此练习与垂直划船很像，但是沙袋高拉更加强调动作的速度。

前提条件

■ 无肩部损伤。

步骤

■ 立姿，挺胸，沉肩，脚踝、膝盖和臀部微微弯曲，双手手势向下抓握沙袋放于膝盖以下位置（见图a）；

■ 保持背部收紧，手臂伸直；

■ 爆发性耸肩，同时伸展脚踝、膝盖、臀部；

■ 手臂弯曲，伸直肘部直到沙袋拉至胸部水平位置（见图b）；

■ 保持好的身体关节排列，放下沙袋至起始位置。

要点

■ 手臂伸直，确保沙袋上拉的过程中脚踝、膝盖、臀部发力；

■ 充分发力，以便于手臂可以把沙袋上提至胸部水平位置（这与垂直划船是不同的，它主要利用手臂和肩部的肌肉提起重量）。

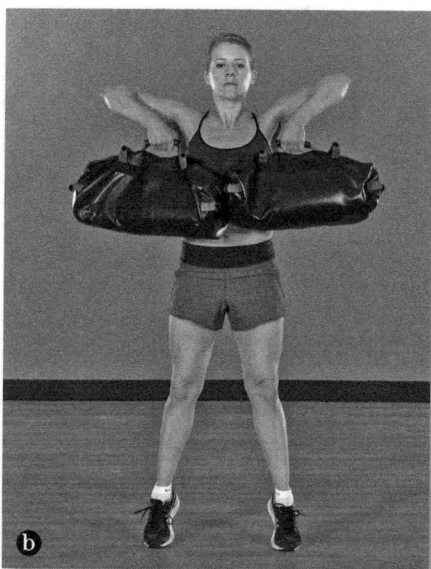

沙袋推举（Sandbag Push Press）

目的

沙袋推举是一个训练肩部、提高整体协调性和爆发力的有效练习。

前提条件

■ 有良好的肩部和躯干稳定性；

■ 有良好的肩关节活动度；

■ 没有肩部损伤。

步骤

■ 采用手势向下或者中立式抓握沙袋；

■ 背部收紧，将沙袋举至于肩部水平位置；

■ 调整沙袋至锁骨位；

■ 身体快速下沉15厘米，同时弯曲脚踝、膝盖、臀部（见图a）；

■ 不要停顿，伸展脚踝、膝盖、臀部发力，快速上推沙袋（见图b）；

■ 手臂屈曲，使沙袋回到起始位置。

要点

■ 用一个口诀记住这个技巧，就是"下沉和上推"。

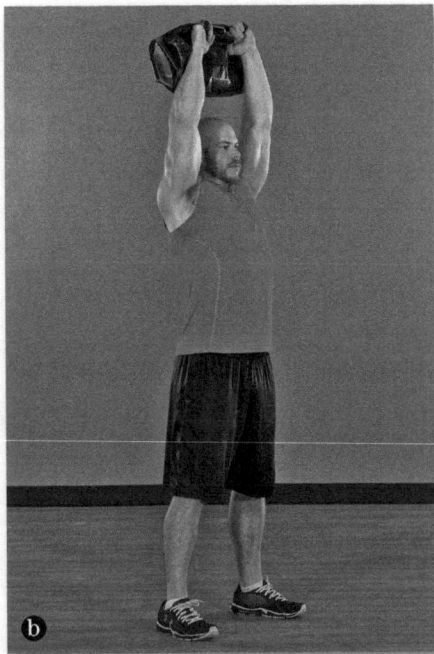

沙袋挺举（Sandbag Jerk）

目的

和沙袋上举一样，此练习可以很好地发展全身的协调性和爆发力。

前提条件

- 有良好的肩部和躯干稳定性；
- 有良好的肩关节活动度；
- 没有肩部损伤；
- 可以完成沙袋上举的动作。

步骤

- 采用手势向下或者中立式抓握沙袋；
- 背部收紧，将沙袋置于肩部水平位置；
- 调整沙袋至锁骨位；
- 身体快速下沉约15厘米同时弯曲脚踝、膝盖、臀部（见图a）；
- 不要停顿，伸展脚踝、膝盖、臀部发力，快速上推沙袋超过头顶；
- 沙袋被举起后，身体在沙袋下快速下降15~20厘米，使得手臂充分伸展（见图b）；
- 身体站直，同时保持手臂伸直沙袋置于头顶上方；
- 手臂弯曲使沙袋回到起始位置。

要点

- 用一个口诀记住这个技巧，就是"下沉、上推和下降"，但身体下降缓冲的过程中，集中精力保持沙袋在头顶上方，而不是将沙袋推过头顶。

沙袋高翻（Sandbag Clean）

目的

沙袋高翻是一个高级练习动作，可以提高整个身体的协调性和爆发力。

前提条件

■ 可以完成高拉和前蹲。

步骤

■ 半蹲姿势，使用手势向下抓握沙袋，放置在膝盖以下（见图 a）；

■ 保持背部收紧，手臂伸直；

■ 爆发性快速耸肩同时伸展脚踝、膝盖、臀部；

■ 手臂屈曲肘部伸直，直到沙袋提至胸部水平位置（见图 b）；

■ 当沙袋升高时，身体迅速下降 15~20 厘米，作为缓冲；

■ 当沙袋翻至最高位置是，向前转动肘部，将肘部尽量朝向天空方向，置沙袋于锁骨部位（见图 c）；

■ 控制保持身体关节排列，将沙袋放回到起始位置。

变式

■ 可以通过结合挺举或推举来增加训练的难度。

要点

■ 在整个训练过程中，需要保持正确的身体姿势和身体控制力；

■ 保持膝盖与脚趾方向一致，保持臀部与膝盖的方向一致；

■ 当进行此项练习时，不要为了追求速度和运动量而忽略技术。

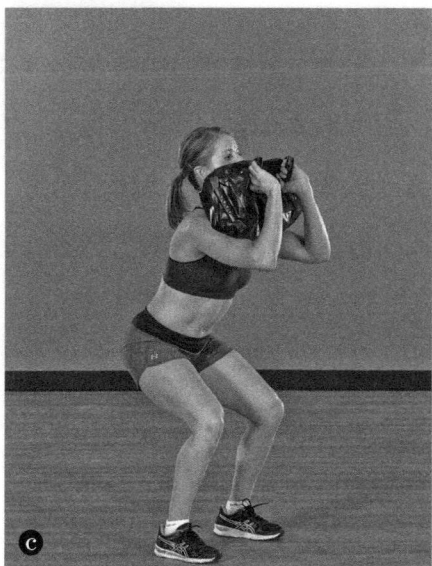

沙袋深蹲上提（Sandbag Squat to Carry）

目的

此练习是一个偏载练习，可以提高练习者的平衡性和躯干稳定性。

前提条件

■ 有良好的躯干稳定性和活动度；

■ 没有背部损伤。

步骤

■ 将沙袋放置在地面上，位于两脚之间；

■ 使用中立式抓握沙袋，以深蹲姿势为起始位置（见图a）；

■ 快速上提沙袋至于肩部高度；

■ 将沙袋置于肩部（见图b）；

■ 将沙袋放回起始位置，完成预先设定的次数，然后进行另一侧训练。

要点

■ 沙袋从地面上提的过程中躯干不要弯曲；

■ 沙袋提至肩部水平位的过程中，要快速伸髋发力。

入门训练计划

以下训练计划便于你了解如何使用沙袋，这个计划要求你学会如何调整和转变你自己的重量来控制沙袋造成的动态阻力。一周进行两次训练，由于这是一个循环训练计划，你需要设计每次训练的时间，练习间歇的时间尽可能缩短。在完成每项练习之后，休息 1~2 分钟，然后进行下一个循环，训练计划可以参考下表：

表 9.2　入门级沙袋训练计划

练习	次数
沙袋罗马尼亚硬拉 p.162	10
沙袋立姿划船 p.169	10
沙袋前蹲 p.163	10
沙袋俯身划船 p.168	10
沙袋推举 p.167	10

第 10 章

非传统训练

　　第 4 章到第 9 章涵盖了大量不同种类的训练方式。尽管几章中的练习是我们比较喜欢的练习方式，但我们可能只掌握了这些训练的皮毛。其他一些器械也可以用于间歇训练。本章中的练习可以作为一个独立的练习，也可以结合其他种类的练习去增加训练内容的多样性。

阻力带（resistance band）

阻力带是一种非常灵活的设备，功能齐全而且非常便携。它们占地小，很容易装进背包或手提箱中，能让你在旅途进行锻炼。对于频繁出行的人们来说，它们绝对是理想的选择。

阻力带的另一个好处是，训练者可以根据他们的力量和健身水平调整强度或训练负荷。较厚的阻力带能提供较大的阻力，反之，较薄的阻力带则提供较小的阻力（见图10.1）。但是，通过简单地缩短阻力带的长度或者增加阻力带连接点之间的距离，阻力就能够增加。因此，这些阻力带可以调整以适应不同训练水平的人。下面是大量使用阻力带的动作中的几个例子。

图 10.1　各种不同阻力的阻力带

大张力阻力带站姿划船（Heavy Resistance Band Standing Row）

目的

　　大张力阻力带划船练习可以增加菱形肌和斜方肌中束等局部肌肉的力量。

前提条件

　　■ 良好的肩部力量和稳定性；良好的躯干稳定性。

步骤

　　■ 把阻力带缠绕在一个静止的物体上，例如深蹲架或杆；

　　■ 抓住阻力带另一头，略屈膝，挺直背部；

　　■ 双臂向前伸直（见图 a）；

　　■ 收肘夹背使阻力带靠近胸前（见图 b），然后有控制地返回到起始位置；

　　■ 重复练习。

要点

　　■ 尽可能快地完成练习，但不允许阻力带快速回缩；相反，控制住离心部分的运动；

　　■ 选择一条能够产生足够张力的阻力带，使你能在疲劳前以适当的形式和技术进行 20~25 次重复练习。

大张力阻力带站姿胸部推举（Heavy Resistance Band Standing Chest Press）

目的

胸部推举练习可以提高胸部、肩部和肱三头肌等局部肌肉力量。

前提条件

■ 良好的肩部力量和稳定性；

■ 良好的躯干稳定性。

步骤

■ 将阻力带横向放置在上背部；

■ 握住阻力带的两端，让双手正好在腋窝下面（见图a）；

■ 略屈膝，挺直背部；

■ 肘部张开，伸出双臂向前平推（见图b）；

■ 有控制地回到初始的位置，重复你想要的次数。

要点

■ 尽可能快地完成练习，但不要让阻力带快速回缩；相反，控制住离心部分的运动；

■ 选择一条能够产生足够张力的阻力带，使你能在疲劳前以适当的形式和技术进行20~25次重复练习。

阻力带俯卧撑（Resistance Band Push-Up）

目的

阻力带俯卧撑的目的是让你在做传统俯卧撑时增加强度和阻力。

前提条件

■ 良好的上肢力量。

步骤

■ 保持在俯卧撑位置，同时把阻力带的末端固定在每只手下面，伸展阻力带中部（背部位置），跨过肩胛骨（见图 a）；

■ 有控制地慢慢降低你的身体接触地面并且开始像第 3 章所描述做俯卧撑（见图 b）。

要点

■ 在整个运动过程中，保持躯体在一条直线上（即，不要臀部下垂和背向上拱）；

■ 身体有控制地慢慢下降，然后迅速伸直手臂，将身体推离地面。

阻力带辅助引体向上（Resistance Band Assisted Pull-Up）

目的

这个练习可以用来强化上背部的肌肉。

前提条件

■ 肩部无损伤。

步骤

■ 把阻力带中部放置在引体向上杆中间最高处，然后拿着阻力带一端穿过另外一端的中间，这样阻力带就被安全地固定在引体向上杆上；

■ 一只脚放在阻力带中并且保证脚紧紧钩住阻力带的末端；

■ 抓住引体向上的握把向上并完成引体向上（见图a）；

■ 允许阻力带产生的张力帮助你完成引体向上（见图b）。

要点

■ 小心不要让阻力带打滑；如果你练习时动作不正确，不可避免地会出现阻力带打滑现象，甚至会引起损伤。

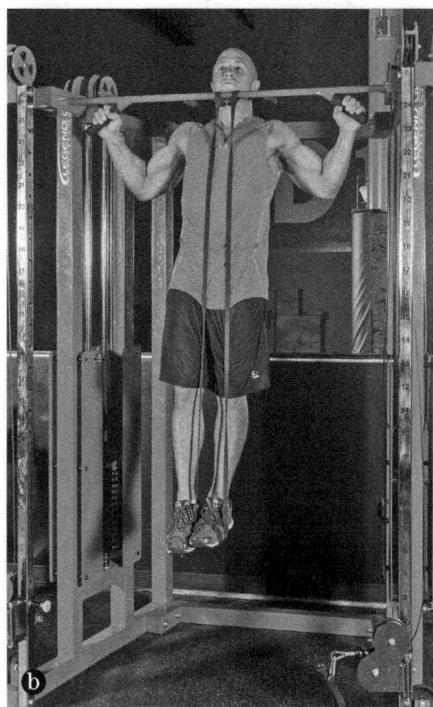

■ 始终勾脚尖（即将脚趾拉向胫骨）。

大张力阻力带深蹲（Heavy Resistance Band Squat）

目的

这个练习主要用于增强下肢肌肉耐力。

前提条件

■ 在做自重深蹲练习最好拥有良好的姿势和技术。

步骤

■ 拿一个重阻力带并将它绕过你的颈部；

■ 先下蹲，然后用阻力带绕过你的双脚外侧（见图 a）；

■ 蹬腿伸髋，回到站立位（见图 b）；

■ 重复你想要的次数。

要点

■ 最低点时，阻力带上应该是没有张力的；

■ 当再次开始向上时，阻力带上的张力应该是逐渐增加的。

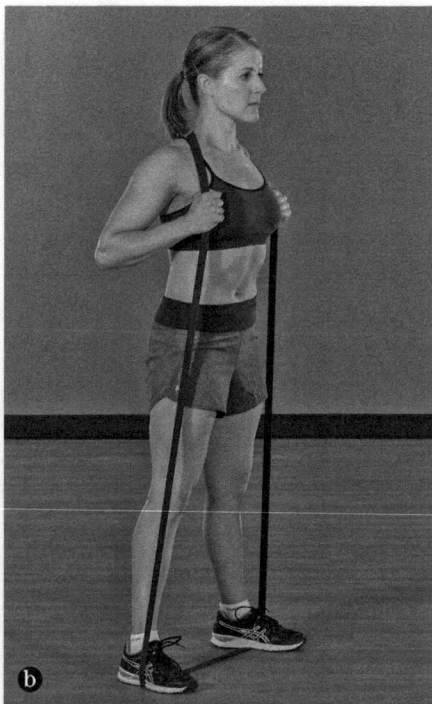

充水稳定球 （water-filled stability ball）

　　充水稳定球类似于沙袋训练，用装满水的物体训练能够提供一个动态阻力，当你运动时，物体本身就是不稳定的。小桶、原木酒桶和晃动管道通常都被并入传统抗阻训练计划，作为大负荷训练后消除关节疲劳的一种方式，它们能改善关节和躯干的稳定性，增加新的训练刺激，从而减少厌倦和疲惫，但是这样可能会导致过度训练。然而，在许多情况下，装满水的工具可能非常昂贵或者很难得到。下面这些练习是为使用充水稳定球而设计的。稳定球好处很多，成本很低且不大可能对人造成财产损失或者是身体伤害。

　　用充水稳定球进行下面的练习，结合了人体的大肌肉群和多样化运动模式。

做一个充水稳定球

　　步骤1：给球充气，到其最大容量的四分之三。

　　步骤2：牢牢握住花园软管的喷嘴放在球开口的位置，然后开始慢慢地向球里注水到你想要的重量。水必须慢慢地打开，喷嘴也必学牢牢保持在球上，这样可以保证水最少的溢出。最好在室外，这样水溢出来就没有什么问题了。

　　步骤3：注水过程中，使用体重秤来确保你注水到想要的重量。

　　步骤4：给球注水到想要的重量后，用气泵加压。

　　步骤5：把塞子嵌入 / 插入开口的位置。

充水稳定球训练

充水稳定球上举（Water-Filled Stability Ball Lift）

目的

这个练习可以改善身体下半部和躯干的耐力、力量和稳定性。

前提条件

■ 能够正确完成深蹲的动作。

步骤

■ 用一个瑞士球充水到想要的负荷重量；

■ 下蹲（见图a），挺直背，抱起球（见图b）；

■ 站直后，放下球并重复这个过程。

要点

■ 在进行练习的持续过程中，保持背部直立；

■ 在整个运动过程中使用正确的深蹲技术。

充水稳定球深蹲（Water-Filled Stability Ball Squat）

目的

这个练习是为了改善下半身和躯干耐力，力量和稳定能力。

前提条件

■ 能够正确地完成深蹲。

步骤

■ 用一个瑞士球充水到想要的负荷重量；

■ 下蹲，挺直背，抱起球（见图 a、图 b）；

■ 当你保持背部挺直时，在设定的时间内重复这个动作达到你想要的次数。

要点

■ 保持背部直立，在进行练习的持续过程中；

■ 在整个运动过程中保持合适的深蹲技术。

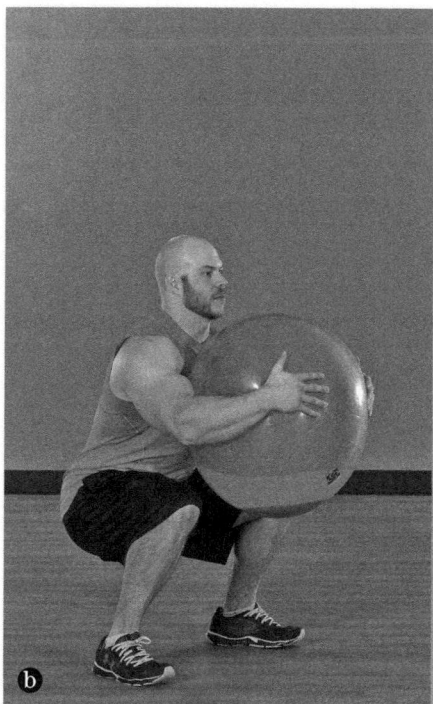

充水稳定球训练

目的

充水稳定球的搬运是大力士比赛中常见的经典阿特拉斯巨石搬运的一个替代的选择。

前提条件

■ 良好的躯干力量和稳定性。

步骤

■ 将一个瑞士球充水到想要的负荷重量；

■ 下蹲，挺直背，抱起球；

■ 相距 10 米左右放置两个标志物；

■ 搬运水球，在设定的时间内，在两个标志物间来回走动尽可能多的次数（见图 a、图 b）。

要点

■ 在整个练习持续过程，保持自己的躯干收紧；

■ 在练习过程中不要跑，因为这样做可能会对自己造成损伤。晃动的水产生了动态阻力，因此你必须在做练习时去控制它并维持稳定，这样才能保证安全。保证再练习过程中始终有一只脚接触地面。

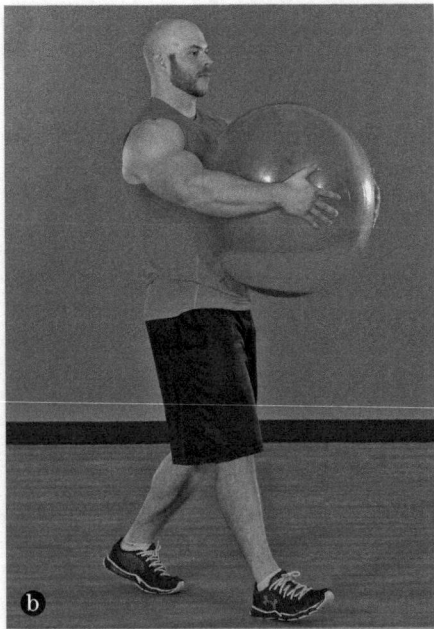

负重雪橇（weighted sled）

训练雪橇基本上被用于速度的发展，但是当它们负重大于身体重量的10%，训练重点会从改善速度转移到发展糖酵解供能系统。下面这些雪橇训练结合了传统的杠铃片、绳索和悬挂训练系统，甚至可以给那些最强壮的人以挑战。

推雪橇（Sled Push）

目的

这个练习能使人们提高力量产生的能力并且模拟某些对抗性运动场景中提高尝试移动或者改变对手路线的能力。

前提条件

■ 没有下腰痛或髋、膝、踝关节的损伤史。

步骤

■ 雪橇负载是自重的20%~30%；

■ 抓住手柄，挺直腰，当用力时使一条腿的膝部尽力去靠近胸部（见图a、图b）；

■ 伸展另一支腿的髋、膝、踝部，使雪橇向前移动。

要点

■ 在整个练习过程中保持躯干收紧；

■ 在推雪橇向前过程中，尽量避免形成圆肩；

■ 集中每一步向前推雪橇。

拉雪橇（Sled Pull）

目的

拉雪橇能增加上背部和肱二头肌的肌肉耐力。

前提条件

■ 有能力做3~5个引体向上。

步骤

■ 在雪橇上系一个8~9米的训练雪橇绳；

■ 拉动绳子，直到它绷紧。然后，面对着雪橇，挺直背部，肩部向后，微屈膝（见图a、图b）。

动作要点

■ 收紧躯干，尽力保持背部挺直，不要出现圆背。

拖雪橇（Sled Drag）

目的

拖雪橇可以提高下肢肌肉耐力，特别是股四头肌。

前提条件

■ 先前没有下背部、脚踝、膝部和臀部的损伤。

步骤

■ 首先将 TRX 悬吊训练系统系在训练雪橇上；

■ 雪橇负载为自重的 20%~30%；

■ 正对雪橇，抓住手把，伸展手臂并使自己保持在一个起始运动姿态；

■ 向后倒退走 20~30 米，使雪橇移动（见图 a、图 b）。

要点

■ 在整个练习过程中保持躯干收紧；

■ 在拖雪橇向前的时候，尽量不要出现圆肩。

重拳袋（heavy boxing bag）

拳击练习时会用一个沉重的袋子——重拳袋，这对身体要求是非常严格的。同时，这是个提高整体的敏捷性、平衡性、耐力和协调性的极好的方式。基于练习的简单性和可以组成大量运动组合原则，我们选择了下面的练习。

重拳袋快速出拳（Heavy Boxing Bag Jab）

目的

快速出拳，连同其他的拳击训练，是提高有氧和无氧能力良好的体能训练。

前提条件

■ 没有预先存在的手，手腕，或肘部损伤。

步骤

■ 戴一副拳击手套或者速度手套，站在距离重拳袋大约一个前臂的地方；

■ 双脚分开，与肩同宽，并保持脚趾脚跟对齐的方式错开脚；

■ 保持躯干直立，躯干支撑，前足大部分向前，后足向外开立，并且肩部向重拳袋稍微转向；

■ 放松你的上半身，保持手肘朝下，并且使拳背靠近下巴，前面拳套大约在后面拳套前 30 厘米（见图 a）；

■ 稍微屈膝；

■ 在这个姿态下，身体躯干微微前倾，保持后面的拳套比前面的拳套略高一些，同时保证两个手掌相对；

■ 当击在前面的手臂，同时将体重从后脚（同时保持在地面上）转移到前脚上；

■ 当你出拳时，迅速翻手掌向下；

■ 接触重拳袋时，保持肘部微微的弯曲（见图 b）；

■ 迅速回到初始的姿态，然后再进行下一次出拳或适当的组合拳。

要点

■ 当出拳时，不要出现肘关节过伸；

■ 集中精力从你的肩部出拳；

■ 拳头不要攥太紧；

■ 攥紧拳头会影响出拳的最大速度。

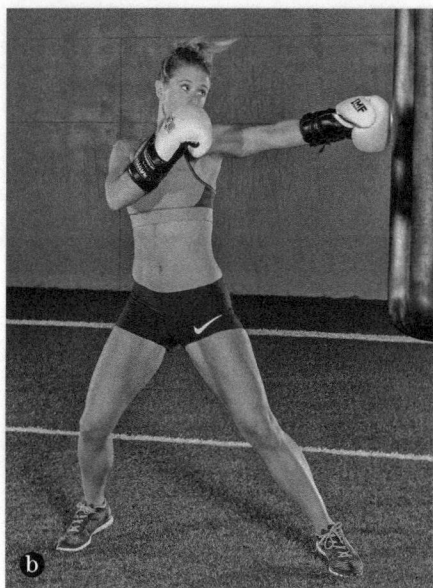

重拳袋交叉猛击（Heavy Boxing Bag Cross）

目的

交叉猛击比快速出拳更具有冲击力。这种重击拳可以被用来组成组合拳，更加高效地提高有氧和无氧能力。

前提条件

■ 没有手、腕部或者肘部损伤。

步骤

■ 戴上拳击手套或者速度手套，站在距离重拳袋大约一个前臂的地方；

■ 双脚分开，与肩同宽，并保持脚趾脚跟对齐的方式错开脚；

■ 保持躯干直立，躯干支撑，前足大部分向前，后足向外开立，并且肩部向重拳袋稍微转向；

■ 放松你的上半身，保持手肘朝下，并且使你的拳背在靠近你下巴的位置，前面拳套大约在后面拳套前 30 厘米；

■ 稍微屈膝；

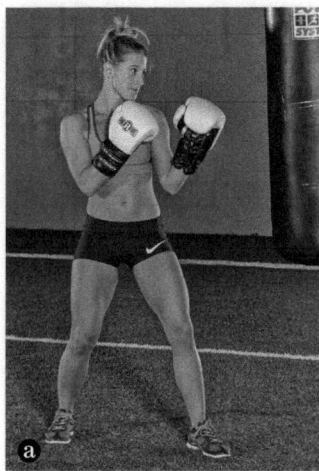

■ 在这个姿态下，身体躯干微微前倾，保持后面的拳套比前面的拳套略高一些，同时保证两个手掌相对（见图 a）；

■ 当击在前面的手臂时，同时将体重从后脚（同时保持在地面上）转移到前脚上，把前面的手从前面收回来保护脸，把后面的手伸出去击打目标（见图 b）；

■ 转动髋部（逆时针方向为右撇子，顺时针为左撇子）来产生更大的能量；

■ 接触重拳袋时，保持肘部微微弯曲；

■ 迅速回到初始的姿态，然后再进行下一次出拳或适当的组合拳。

要点

■ 当出拳时，不要出现肘关节过伸；

■ 集中精力从你的肩部出拳；

■ 拳头不要攥太紧；

■ 攥紧拳头会影响出拳的最大速度。

重拳袋勾拳（Heavy Boxing Bag Hook）

目的

勾拳是比直拳更有冲击力的拳。这种拳可以被用来组成组合拳，更加高效地训练有氧和无氧能力。

前提条件

■ 先前没有手、手腕部或肘部的损伤。

步骤

■ 戴一副拳击手套或者速度手套，站在距离重拳袋大约一个前臂的距离；

■ 双脚分开，与肩同宽，并使用基本的脚跟对齐的方式错开双脚；

■ 保持躯干直立，躯干支撑，前足大部分向前，后足向外开立，并且肩部向重拳袋稍微转向；

■ 放松你的上半身，保持手肘朝下，并且使你的拳背在靠近你下巴的位置，前面拳套大约在后面拳套前 30 厘米；

■ 稍微屈膝；

■ 在这个姿态下，身体躯干微微前倾，保持后面的拳套比前面的拳套略高一些，同时保证两个手掌相对（见图 a）；

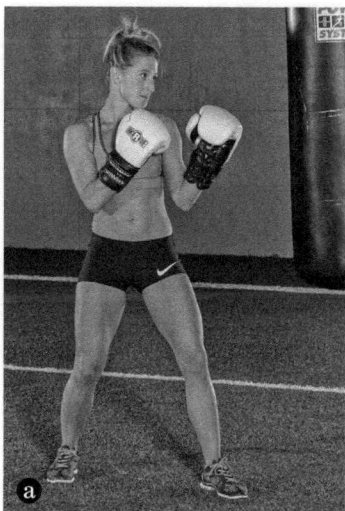

■ 在保证后脚不离开地面，同时以前脚的脚趾为中轴转动臀部向内旋转，并将重量转移到后脚；

■ 绕轴旋转时，手臂应该弯曲 90 度而且前臂与地面平行（见图 b）；

■ 接触重拳袋时，保持肘部微微弯曲；

■ 迅速回到初始的姿态，然后再进行下一次戳或适当的组合拳。

要点

■ 出拳时肘部不要高于前臂；

■ 集中精力从肩部出拳；

■ 不要攥拳头太紧；

■ 攥紧拳头会影响出拳的最大速度。

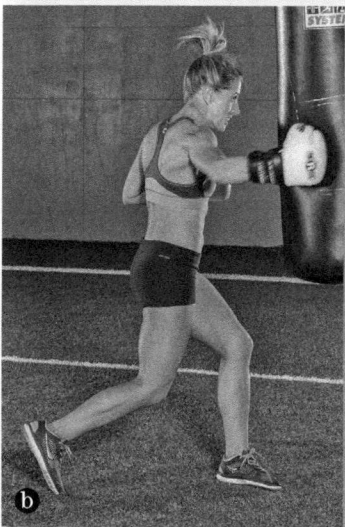

重拳袋箭步蹲（Heavy Boxing Bag Walking Lunge）

目的

重拳袋箭步蹲通过使用一个偏心负荷来提高躯干稳定性，这是一个非常好的重拳训练。

前提条件

■ 良好的躯干力量和稳定性；

■ 先前没有下肢和背部的损伤。

步骤

■ 保持一个良好运动姿态，挺直背，从地面提起重拳袋，然后把它放在你的一侧肩上（见图a）；

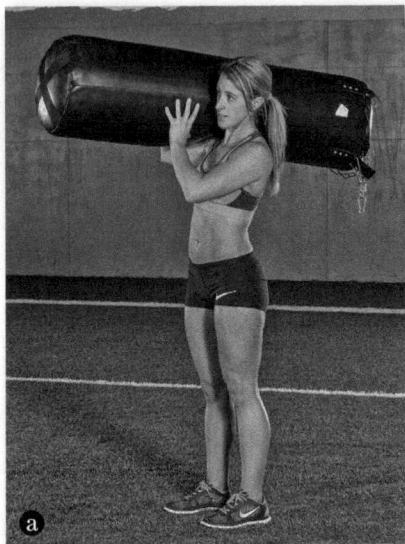

■ 当保持重拳袋在一侧肩上时，用对侧腿向前做箭步蹲（见图b）；

■ 前面的腿收回，恢复站立的姿势，然后另一条腿向前做箭步蹲，两腿交替在一个给定的距离或者规定的时间内训练；

■ 在随后训练安排中，把重拳袋转到另一侧肩上，这样就可以很好均匀地训练躯干两侧了。

要点

■ 在整个运动过程中保持躯干收紧；

■ 不要让膝盖超过脚尖；

■ 在整个训练过程中，保证骨盆固定并指向前方；不要出现骨盆旋转。

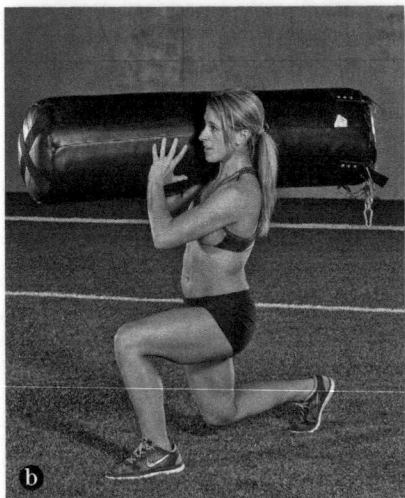

多样化训练计划

以下训练计划的范例意在通过不同的练习动作和模式使你了解本章内容。一些练习通过循环训练方式完成，而一些训练则可能需要进行一定的距离。表 10.1 展示了入门级大张力阻力带训练计划，表 10.2、表 10.3 和表 10.4 分别展示了入门级充水稳定球、负重雪橇和重拳袋训练计划。

表 10.1 入门级大张力阻力带循环训练计划

练习动作	重复次数
大张力阻力带划船 p.186	15~20
大张力阻力带胸推 p.187	15~20
大张力阻力带深蹲 p.190	15~20
休息 30~60 秒；重复 3~4 组	

表 10.2 入门级充水稳定球训练计划

练习动作	重复次数
充水稳定球上举 p.192	10
充水稳定球搬运 p.194	30 米（做 15 米后返回）
充水稳定球深蹲 p.193	10
休息 30~60 秒；重复 3~4 组	

表 10.3 入门级负重雪橇训练计划

练习动作	重复次数
推雪橇 p.195	30 米 ×10
拖雪橇 p.197	30 米 ×10
拉雪橇 p.196	采用 9~12 米的绳子 ×10
保证标准动作与高技术尽快完成	

表 10.4　入门级重拳袋训练计划

练习动作	重复次数
第一回合	
重拳袋快速出拳 p.198	5
重拳袋交叉猛击 p.200	5
重拳袋勾拳 p.201	5
反复进行该组合至三分钟	
休息一分钟进入第二回合	
第二回合	
重拳袋快速出拳 p.198	3
重拳袋交叉猛击 p.200	3
重拳袋勾拳 p.201	3
反复进行该组合至三分钟	
休息一分钟进入第三回合	
第三回合	
重拳袋快速出拳 p.198	1
重拳袋交叉猛击 p.200	1
重拳袋勾拳 p.201	1
反复进行该组合至三分钟	
休息一分钟进入第四回合	
第四回合（最后一轮）	
以 90%~100% 的能力进行任意一组一分钟	

第三部分

间歇训练计划
的制订

第 11 章

测试需考虑的因素与变量

　　测试在一个新的训练计划中是决定性的一步。达到训练目标的第一步是找到你现在所处的位置。想想你是怎么用 GPS 或者其他导航系统找到通往目的地的方向。如果 GPS 导航系统不能确定你在哪，那它也不能告诉你怎么去你想去的地方。测试可以帮助确定你现在的健康、健身和体能表现水平，使你可以开发自己取得成功的线路图。

　　理想情况下，你会在开始一个训练计划之前或者开始的几个星期之内进行测试，以建立一个基准。测试可以让你找出你自己的长处和弱点，并确定维持或改善身体功能的最佳途径。测试还可以通过定期重新评估你的身体健康水平来衡量进展情况，并衡量你的训练计划的有效性。在本章中，我们讨论了如何选择合适的测试来衡量这些因素，以及如何确保你能在执行每一个测试时得到最好的信息。

测试项目的选择

　　当决定选择哪些测试的时候，首先要考虑的事情就是训练计划的预期结果。你可以从数以千计的测试中来选择衡量健康、健身和体能表现的测试。从资源、时间以及执行这些测试的经验的角度看，这些测试的可行性是一个关键限制因素。在第 12 章我们提供了很多例子，这些例子在衡量健身和体能表现方面都比较容易执行，并且在时间、经验和设备方面的要求是最少的。我们的目的是提出方案，以满足大多数读者的目标，但我们不可能涵盖所有用于特定的运动或活动的测试。因此，在本章中，我们从广义上讨论关于选择一种测试方法需要考虑的因素和如何提高这些测试中的弱项。

与健康和竞技相关的体能

　　表 11.1 是一个与健康和竞技相关的体能组成部分的列表。虽然体能通常分为这两个类别，但理解他们之间的区别是很困难的，这可能是因为这些组成部分大多数在一定程度上是相互关联的。例如，力量、速度、爆发力和柔韧性是灵敏素质的基础。因此，如果一个人缺乏其中一方面的素质，那么可能会阻碍灵敏素质的发展。

表 11.1 健康体能与竞技体能

健康体能	
肌肉力量	肌肉或肌肉组织可以发挥的最大力量
肌肉耐力	肌肉或肌肉组织维持力量的能力
柔韧性	关节周围可活动范围
心血管健康	机体能够氧化可用的能源物质（糖类、蛋白质、脂肪）来维持活动的速率
身体成分	瘦体重与身体总质量的比值，通常以百分比表示
竞技体能	
速度	在两个点之间移动所需的时间
灵敏	迅速有效地改变方向的能力 *
平衡	在固定或移动的支撑面上，保持和恢复平衡的能力
协调	流畅和有效地移动，拥有很好的身体控制能力
爆发力	迅速发挥出力量的能力
反应时	快速地处理信息，并根据受到的刺激在适当的时间响应

* 相对于速度方向改变的真正的灵敏性，需要一个刺激来启动动作反应。

健康评估

健康是健身和运动表现的基础。因此，要达到健身和运动表现的最佳水平，身体健康是至关重要的。因为这个原因，一些基本的健康评估应在测试或开始一个锻炼计划之前进行。至少应该在一个锻炼计划开始之前进行健康风险评估。体力活动准备情况调查表（PAR-Q）对那些参加自主锻炼计划的人来说是一个好工具（Spivey，2010）。这份问卷已经被认为是低强度体力活动时必不可少的问卷。在 PAR-Q 列出的问题中，如果你有任何一道题的回答是肯定的，那么由具有医疗专业资格的机构进行更全面的评估是必要的。

需求和目标分析

选择测试时，最好的办法是想想我们到底想要什么。换句话说，什么是你的训练计划的预期结果？你怎么能肯定在这个计划完成时你能取得这样的目标？通常，一个计划开始时都要对需要和目标做一个分析。在分析中，你应该考虑几个可以寻求进行改进因素，包括生理、代谢和活动的生物力学要求。以下是一些问题可以指引选择哪一种评估。

1. 哪些是执行目标活动所需的主要肌肉或肌肉群，并且他们执行什么动作？

这些肌肉在这个运动中主要是动员肌肉力量（快肌纤维）还是肌肉耐力（慢肌纤维）？例如，长跑主要使用慢肌纤维，而冲刺跑主要使用快肌纤维。所以，对预测冲刺跑成绩而言，力量与爆发力测试比肌肉耐力测试要好。类似地，测试评估躯干的肌肉耐力可能对于必须尝试长时间稳定这些肌肉来对抗重力的耐力项目运动员更重要，特别是在疲劳情况下力学受损时。

通常，肌肉的功能包括产生力量（肌肉加速缩短）、减少发力（肌纤维拉长身体或四肢减速）及稳定身体（肌肉纤维之间的张力增大，纤维的长度并没有变化）。

2. 对于不同的运动来说，什么样的关节活动范围、功率类型和持续时间是必要的？

大多数的耐力活动，如长跑，需要较小的关节活动范围，并且需要更多能量来维持远距离和长时间。相比之下，更具有爆发力的活动，如短跑或跳跃，通常需要更大的关节活动范围和在较短的距离中较大的力量和功率。

因此，虽然关节活动度对于两个组的运动员来说，在提高体能和降低受伤风险时都很重要，但是爆发力项目的运动员很可能在某些关节有更大的动态关节活动度，因为他们身体需要通过在这些关节活动范围内更频繁地完成技术动作。这些运动员将受益于这种类型的测试和训练。

3. 使用什么能源系统（ATP-CP 系统、糖酵解系统、有氧氧化系统）及其数量是多少？

在各种活动中，不同的能源系统帮助提供能源。ATP-CP 系统为持续不超过 15 秒的爆发性项目提供能量。当该能量系统燃料来源已经用尽，糖酵解系统会用到身体中存储的碳水化合物（糖原）来帮助供应能量。一般两到三分钟的中高强度活动后，这些能源会变得枯竭，身体开始更多地依靠有氧氧化系统提供能量。当需要维持大于两或三分钟的能量时，有氧氧化系统变得更加活跃。因此，有氧运动的运动强度低于无氧运动期间的运动强度。

权衡运动中的强度和时间，活动的持续时间越长，必须保持越低的活动强度。因此，提供能量的能源系统主要基于活动的强度和持续时间。表 11.2 展示了不同强度和持续时间运功中的能量利用情况。表 11.3 展示了各种运动中的能量代谢需求。

为了实现所需的训练目标，了解运动中能量系统供能的基本知识是至关重要的。由于每个供能系统都有它的特异性，所以我们要按照我们的需求来发展能量系统。举个例子，做长距离慢速度的训练和测试，对于铅球选手很可能在运动表现上没有任何积极的影响，因为推铅球依赖 ATP-CP 系统供能。其实，过多的耐力训练可能会降低这项运动的运动表现，因为它可能会增加运动员过度训练的风险。相反，耐力运动员

表 11.2　在不同强度和持续时间下的能量利用情况

活动持续时间	活动强度	主要供能系统
0~6 秒	非常高	ATP-CP 系统
6~30 秒	很高	ATP-CP 系统和糖酵解系统
30~120 秒	高	糖酵解系统
2~3 分钟	中等	糖酵解系统和有氧氧化系统
>3 分钟	低	有氧氧化系统

来源说明：Reprinted, by permission, from J.T. Kramer, 2008, Bioenergetics of exercise and training. In *Essentials of strength training and conditioning*, 3rd ed., edited for the National Strength and Conditioning Association by T. R Baechle and R.W.Earle (Champaign, IL: Human Kinetics),32.

可能在发展ATP-CP系统和糖酵解系统的训练中受益。但如果有氧氧化系统被忽略，运动表现也会受到阻碍，因为这个能源系统是长时间运动的关键。

表11.3 各种运动的主要代谢需求

运动项目	ATP-CP系统	糖酵解系统	有氧氧化系统
棒球	高	低	-
篮球	高	中-高	-
拳击	高	高	中
田赛	高	-	-
曲棍球	高	中	中
橄榄球	高	中	低
冰球	高	中	中
长曲棍球	高	中	中
马拉松	低	低	高
混合武术	高	高	中
举重	高	低	低
足球	高	中	高
力量举比赛	高	中-高	低
游泳			
·短距离	高	中	-
·长距离	-	中	高
网球	高	-	-
径赛			
·短距离	高	中	-
·长距离	-	中	高
超耐力项目	低	低	高
排球	高	中	-
摔跤	高	高	中
举重	高	低	低

注：所有活动中，各种类型的代谢方式都在一定程度上参与了供能。

来源说明：Adapted, by permission, fromN. A. Ratamess, Adaptations toanaerobic training programs.In *Essentials of streng training and conditioning*, 3rded., edited for the National Strength and Conditioning Association by T.R Baechle and R.W.Earle (Champaign, IL: Human Kinetics), 95.

4.什么是常见的损伤？哪里是常见的损伤部位？跟运动有什么关系？

大多数活动，总是存在受伤的危险。举例来说，长时间运动会使躯干的肌肉变得疲劳，使躯体难以保持良好的姿势。因此，长跑运动员可能会有腰背问题。良好的肌肉耐力可能有助于减轻一些由疲劳带来的姿势的改变。因此，这个项目的运动员会对提高躯干肌肉耐力感兴趣。平板支撑测试和侧面平板支撑测试对增强耐力来说可能是有用的测量。

测试还可以帮助我们发现潜在的受伤风险。举个例子，艾玛是一个高中排球运动员，可以顺利地通过蹲的评估，但她膝关节不能向内侧陷（外翻）。因为排球要求在比赛中反复跳跃，她落在不规则的平面上，长期的反复性应力可能会导致受伤。因此，跳跃活动在艾玛的训练计划中一直是禁忌项目，直到她建立了正确的落地缓冲技术。

　　评估这方面可能会非常棘手，可能需要更多的经验和专业知识。因此，在训练时寻找经过认证的体能专家可能是有益的。第 12 章包含了一些基本的动作模式，可以帮助运动员改善不良的动作模式，这些不良的动作模式可能会导致受伤。

有效性和可靠性

　　有效性和可靠性是与测试相关的主要概念。有效性是测试产生一个特定结果或属性的准确测量的能力，一个可靠的测试是可重复的。为了使测试有效，它必须是可靠的，但一个测试可靠的同时不是有效的。例如，如果一个人选择垂直纵跳评估测试来测量下肢力量，此测试只要在每次实验时遵循相同的程序就是可靠的。但是这个测试可能不能有效地测量强度，因为此试验主要用于测量爆发力。这两个变量是相关的，因为人具有更强壮的下肢往往会跳得更高，但下肢的力量更有效的测试是 1~3RM 的深蹲测试。另一个例子是俯卧撑和 1.5 英里（2.4 千米）跑测试耐力。这两者都是耐力测试，跑步测试心血管系统的耐力主要用下肢，而俯卧撑测试用来测量上肢肌肉耐力。这两项都是测试耐力的措施，但他们是用来测试不同的身体部位和不同系统（心血管系统耐力与肌肉耐力）。

影响测试表现的因素

　　为了获得最佳信息，以下因素是实验前应该考虑的。考虑测试的这些方面不仅将确保您获得准确的信息，而且还可以增强安全性。

测试区域

　　在测试之前，选择正确的测试区域可以使测试更安全和高效。对于任何速度和敏捷性的评估，都应该在一个没有杂物和尖锐物体的开放区域内。此外，围绕测试区域的周边空间应当足以容许人们安全退出测试区域。例如，在 30 米短跑时，应该在终点线后留有 15~20 米的空间，让跑步的人减速和停止，而不必担心撞到任何东西。

环境条件

　　在某些测试中环境条件可能会影响准确性和安全性。例如，在有气候控制设备的室内进行有氧耐力的测试可能会产生最可靠的结果。当测试在室外进行，例如风、湿度、环境温度之类的因素都会影响结果（Harman，2008）。当它在一年四季温度波动范围大的区域进行室外测试就变成问题。如果最初的测试和后续测试是在不同情况下进行的（例如其中一个测试在夏天的高温环境中进行，剩下的测试在冬天的低温环境中进行），其结果将没有可比性。此外，测试在室外时，特别是在夏季，要特别注意热和湿度这两方面的。如果在室外测试，应该在上午和下午测试以避免一天的峰值温度，减少与热相关的潜在致病因素。保持适当的水合状态也是一个有益事项。由于所有这些原因，通常室内测试提供了最安全的测试条件。

测试平面

所有测试应该在具有防滑表面的弹性地板上进行，以减少进行中滑动和跌倒的风险。此外，对运动员来说，在相似的平面上测试是最好的。

测试顺序

测试需要在一定的规则下有序地进行以保证一个测试不会影响下面的测试。例如，如果在一个敏捷性测试之前进行蜂鸣测试，敏捷性可能会由于受到疲劳产生负面影响。但是首先进行敏捷性测试然后进行蜂鸣测试，对蜂鸣测试的影响较小，因此在进行这些测试时应注意顺序。根据哈曼（Harman，2008）的建议，在进行多项测试时，以下这些测试的顺序是我们在选择最好的测试顺序时需要考虑的。

■ 不产生疲劳的测试：身高测试、体重测试、体成分测试、握力测试、动作筛查、垂直纵跳测试、立定跳远测试、实心球投掷测试等。

■ 灵敏测试：pro-灵敏测试、5-0-5测试、T测试

■ 爆发力和肌力测试：1~6RM测试、奥林匹克举重测试（高翻、抓举、挺举）。

■ 冲刺测试：10米、20米、30米的冲刺。

■ 局部肌耐力测试：俯卧撑测试、仰卧起坐测试、平板支撑测试、引体向上测试、一分钟深蹲测试。

■ 无氧能力测试：300米跑测试和300米折返跑测试。

■ 有氧能力测试：规定距离的跑动测试、规定时间的跑动测试、20米折返跑测试（beep test）。

经验和健身水平

本书中的许多健康和体能测试对于初学者或高水平的运动员都相对容易进行，只要他们没有重大骨科疾病和心血管系统疾病。但某些测试，例如一个1~6RM的卧推测试，可能不适合于那些只进行上肢自重训练的人（例如俯卧撑）。在这种情况下，在进行较重负荷的测试之前，应给予他们几周时间让他们用较轻的负荷来熟悉此测试（12~20RM）。

测试时试验的次数和休息时间

对于大多数的测试，应该允许受试者在测验之前用二分之一到四分之三的强度（50%~75%）来熟悉测试。在这之后，一般应该允许两个或三个测试试验，并且最好记录这些试验的最终比分。但对于如卧推之类的运动，受试者应该尽力在五次尝试中尽最大的努力，否则，随着组数的增加，疲劳可能会影响他们推起的重量。

两组测试之间应该允许充分休息。在一般情况下，对于不会造成疲劳的测试，两

个测试之间的间隔可以在一分钟之内。然而对于大多数测试，两组测试之间有 3~5 分钟的休息是必要的，以便供能系统恢复。

动机

很多情况下，精准的测试分数和动机有关。如果一个人没有在测试中投入最大努力，得到的测试结果是相对无用的。很多因素可以影响到动机，包括测试环境，测试重要度和参与者感受到的测试重要程度。例如，棒球运动员可能很难有参加 1.5 英里（2.4 千米）跑测试的动力，因为棒球运动主要依赖速度与加速度能力，而并依赖有氧耐力。但如果运动员被要求为了加入球队跑如此长距离的测试，他可能会有动力来使出全力，即使这与这项运动没什么关系。对于其他原因来说，测试选择十分重要。一项测试和我们要测量的素质或技巧之间的直接传递表现越高，对这个活动发挥最大努力的动力越大。

另外，训练伙伴、队友、旁观者，都可能在测试阶段中为使运动员发挥更好提供动机。然而，在某些情况下，这些关注可能会提高焦虑情绪，并阻碍个人表现。最佳方法是决定哪种提供动力的策略更适合这个人，并在未来的测试阶段中尝试复制这个策略。

疲劳度

疲劳度在获得最佳测试表现时占主要地位。因此，参与者应该避免在测试前 48~72 小时内做剧烈运动。

营养状态与水分平衡

营养适当和进食在能量水平中十分有意义。例如，折返跑是用来测试有氧耐力的。有氧能量系统非常依赖于能量存储（肝糖元、脂肪和部分蛋白质）来维持运动。如果一个人不摄取足够量的卡路里，这些营养元素中很少的一部分会被储存利用。这种短缺可能会影响一个人在这类测试中耐受力维持表现的能力。

水分平衡也在表现中扮演决定性的角色。即使身体总重量 2% 这么小的脱水量也会削弱锻炼和认知的表现（Murray，2007）。因此，无论何时都应该保持一个适当的水分平衡状态。

测试相关性

当选择或开发测试组时，我们往往对测试中测量进步或帮助预测表现的部分感兴趣。测试组需要与这个人的需求相关，并测量最有利的变量。例如，30 米冲刺的测试对于一个游泳运动员来说意义不大，除非是在水下进行的。陆地上的速度与游泳运动这个专项的需求是不相关的，因此不会被训练，而且不会提供任何提高水中表现的有用信息。

测试组样本

表 11.4 是一个库珀健康学院（Cooper Fitness Institute）向执法员设计的测试组的例子。这一系列测试旨在预测一些这个职业中特有的任务中的表现（Research CIfA，2002）。

表 11.5 显示的是一个乙级大学女子排球队的测试组样本。其中包含了每个测试的目的。

最后两个测试组是为那些想测试自己总体运动水平的人设计的。表 11.6 显示的是可以去健身房或者有健身器材的人们的测试组，而表 11.7 显示的是仅用自身重量作为阻力的测试组。

改编或新建测试

在你做完研究后，你可能会发现没有一个特定的满足你需要的标准化测试。在这种情况下，你可能必须要开发你自己的测试来测量你的进程。开发你自己的测试时，你需要标准化你的测试方式，这样你的结果才可靠。例如，冰上曲棍球教练想开发一个检测变向速度的测试，但冰上曲棍球中用手触地可能意义不大而且会有危险。这个教练打算修改这个测试，将其改为在冰上实施，让运动员用刀刃触地，而不是用手。基于这些修改，教练可能不能将这些运动员的结果，与那些用手触地或在其他表面（如草皮、草地、篮球场等）上进行的实验作比较。但只要测试步骤保持一致，教练可以比较运动员现在和将来的测试成绩，并进行评估与改进。这个测试是基于教练的需求进行的，而且可能会良好的有效性，因为可以测量教练需要测量的因素。

表 11.4 执法人员进行体能测试的范例

工作任务	预测因素	推荐测试
持续追捕	有氧能力	1.5 英里（2.4 千米）跑
冲刺	无氧能力	300 米跑
摆脱	有氧能力、无氧能力、柔韧性	1.5 英里（2.4 千米）跑，坐位体前屈测试
举起和抱住	肌肉力量、肌肉耐力、无氧能力	1RM 仰卧推举、1 分钟俯卧撑测试、纵跳
拖、拉	肌肉力量、肌肉耐力、无氧能力	1RM 仰卧推举、1 分钟俯卧撑测试、纵跳
推	肌肉力量、肌肉耐力、无氧能力	1RM 仰卧推举、1 分钟俯卧撑测试、纵跳
跳跃与跳马	无氧能力、腿部力量与爆发力	纵跳
爬	灵活性、肌肉耐力、体脂成分	坐位体前屈测试、1 分钟俯卧撑测试、1 分钟蹲起测试、体脂测试（测径仪、水下称重、阻抗）
少于 2 分钟用力	无氧能力、肌肉力量、肌肉耐力	纵跳、1RM 仰卧推举、坐位体前屈测试、1 分钟俯卧撑测试、1 分钟蹲起测试
超过 2 分钟	有氧能力、肌肉力量、肌肉耐力	1.5 英里（2.4 千米）跑

来源说明：Adapted with permission from The Cooper Institute, Dallas, Texas. From *Physical Fitness Assessments and Norms for Adults and Law Enforcement*.

表 11.5　乙级大学女子排球队的体能测试范例

测试	目的
动作筛查：屈髋、深蹲、弓箭步、高处落地	评估一般动作能力与灵活性，发现可能会引起损伤的低劣动作模式
纵跳	测定下肢爆发力
5-0-5 灵敏测试	测定变向速度
3RM 背蹲	测定下肢肌肉力量
腹桥或侧桥	测定躯干肌肉耐力
俯卧撑	测定上肢耐力和上肢一般体能

表 11.6　一般体能测试范例 I（有器材）

测试	目的
动作筛查：屈髋、深蹲、弓箭步	评估一般动作能力与灵活性，发现可能会引起损伤的低劣动作模式
8~10 RM 深蹲	测试下肢肌肉力量
8~10 RM 仰卧推举	测试上肢做推的动作有关肌群的力量（胸肌、肩关节肌群、肱三头肌）
引体向上	测试上肢做拉的动作有关肌群的力量（背肌、肱二头肌）
屈膝两头起	测试腹肌耐力
跑步机 12 分钟跑	测试有氧耐力

表 11.7　一般体能测试范例 II（无器材）

测试	目的
动作筛查：屈髋、深蹲、弓箭步	评估一般动作能力与灵活性，发现可能会引起损伤的低劣动作模式
1 分钟下蹲	测试下肢肌肉力量
1 分钟俯卧撑	测试上肢做推的动作有关肌群的力量（胸肌、肩关节肌群、肱三头肌）
平板支撑	测试腹肌耐力
1.5 英里（2.4 千米）跑	测试有氧耐力

总结

测试是综合训练项目中非常重要的一部分。挑选与个人目标相关，有效且可靠的健康和表现的测试，会提供最有意义的结果，并能使一个人评估其当前健康等级，制订适当的训练目标，并决定当前训练项目是否有效或需要调整。

第 12 章

体能评价指标测量的方案

　　本章讨论关于测量体适能与运动表现的各种场地测试。选择这些测试是因为它们解决了关于体适能与运动表现的几个关键方面，并且这些测试使用较少的设备且相对容易执行。进行每一个测试是不必要的，相反，应该根据每个人的具体需求和目标选择成套测试（一组测试）。

动作评估

在锻炼计划开始之前，人们需要明确他们是否有进行这些练习的必要能力，这样是为了减少损伤风险。随后需要选择评估手段来评估运动能力。本章的一些测试（如平板支撑、俯卧撑、侧撑）用来作为基本运动模式，以评估躯干的稳定性。此外，平板电脑和手机上许多应用程序（APP）也可以进行基本的生物力学评估与分析，用于后续对照。

髋铰链动作测试（Hip Hinge Assessment）

设备

传力杆、镜子、测试合作伙伴。

目的

髋铰链动作是一种基础运动模式，在日常生活和运动中，对许多运动来说这种模式是很有必要的。进行评估时具有良好姿势和技术是进行其他练习的先决条件。例如颈后持铃弓身或者罗马尼亚硬拉。

步骤

■ 找到一根杠杆，垂直贴在脊柱上，与头部、上背部和骶骨三点联结。上面的手应放在颈部后面的上方杠杆处，而另一只手应放在靠近腰椎的下方的杠杆处（见图 a）；

■ 屈髋，直到躯干尽可能接近平行于地面（见图 b）；

■ 杠杆应保持与前面提到的三个点相接触；

■ 这个测试分为合格和不合格。如果能够始终保持这三个点的接触，测试为合格。

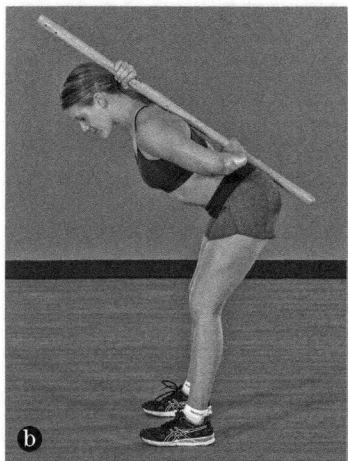

下蹲测试（Squat Assessment）

设备

镜子、测试合作伙伴。

目的

下蹲是一个最重要的基础动作，是许多复杂运动模式的基础，例如跳跃。这项评估根据克里茨等人（2009a）的作品改编制成。

步骤

■ 站在合作伙伴或在镜子前，把双手放在耳朵后面，肘关节抬起向后，做一个自身体重的深蹲（见图a、图b）；

■ 使用下面的评估表来评估这个动作：

■ **头部**：头部保持正直，和两肩保持在同一水平线上。眼睛注视前方或略向上；

■ **胸椎**：肩胛骨向后拉并在一起，稍延长或保持中立，并保持稳定；

■ **腰椎**：整个运动中保持中立和稳定；

■ **髋关节**：保持稳定并无明显的内收或外展运动，无坠髋，髋关节也应与膝关节高度保持一致；

■ **膝关节**：膝关节与臀部和脚保持在同一个平面内，保持稳定，没有过度的旋内旋外或向前或向后；

■ **双脚及踝关节**：双脚稳定地平放于地面，脚后跟始终与地面接触；

■ 这个测试分为合格和不合格。如果你能满足这些标准，测试合格。

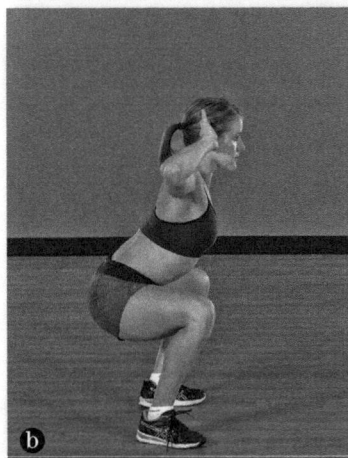

弓步测试（Lunge Assessment）

设备

镜子、测试合作伙伴。

目的

在许多体育运动和日常活动中，例如步行和跑步，我们通常在交替，摇晃或往复运动中来移动双腿。在这些运动中无法保持良好的身体姿势可能导致运动效率降低，增加受伤的风险。这项评估根据克里茨等人（2009b）的作品制成。

步骤

■ 站在合作伙伴或在镜子前，把双手放在耳朵后面，把肘关节抬起向后推，并执行一个自身体重的弓步蹲（见图a、图b）；

■ 使用下面的评估表来评估这个动作：

■ **头部**：头部保持正直，垂直于两肩。眼睛注视前方或略向上；

■ **胸椎**：肩胛骨向后拉并在一起，稍延长或保持中立，保持稳定并且在髋部的上方；

■ **腰椎**：整个运动中保持中立和稳定；

■ **髋关节**：与前面的膝关节和踝关节在一个平面内，髋关节两侧保持水平；

■ **膝关节**：前面的膝关节不要超过踝关节；

■ **双脚及踝关节**：前脚平放在地面，后脚尖接触地面。双脚呈一直线，且保持身体平衡；

■ 这个测试分为合格和不合格。如果你能满足这些标准，测试为合格。

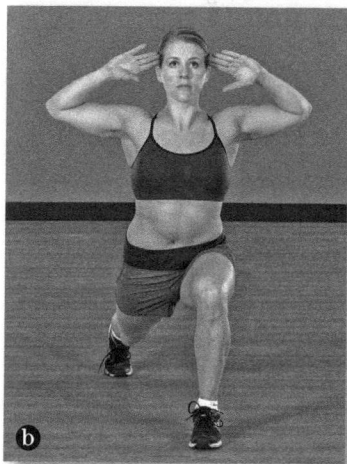

落地测试（Drop Landing Assessment）

设备

箱子或踏板、镜子、测试合作伙伴。

目的

这个评估是用来判断一个人在离心落地力量较大情况下，能够保持身体呈一条直线与姿势的能力。在任何快速伸缩复合训练之前进行这个评估，是为了确定是否具备完成快速伸缩复合训练和其他的跳跃练习。如果测试者在这一评估过程中无法保持良好的姿势和关节排列，那么不要再继续其他测试（如纵跳和跳远），直到该测试者能够成功地完成这个练习。

步骤

■站在30~40厘米高的箱子上方，双脚分开，与髋同宽，以舒适、直立的姿势站立；

■从箱体上迈步下来（不要跳下来）（见图a），落地时处于运动姿势（挺胸，张肩，双脚分开与肩同宽，膝关节与脚趾方向对齐），保持平稳姿势（见图b）。此外，双脚要同时落地而不是一只脚在另外一只脚之后落下。不仅要观察正确的落地姿势，也要仔细听落地的声音，因为双脚同时落地接触地面只会发出一个声音。

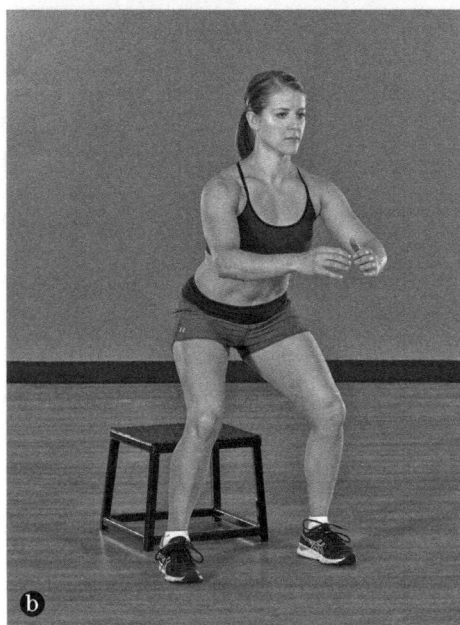

线性和变向速度评估

在大多数运动中，速度是成功的关键。但直线速度并不是区别成功与失败的唯一因素，加速、减速、迅速改变方向和损失速度最小的有效性的能力是至关重要的。这一部分的特点是几个线性和变向速度的测试。同样，不是每一个测试都应被执行。根据特定的运动模式和运动距离，来使用复制这项运动特定需求的速度、灵敏测试。

10 米、20 米和 30 米冲刺测试（10-, 20-, and 30-Meter Sprint Tests）

设备

秒表和测试合作伙伴（或者激光计时器）、卷尺、跑道（或者较大的开阔区域）、标志盘（或锥形桶）。

目的

这些测试的目的是测量线性速度和加速度。为了测试加速的能力，应选择 10 米或 20 米测试。测量最高（快）速度，则选择 30 米测试为宜。

这些测试将最适合大多数室外运动的运动员，如足球和曲棍球运动员。这些试验中虽然用秒表可以测量跑过特定距离的时间，但是用激光计时器可有效提高测试的精确性和可靠性。内置定时门的激光计时器允许使用者在单次运动中同时收集加速（10 米）和最高（快）速度（30 米）的数据。理想情况下，应该让运动员穿同样的符合特定项目的运动鞋，在相同的运动场地来进行测试。例如，对于一个足球或曲棍球运动员，这些测试将在草地或人造草皮上，穿防滑钉或适合草皮的鞋子进行。相反，对于一个篮球运动员来说，测试将要在硬木地板上进行。

步骤

■从用锥形桶标记的起跑线开始；
■将另一个锥形桶放在与起点锥形桶选定的距离（10 米、20 米或 30 米）的位置；
■站在起跑线后面，采用两点支撑或者传统的三点支撑起跑姿势；
■如果使用秒表，将需要合作伙伴来记录跑动时间。按下秒表上的按钮时，为了提高测量的准确性，计时的时候应该用食指而不是拇指；
■当给出"跑"的命令或在一开始跑动时，计时人员启动秒表。当运动员冲过终点线时计时人员停止秒表；
■记录下来跑动的时间，时间精确到 0.10 秒；
■最多有三个冲刺跑，每两个冲刺之间最少有 3~5 分钟的休息，以便于冲刺能力的恢复和减少身体疲劳的影响；

■获得最快的时间应被记录为测试者个人的最终得分。

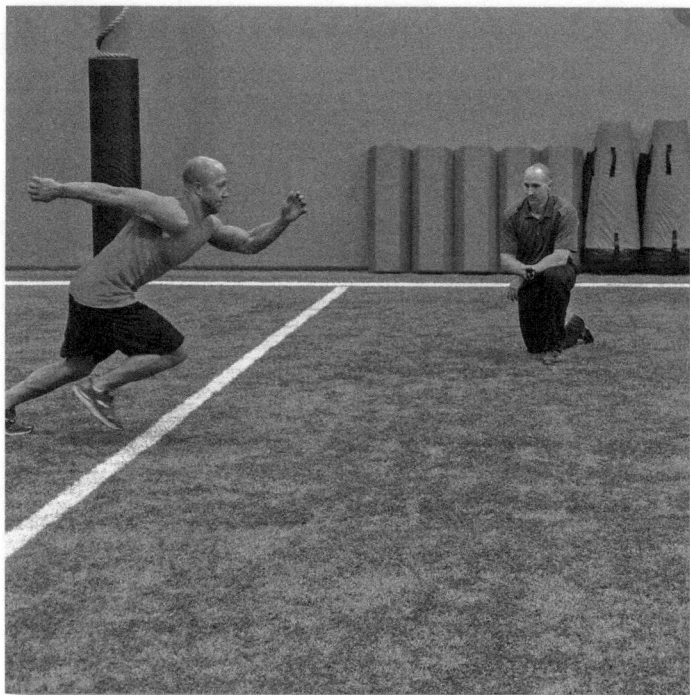

速度评估

Pro- 灵敏测试（Pro-Agility Test）

设备

秒表和测试合作伙伴、卷尺、跑道（或者较大的开阔区域）、三个标志盘（或锥形桶）。

目的

在美国橄榄球运动员中，Pro- 灵敏测试经常被用来衡量速度的变向能力。事实上，它是美国职业橄榄球大联盟（National Football League，NFL）经常使用的基础测试之一（Jones，2012）。

步骤

■在一条直线上放置三个间隔 5 码（4.57 米）的锥形桶（见下图）；

■假设一个运动员的始发姿势正好背对着中心的锥形体（在中心出发）（根据运动项目决定 2 点或者 3 点）；

■当给出 "跑" 的命令或在一开始运动时，启动秒表。按下秒表上的按钮时，为了提高测量的准确性，计时时应该用食指而不是拇指；

■受试者首先向右边的圆锥桶跑 5 码，右手触地，然后转身 180 度，跑 10 米到达左边的圆锥桶，左手触地，再转身 180 度，跑 5 码，回到中心的圆锥桶；

■当受试者在最后一次通过中间的圆锥桶时，应该停止计时；

■记录时间精确到 0.10 秒；

■允许最多有三个冲刺跑，每两个冲刺跑之间最少有 3~5 分钟的休息，以便于冲刺能力的恢复和减少身体疲劳影响；

■获得最快的时间应被记录为测试者个人的最终得分。

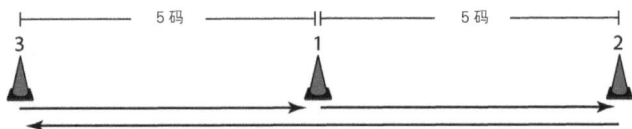

5-0-5 测试（5-0-5 Test）

设备

秒表和测试合作伙伴（或者激光计时器）、卷尺、跑道（或者较大的开阔区域）、三个标志盘（或锥形桶）。

目的

这种测试通常用于评估运动员的变向速度。这个测试在橄榄球、足球、手球、排球运动员中流行（Jones，2012）。

步骤

■在同一直线上放置三个锥形桶，一个放置在起跑处，一个放置在 10 米处，一个放置在 15 米处；

■站在起跑线的后面，准备好后，朝向 10 米锥形桶的地方慢跑；

■当运动员到达 10 米的锥形桶时，计时器开始计时；

■受试者尽可能快地在 10 米到 15 米的锥形桶之间冲刺；

■到达 15 米的锥形桶之后，转身 180 度，冲刺返回到起跑线；

■当受试者回到起跑线的路上经过 10 米的锥形桶时，计时器停止计时；

■记录所跑动的总时间，从开始计时的 5 米处到返回至起点的位置（10 米），记录时间精确到 0.10 秒；

■记录每个腿在 2 次或 3 次试验中的最快时间作为最后的得分。

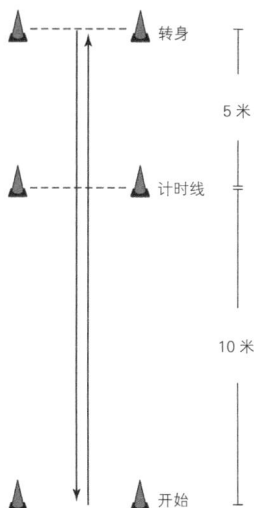

T 测试（T-Test）

设备

秒表和测试合作伙伴（或者激光计时器）、卷尺、较大的开阔区域、4 个锥形桶。

目的

T 测试是一个变向速度测试，这个测试在一个测试中包含几个非连续性的运动（向前的加速、侧向移动、后退跑）（Jones，2012）。

步骤

■将 4 个锥形桶摆成 T 字形；

■冲刺跑 10 码（9.14 米）到达中心锥形桶并且用右手触碰它。然后立刻向左边锥形桶侧向移动 5 码（4.57 米）并且用左手触碰它。然后向右边锥形桶侧向移动 10 码并且用右手触碰它。随后侧向移动至中间的锥形桶，然后后退跑通过起跑线；

■当给出"跑"的命令或在一开始运动时，计时器启动秒表。在返回时，受试者在经过起跑线时立即暂停秒表；

■记录总距离所移动的总时间，记录时间时精确到 0.10 秒；

■记录两个或三个测试中的最快时间。

变式

■在有些体育运动中，如排球，跑动距离可能会削减一半，以适应运动项目的特殊性，因为有的运动项目跑动的距离较短。

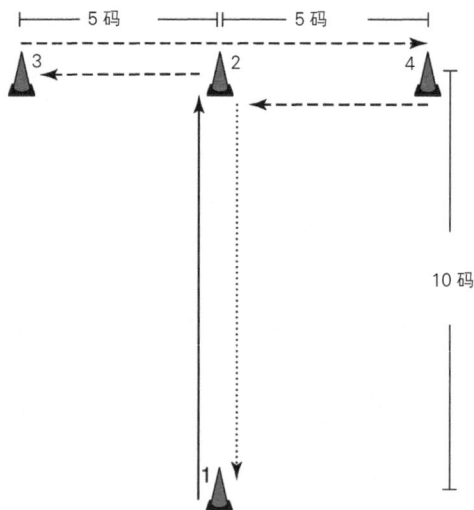

爆发力评估

爆发力是力量和速度的最佳结合。爆发力是体育运动中的一个重要元素，特别是在跑步、跳跃和变向的过程中。爆发力好的运动员更有优势。在这一节中，会讨论几个著名的爆发力测试。在第13章中，我们将学习如何通过这些测试结果，以及如何确定相对爆发力（相对于体重的爆发力）。

反向纵跳测试（Countermovement Vertical Jump Test）

设备

粉笔、一堵墙、卷尺。

目的

反向纵跳（先下蹲再起跳）可能是测试下肢爆发力最广泛使用的测试。这个测试适用于几乎所有类型的运动员，因为它通常被认为是一种好的运动能力的总体指标。各种便携式场地测量工具可用于测量纵跳。包括：一个杆上带有许多塑料片的纵跳摸高仪（如 Vertec）。此测试需要粉笔和一个卷尺。

步骤

■粉笔夹在惯用手的指尖处；

■站在墙体的旁边将手举起，达到尽可能高的高度，同时保持双脚平放在地面上。在墙上用粉笔做一个标记；

■不移动你的脚，伸直手臂超过头靠近墙，迅速降低你的重心，让脚踝、膝盖和臀部弯曲，到膝关节所呈角度为 90 度~110 度；

■没有停顿，尽可能高地垂直起跳，在墙上用粉笔做第二个标记；

■测量粉笔标记的第一个标记和最高的标记之间的距离，测量的距离精确到的 1 厘米；

■两次跳跃允许有 30~60 秒的休息时间；

■记录下三次试跳中的最好成绩。如果最后一跳跳得最高，第四跳可以确保达到最大高度。

变式

■反向纵跳让一个人预先压低身体，利用存储的弹性能量迅速起跳。通过快速弯曲脚踝、膝盖和髋部，利用肌肉的弹性跳得更高。而蹲跳不允许受试者预先压低身体，因此分离了下半身产生的向心力。蹲跳测试将会适合那些不能利用弹性储能产生大量的力量的运动员，例如从出发台跳入水中的游泳运动员或美式足球的前锋队员。

蹲跳测试（Squat Jump Assessment）

设备

粉笔、一堵墙、卷尺。

目的

蹲跳是类似于传统的纵跳（先下蹲再起跳），但是蹲跳的目的是为了在原地纵跳之前减少储存的弹性势能。因此，本次测试是测试下肢向心力量的一种较好的方法。

步骤

■粉笔夹在最惯用手的指尖处；

■站在墙体的旁边将手举起，达到尽可能高的高度，同时保持双脚平放在地面上。在墙上用粉笔做一个标记；

■不移动你的脚，伸直手臂超过头靠近墙，迅速降低你的重心，让脚踝，膝盖和臀部弯曲，直到大腿与地面平行；

■这个姿势保持 2~3 秒，尽可能高地垂直起跳，在墙上用粉笔做第二个标记；

■测量粉笔标记的第一个标记和最高的标记之间的距离，测量的距离精确到的 1 厘米；

■两次跳跃允许有 30~60 秒的休息时间；

■记录三次试跳中最好成绩。如果最后一跳跳得最高，第四跳可以确保达到最大高度。

立定跳远测试（Standing Long Jump Test）

设备

卷尺、一个锥形桶。

目的

跳远通常用于测试水平力的产生和爆发力。这个测试相对容易执行，只需要一个标记和一个终点线。

步骤

■首先双脚与髋部同宽站立，脚趾正好对准起跳线（如贴线或两个锥形桶）；

■手臂预摆，同时弯曲脚踝、膝盖、髋部（见图a）；

■将手臂向前摆动，同时身体尽可能腾空跳起（见图b）；

■两脚同时落地；

■维持这个姿势直到测量出结果；

■测量的距离应该从起跑线到最后双脚落地时距起跳线最近的脚跟位置（理想情况下，双脚脚跟应该并齐）；

■两次跳跃允许有30~60秒的休息时间；

■记录三个测试中的最佳距离（最佳成绩）。

变式

■如果测量腿部爆发力而不是全身的爆发力，就仅仅把手放在髋部。

前推药球测试（Medicine Ball Pass Test）

设备

药球、卷尺和一个锥形桶。

目的

对于测试者来说，这种测量上半身爆发力的测试是简便易行的。这个测试适合于对快速力量要求高的运动员，如同场对抗性项目的运动员。

步骤

■选择一个重量大约是体重5%的药球。例如，一个90千克的人可以使用一个4.5千克的药球；而一个45千克的人可以使用一个2.3千克的药球；

■坐在地板上，下背部、头和肩部靠在墙上，双腿分开伸直，双手抱药球于胸前（见图a）；

■在你伸直手臂能到达的最远的地方做标记并放置一个锥形桶，从这个标记点向外画一条直线；

■从初始姿势，用力伸出手臂，并尽可能将药球向前传出（见图b）；

■测量从标记位置到球第一次击中地面的距离；

■两次测试之间允许有30~60秒的休息时间；

■测试三次，记录最佳成绩。

变式

■可以采用立姿以结合专项运动进行测试。

■在没有测试伙伴的情况下，可以通过用沙坑或沙滩排球场来进行测试。以站立的姿势，伸直手臂撒手，使球落下作为标记点来作为测距的起点。然后尽可能远地把药球推出，测量起点与药球落点之间的距离。

■从站的位置，可以用其他传统的快速伸缩复合练习，例如侧抛、后抛，前抛，或平抛。

肌肉力量和耐力评估

在大多数运动和日常生活中，肌肉的力量和耐力是必不可少的。尽管间歇训练更适合发展肌肉耐力，但是有些使用这种训练方法的练习者的肌肉力量也会增大。这很大程度上取决于练习者当前的训练状态；与那些有过抗阻训练经验的人相比，刚接触训练的人会有更大的进步。

最大重复次数（RM）

为了测量肌肉力量和耐力，最大重复次数（RM)测试被用于传统的自由重量训练及基础器械训练中。RM测试定义为：在某一负荷下，尽全力达到的最大重复次数。RM通常不单独使用，而是前面与某个数字N结合，表示能够重复练习N次的最大重量，或最多只能重复练习N次的重量。例如，如果一个人能够以90千克的负荷重复进行卧推而不超过12次，那么他的12RM就是90千克。一个可以让受试者重复执行6次的负重，可以很好地衡量肌肉力量。一个可以让受试者重复12次或更多次的负重，可以很好地衡量肌肉耐力。

负荷量确定的练习，比其他的方法更适合测试肌肉力量。卧推、深蹲、腿举都是较好的测试肌肉力量的方法。在重复次数可以超过12RM的负荷下，这些训练也可以用来衡量肌肉耐力。此外，许多自重训练（如深蹲）在生物力学基础上与许多爆发力训练（如纵跳）有高度的相似性。

单关节练习，例如肱二头肌弯举、腿弯举、腿屈伸，都应该在一定的负重（最少8RM）下进行。这样，这些训练将会有效地测量单一肌肉的肌肉耐力和肌肉健康状况，但在测量肌肉力量和运动表现方面效果不是很好。

对于有抗阻训练经验的人来说，对RM的保守估计可以用来确定测试初始负荷量。例如，在135磅（61.2千克）卧推的适度热身后，运动员可以选择改变10磅或20磅（4.5千克或9.1千克）的负荷来估算他的1RM（最大肌力）。他应该能够在这个负荷下重复两次或三次。虽然这种方法可以充分衡量肌肉力量，但是如果目标是为了确定1RM（最大肌力），那么在休息3~5分钟后，这个运动员应该增加额外的10~20磅（4.5~9.1千克）负重，并尝试举起更大的重量。理想情况下，1RM（最大肌力）应该在5次测试中得出。否则，累积疲劳可能会产生无效的结果。另一个是选择是进行多个RM测试和基于给定的负荷下完成的次数（见表12.1）来估算1RM（最大肌力）。例如，如果一名受试者可以用170磅（77.1千克）的负重深蹲6次，那么估计他的1RM（最大肌力）将是200磅（90.7千克）。虽然这个表提供了一个较好的方法来保守估计1RM（最大肌力），但得出的结果也仅仅是估算值而已。一些人可能会举起比估算值更多或者更少的重量。但是，这些表为缺乏经验的运动员提供了一个好的起点，使他们在不需要举起最大或者接近最大重量时，就可以设定最初的训练强度和训练量。另外，请注意这些表可用于深蹲、卧推和硬拉练习，对于其他训练可能就不准确了。

表 12.1 1RM 和训练负荷估算表

最大重复次数（RM）	1	2	3	4	5	6	7	8	9	10	12	15
1RM 的百分比	100	95	93	98	87	85	83	80	77	75	67	65
	10	10	9	9	9	9	8	8	8	8	7	7
	20	19	19	18	17	17	17	16	15	15	13	13
	30	29	28	27	26	26	25	24	23	23	20	20
	40	38	37	36	35	34	33	32	31	30	27	26
	50	48	47	45	44	43	42	40	39	38	34	33
	60	57	56	54	52	51	50	48	46	45	40	39
	70	67	65	63	61	60	58	56	54	53	47	46
	80	76	74	72	70	68	66	64	62	60	54	52
	90	86	84	81	78	77	75	72	69	68	60	59
	100	95	93	90	87	85	83	80	77	75	67	65
	110	105	102	99	96	94	91	88	85	83	74	72
	120	114	112	108	104	102	100	96	92	90	80	78
	130	124	121	117	113	111	108	104	100	98	87	85
	140	133	130	126	122	119	116	112	108	105	94	91
负荷（磅或千克）	150	143	140	135	131	128	125	120	116	113	101	98
	160	152	149	144	139	136	133	128	123	120	107	104
	170	162	158	153	148	145	141	136	131	128	114	111
	180	171	167	162	157	153	149	144	139	135	121	117
	190	181	177	171	165	162	158	152	146	143	127	124
	200	190	186	180	174	170	166	160	154	150	134	130
	210	200	195	189	183	179	174	168	162	158	141	137
	220	209	205	198	191	187	183	176	169	165	147	143
	230	219	214	207	200	196	191	184	177	173	154	150
	240	228	223	216	209	204	199	192	185	180	161	156
	250	238	233	225	218	213	208	200	193	188	168	163
	260	247	242	234	226	221	206	208	200	195	174	169
	270	257	251	243	235	230	224	216	208	203	181	176
	280	266	260	252	244	238	232	224	216	210	188	182
	290	276	270	261	252	247	241	232	223	218	194	189
	300	285	279	270	261	255	249	240	231	225	201	195

续表

最大重复次数（RM）	1	2	3	4	5	6	7	8	9	10	12	15
1RM 的百分比	100	95	93	90	87	85	83	80	77	75	67	65
	310	295	288	279	270	264	257	248	239	233	208	202
	320	304	298	288	278	272	266	256	246	240	214	208
	330	314	307	297	287	281	274	264	254	248	221	215
	340	323	316	306	296	289	282	272	262	255	228	221
	350	333	326	315	305	298	291	280	270	263	235	228
	360	342	335	324	313	306	299	288	277	270	241	234
	370	352	344	333	322	315	307	296	285	278	248	241
	380	361	353	342	331	323	315	304	293	285	255	247
	390	371	363	351	339	332	324	312	300	293	261	254
	400	380	372	360	348	340	332	320	308	300	268	260
	410	390	381	369	357	349	340	328	316	308	274	267
	420	399	391	378	365	357	349	336	323	315	281	273
	430	409	400	387	374	366	357	344	331	323	288	280
	440	418	409	396	383	374	365	352	339	330	295	286
负荷（磅或千克）	450	428	419	405	392	383	374	360	347	338	302	293
	460	437	428	414	400	391	382	368	354	345	308	299
	470	447	437	423	409	400	390	376	362	353	315	306
	480	456	446	432	418	408	398	384	370	360	322	312
	490	466	456	441	426	417	407	392	377	368	328	319
	500	475	465	450	435	425	415	400	385	375	335	325
	510	485	474	459	444	434	423	408	393	383	342	332
	520	494	484	468	452	442	432	416	400	390	348	338
	530	504	493	477	461	451	440	424	408	398	355	345
	540	513	502	486	470	459	448	432	416	405	362	351
	550	523	512	495	479	468	457	440	424	413	369	358
	560	532	521	504	487	476	465	448	431	420	375	364
	570	542	530	513	496	485	473	456	439	428	382	371
	580	551	539	522	505	493	481	464	447	435	389	377
	590	561	549	531	513	502	490	472	454	443	395	384
	600	570	558	540	522	510	498	480	462	450	402	390

来源说明：Reprinted, by permission, from T. R. Baechle,R.W.Earle,and D.Wathen,2008,Resistance training.*In Essentials of strength training and conditioning*, 3rd ed., edited for the National Strength and Conditioning Association by T.R. Baechle and R.W. Earle(Champaign,IL:Human Kinetics),397–398.

颈后深蹲测试（Back Squat Assessment）

设备

杠铃、杠铃片、挂片式深蹲架（史密斯架）。

目的

颈后深蹲可能是运动员最常用的力量评估方法。选择这个多关节复合训练是因为它与跑、跳等很多运动行为息息相关，同时，臀大肌、股四头肌、股后肌群等肌肉群在各种运动中经常被用到。

步骤

■调整史密斯架使杠铃杆与胸部齐平；

■调整安全托杆至运动最低点时，其低于肩部水平线；

■双手在肩上握住杠铃；

■把杠铃放在肩胛骨顶端，挺胸，张肩，收缩腹肌；

■双脚分开约与肩同宽。脚踝、膝盖和髋部微微弯曲，撑起杠铃（见图a）；

■后退一小步；

■保持背部挺直，屈髋、屈膝盖下蹲（见图b）；

■当大腿与地面平行时，略停顿，返回起始位置。

要点

■观测者站在深蹲架后与受试者约一个肩宽的距离，髋部、膝盖和脚踝轻微弯曲，手臂向外扩展以确定受试者的边界线；

■当受试者从支撑架上拿起杠铃并后退时，观测者也要后退。当支撑架开始下降时，测试者蹲下随支撑架一起下蹲，手臂仍然张开；

■受试者无法完成一个蹲起动作时，观测者要将手臂环绕在受试者躯干上，伸展脚踝、膝盖和臀部，保持背部中立，并帮助受试者到初始位置。

硬拉测试（Deadlift Test）

设备

杠铃和杠铃片。

目的

硬拉是测试身体整体实力的一个很好的方法，因为它需要很强的抓握力以及很好的下肢力量。这个测试方法对特种行业运动员和急救人员非常好，因为它在生物力学方面与许多重要的工作任务相似，如拖动一个受伤者或者抬担架。

步骤

■慢慢蹲下将手放在杠铃杆上，双手正握锁死杠铃，双手的握距与肩同宽（或略比肩宽）；

■双脚平放在地上，略向外，背部挺直，保持躯干稳定；

■向小腿方向滚动杠铃杆，使杠铃杆贴近腔骨（见图a）；

■保持背部挺立，贴着小腿和大腿拉起杠铃杆，站起时保持膝盖、臀部、躯干完全伸展（见图b）；

■确定臀部和肩部以同样的速度上升。

肌肉力量和耐力评估

卧推测试（Bench Press Assessment）

设备

卧推长凳、杠铃、杠铃片。

目的

卧推是一种优秀的整体评估上肢力量的方法，可测试胸部、肩部和肱三头肌的力量。

步骤

■运动员平躺在长凳上，使用标准的五点接触，即头、肩部、臀大肌与长凳接触，两只脚放在地上；

■正手抓握杠铃，双手的握距稍比肩宽；

■将杠铃杆从杠铃架上抬起，直到它被放置在胸部上方（见图 a）；

■控制杠杆下降到胸部的位置；

■将杠杆与胸部接触，随后将杠铃杆推放回初始位置（见图 b）。

要点

■因为这项练习要越过脸部，观测者要注意安全问题；

■观测者站在受试者身后，双手一正一反握住杠铃杆，帮助受试者将杠铃杆从杠铃架上取下来；

■在整个动作过程中，观测者与杠杆始终接触。

卷腹测试（Curl-Up Test）

设备

秒表、训练垫。

目的

卷腹运动通常用来测量腹肌耐力。大多数情况下，它优于仰卧起坐测试，能更准确地测量腹肌耐力，因为仰卧起坐时，臀屈肌也要参与完成动作。

步骤

- 躺下，弯曲膝盖到 90 度。脚完全平放在地上，手臂交叉放在胸部（见图 a）；
- 抬起肩部直到躯干弯曲到 30 度。头部保持中立的位置（见图 b）；
- 控制降低肩胛骨直到它们与地面完全接触；
- 在这个测试中不允许休息；
- 当你不能坚持时，测试结束；
- 最后的得分是用良好的动作技术形式卷腹卷起的最大数量。

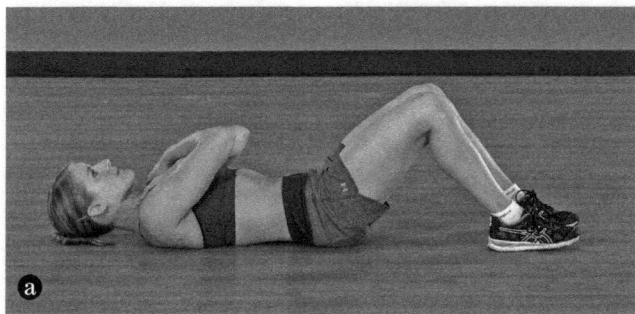

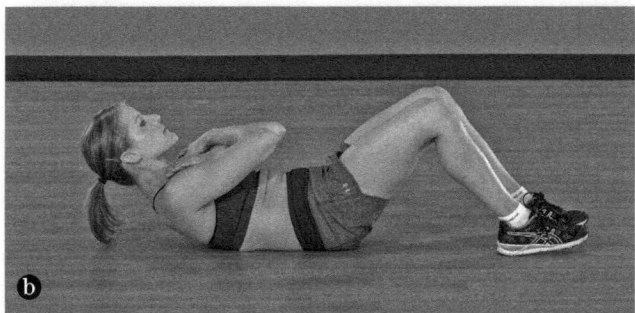

肌肉力量和耐力评估

设备

引体向上杆。

目的

引体向上测试可以用来衡量上肢力量和耐力，取决于当时的体能状态。正如前面提到的，如果一个人能够执行 6 个或更少的重复测试，被视为一个力量评估。如果这个人可以重复执行超过 6 次，被视为一般体能和耐力测试。

步骤

■双手正握，手臂伸直悬吊在拉杆上（见图 a）；

■弯曲手臂，把身体向上拉起，直到下颌超过横杆（见图 b）；

■返回到起始位置，重复下一个动作；

■当不能做完整动作，或动作严重变形，或脱手掉下时，都应中止测试；

■最后的得分是可以用最好的技术和完整的连续动作来完成的最大数量。

俯卧撑测试（Push-Up Test）

设备

秒表、瑜伽砖。

目的

俯卧撑是最常用的衡量上身肌肉耐力的方法，特别是胸、肩和肱三头肌。与引体向上一样，如果无法完成至少 6 个，它将被视为一个力量测试。

步骤

■双手分开，与肩同宽，手臂完全伸直，脚趾接触地面，保持躯干挺立，头部保持中立的姿势（见图 a）；

■保持躯干平直，屈臂降低身体，贴近地面（见图 b）。为提高测试的可靠性，可在胸部下面放置一个瑜伽砖，可以确保每个动作的深度是合适的；

■伸直手肘，将身体推回到起始位置；

■在 1~2 分钟内做尽可能多的俯卧撑，直到你自己想结束的时候；

■只有在撑起来的位置时才能休息。动作技术严重走形或不能完整完成动作的练习者，不算在内。

变式

■这个测试也可以采用膝盖触地的姿势。

平板支撑测试（Front Plank Assessment）

设备

秒表、训练垫。

目的

平板支撑是用来测量躯干的等长耐力测试，这个测试基本可以用于识别身体肌肉组织中的弱点。躯干的等长耐受力对减少受伤风险和在最后竞争阶段中的力量转移是至关重要的。

步骤

■首先腹部贴地，肘部与肩部垂直，前臂完全与地面接触；

■向上抬起躯干，使脚踝，膝盖，臀部和肩部在一条直线。只有前臂和脚趾与地面保持接触；

■一旦你达到这个位置，秒表开始计时；

■当动作变形时，如臀部下垂、臀部抬起或躯干不成一条直线，或者你决定测试结束时，测试结束。

变式

■这个测试执行时，手臂完全伸展，如同执行一个俯卧撑。这种变化可以更具体地使用在执法人员抓拒捕犯人需要使用防御时。

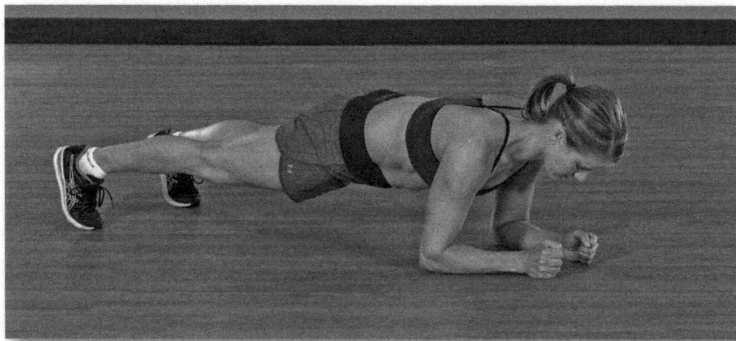

侧向平板支撑测试（Side Plank Assessment）

设备

秒表、训练垫。

目的

侧向平板支撑测试，与平板支撑相似，测试等长的躯干耐受力，但是这项测试着重于使用腹内外斜肌肉来稳定身体。

步骤

■首先左肘着地，放在左肩部下面，左前臂与地面接触；

■将右脚放在左脚上，然后抬起臀部直到躯干成一条直线；

■一旦达到这个位置，秒表计时开始；

■当你不能再保持正确的姿势，如臀部下垂、臀部抬高或者躯干不成直线，或者你决定结束测试时，整个测试结束；

■换身体右侧重复这项训练。

肌肉力量和耐力评估

设备

椅子、踏板或训练箱。

目的

测定下肢肌肉耐力。该测试可以作为健身爱好者测量肌肉耐力的基本测试方法。

步骤

■找一把椅子或训练箱，坐在上面，大腿与地面平行。另一种方法是使用一个踏板，这可能更容易适合你的身高；

■把这个椅子当作一个标志，蹲下直到臀部接触椅子，然后站起来；

■使用正确的姿势和技术在1分钟内尽可能多地完成下蹲动作；

■可以在站起来的时候休息，但是秒表不能停下来；

■下蹲的数量应该记录为这个测试的最后得分。

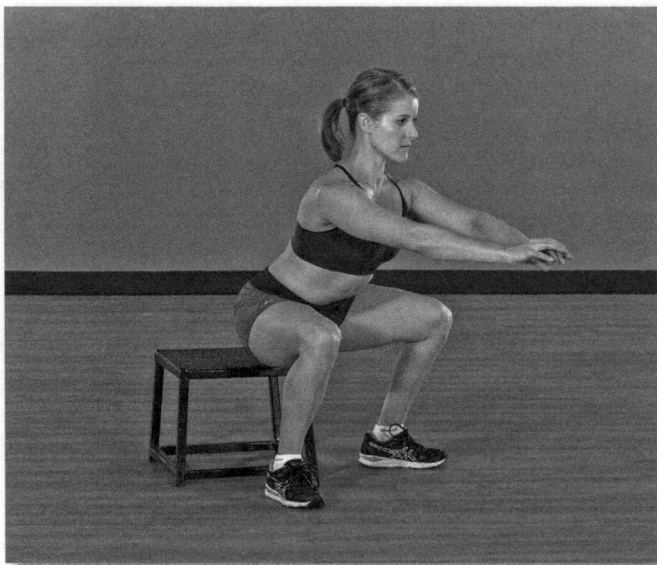

无氧耐力评估

无氧耐力测试的目的是，测试在 30~120 秒活动时间内持续糖酵解供能系统的效率和无氧功率。这些严格的测试被认为是先进的训练方法。因此，这些评估应该在参与者具备良好体能基础之上进行。

300 米跑测试（300-Meter Run Test）

设备

秒表和测试合作伙伴、400 米跑道。

目的

测定持续糖酵解供能系统的效率和无氧功率。这个测试经常用于执法机构人员根据持续追逐的情况预测他们的工作能力。

步骤

■在一个 400 米的跑道上丈量出 300 米；

■测试合作伙伴需要记录跑步的时间，当按下秒表上的按钮，为了提高计时的准确性，计时器应该用食指而不是用拇指来按停止；

■当"跑"的命令发出时，计时器启动秒表。一般，计时器用一只手举过头顶，跑的信号发出后落下，因为计时器和跑步者之间距离太远而很难听到。当跑步者跑完 300 米，计时器停止计时；

■最后的时间精确到 0.1 秒。

无氧耐力评估

300 米折返跑测试（300-Meter Shuttle Run Test）

设备

秒表和测试合作伙伴、400 米跑道或开阔的场地，如果允许可以用心率监测器（心率表）。

目的

结合变向测量持续无氧糖酵解能量系统的效率和无氧功率。这项测试也可以通过观察恢复心率来检测疲劳程度，以及测试之间的百分比变化。适合于间歇性运动项目如足球、冰上曲棍球和曲棍球的运动员。

步骤

- 放两个锥形桶，间隔 23 米。
- 为了执行这个测试，你需要在这两个锥形桶体之间跑 6 次。
- 在这个距离下所记录的时间应该被精确记录到 0.1 秒。
- 休息 5 分钟。在第一和第三分钟的结束阶段立刻记录心率。可以采取手动测量心率，通过触摸颈动脉或者桡动脉。测试 10 秒脉搏数，乘以 6 得到预估的 1 分钟的心率（10 秒心率 ×6 = 1 分钟心率）。心率监测器将提供一个瞬间的心率测量，并且更加准确和简便。
- 5 分钟休息时间，重复测试。
- 在每一个测试中都应测试时间和心率。

有氧耐力评估

有氧耐力系统的作用是将氧气和营养物质输送到体内。有氧耐力测试也经常用于整体衡量心血管健康和体能。下面的测试可以用来测量有氧系统的效率。

距离和时间的测试可以用来测量改善有氧能力。这些测试的好处是几乎可以使用任何一件心血管设备甚至没有任何设备。对于这些测试，人们简单地设定目标时间后就可以进行有氧运动，并记录在指定的时间内他们能够走多远。例如使用一个固定的桨手，他们记录了5分钟内经过的距离。他们可能在跑步机上测试运动10分钟，然后记录在那段时间的步伐数。这些评估不好的方面是，许多测试没有很多相关的规范和标准。然而，有些测试不仅仅具有预估标准，也能够提供预估的有氧能力。这些例子包括了1.5英里（2.4千米）跑步测试和12分钟跑步测试，这将会在本节中讨论。解释测试的分数结果将会在第13章中分别提出。

1.5 英里（2.4 千米）跑测试（1.5-Mile Run Test）

设备

跑步机或者秒表和跟踪设备。

目的

1.5英里（2.4千米）跑是一项现场测试，通常用于预测有氧能力或者心肺功能（Reiman and Manske，2009）。

步骤

■使用跑步机或者跑道，尽可能快速地跑1.5英里。

■最后记录的时间精确到0.1秒。

12 分钟跑测试（12-Minute Run Test）

设备

跑步机。

目的

与1.5英里（2.4千米）跑测试相似，12分钟跑测试是一项现场测试，经常用于预测有氧能力或者心肺功能。

步骤

■使用跑步机，跑12分钟，尽可能地跑更多的距离。

■确切的距离应该被记录为最后得分。

有氧耐力评估

Beep 测试（Beep Test）

设备

非常开阔的地方，距离 20 米的两个标记（线或者锥形桶），一段 Beep 测试录音。

目的

Beep 测试或者多阶段体能测试，是运动员经常使用的测量有氧能力和最大摄氧量的间歇式运动测试（Reiman and Manske，2009）。这项测试在运动员中很受欢迎，因为它比传统的有氧耐力测试更加突出运动项目的特殊性，更加重视重复性，持续性和直线运动。此外，这种评估可以在大群体中使用，所以经常在团队训练中使用。

步骤

■在这项测试中两条线之间的距离为 20 米；

■当听到预先录制好的磁带，参与者试着与声音信号或者哔哔声保持相同节奏，直到它们的身体不能保持统一步伐；

■这项测试的开始信号发出时的速度相当于每小时 8.5 千米，每分钟速度增加 5 千米 / 小时；

■当不能再保持设定的记录速度时测试结束；

■参与者在听到 Beep 声前不能触摸到线，那他还有一个加速的机会，以避免错过另一个 Beep 声响；

■如果一个参与者在测试中错过两次，测试结束；

■所完成最后阶段被记录为最后得分。

第 13 章

结果解释和目标设定

做了体适能和运动表现的测试后，就要学会使用所得信息。对于解释体适能和运动表现评估的结果许多选项都是可用的。使用的最好方法取决于测试的目的。有些人测试是为了观察他们是否提高了，有些人想看到他们的进步幅度，有些人可能会探索评估特定运动表现提高的先进方法。在本章中，我们会介绍几种解释个人测试结果的常用方法和几个依据这些测试结果设定训练目标的技巧。

原始数据评估

对于那些只想确定他们在训练计划中是否进步的人来说，有一系列选项是可用的。在这部分，我们来看几种评估从健康和运动表现测试中获得的原始数据的方法。

个人最好成绩

一个最简单的用来评估进步的方法是，当你实现个人最好成绩时，把它记录下来。举例来说，在你训练计划中的随便哪一周，做一个 5 分钟的距离和时间测试。图 13.1 举例展示了怎样使用上下台阶作为基本训练形式并将其绘制成图表。在这个例子中，你可以在第 6 周设定一个个人记录。

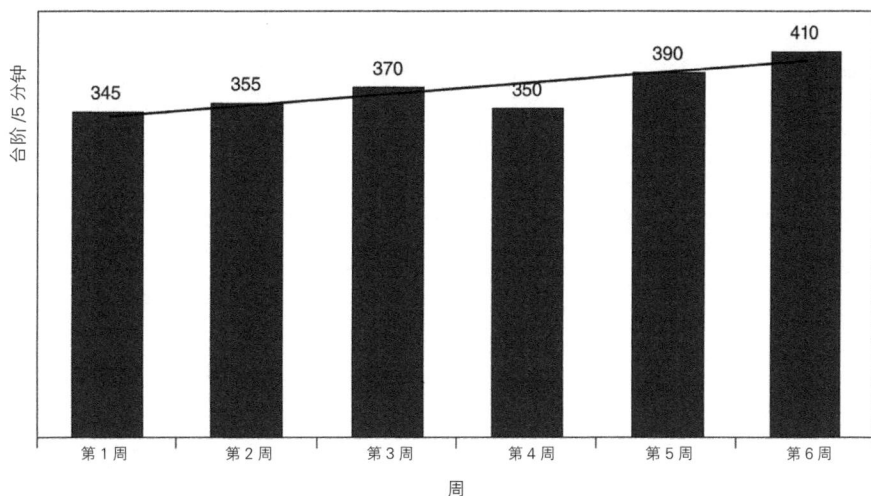

图 13.1 五分钟上下台阶的次数

变化量

评估运动表现的另一个选项是观察后期测试和前期测试之间变化的量和百分比。计算变化量，只需用新值减去旧值。例如，如果一名受试者前期测试能够做 20 个俯卧撑，在 6 周后能够完成 30 个俯卧撑，那么净变化量将是 10 个俯卧撑。我们也可以根据变化的百分比来进行评估，计算变化百分比，执行下列计算。

步骤 1：用新值减去旧值

$$30-20=10$$

步骤 2：变化量除以旧值

$$10 \div 20=0.50$$

步骤 3：乘以 100% 转化成百分比

$$0.50 \times 100\%=50\%（增加量）$$

这些评估方法同样适用于评定组内的增加量。表 13.1 展示了乙级女子篮球运动员 10 周抗阻训练和体能训练后纵跳的得分。注意，身体素质越好的人，变化量和变化百分比越小，这是因为他们可能更接近自己的遗传上限，因而提升空间较小。因此，标准和百分等级也会用来评估。

表 13.1 乙级女子篮球运动员纵跳高度值

姓名	训练前测试 英寸（厘米）	训练后测试 英寸（厘米）	差值 英寸（厘米）	变化率（%）
Mia	15.0（38.1）	17.0（43.2）	2.0（5.1）	13.33
Emma	15.5（39.4）	16.5（41.9）	1.0（2.5）	6.45
Olivia	14.0（35.6）	16.5（41.9）	2.5（6.3）	17.85
Gabrielle	15.0（38.1）	16.0（40.6）	1.0（2.5）	6.66
Addison	17.0（43.2）	18.5（47.0）	1.5（3.8）	8.82
April	18.0（45.7）	19.0（48.3）	1.0（2.5）	5.55
Joncee	15.0（38.1）	16.5（41.9）	1.5（3.8）	10.00
Mary	16.5（41.9）	17.0（43.2）	1.0（2.5）	3.03
Lea	17.0（43.2）	17.5（44.5）	1.5（3.8）	2.94
Christa	20.0（50.8）	20.5（52.1）	0.5（1.3）	2.50
Rachel	16.0（40.6）	17.5（44.5）	0.5（1.3）	9.38
Paige	17.5（44.5）	18.0（45.7）	0.5（1.3）	2.86
Lauren	18.0（45.7）	18.0（45.7）	0.0（0.0）	0.00
Becky	15.0（38.1）	16.5（41.9）	1.5（3.8）	10.00
Michelle	17.5（44.5）	19.0（48.3）	1.5（3.8）	8.57

注：训练后的测试是在 10 周抗阻训练之后进行。

标准比较和百分等级

大多数情况下，大家测试后的第一个问题都是，测试成绩好吗？标准数据可以使我们的测试结果和他人的进行比较，可以用于许多健康和运动表现测试中。但在使用标准数据作为参考来评估你的运动表现时有两个关键问题。

1. 你收集的标准基础数据是否来自相同的人群？

标准允许我们评估我们的个人表现，如果它们基于一群有代表性的个体。例如，使用来自于甲级大学男子篮球运动员的数据作为纵跳标准适用于评估甲级大学男子篮球运动员的纵跳表现。但是当解释一群高中男子篮球运动员的纵跳得分时，这些数据只会有微小的相关性，因为技术和身体成熟度的差异。因此，对比很难是公平的。

2. 是否使用同一个测试方法？

人们经常依据他们的需要和所处的情形调整测试方法。但是如果使用的测试与建立标准时所采用的不一致，就不能进行比较。举例来说，站立式跳远可以采用双手放在髋部或自由摆臂的方式。采用的技术将会对测试的结果有深远的影响。事实上，在我们的实验中我们发现如果采用摆臂的方式，跳远的距离会增加16%~22%。相应的，如果这些数据与不摆臂站立式跳远获得的数据形成的标准相比较，个人整体排名会迅速上升并给出一个完美测试表现的表象，而不是实际发生的情况。

第12章中描述的一些测试标准会在本章的最后提供。

百分等级是来评估一个人的得分在一组内的水平的另一种方法。百分等级只是告诉我们得分高于或低于某个点的百分比。举例来说，某个人的百分等级是90%，就是他的表现优于做相同测试的90%的人。

定性评价

有时从训练计划中获得的主观提高是不能被忽视的。虽然主观感受不能被简单地量化，例如一个运动员会感觉自己更快，一个人可以不费力地爬到楼梯顶部，或者某人感觉自己拥有从未有过的能量。坚持健康日志或者仅仅在每天训练后进行简单的记录都会作为很好的动力工具，尤其当量化的测试数据变化不明显时。

绝对力量与相对力量

力量或产生力的能力，可用多种方法来评估。绝对力量等于能举起的全部重量。执行1RM深蹲或卧推测试就是一个很好的例子。但是这一项信息不能告诉我们全部内容。虽然对任何人来说卧推136千克都是很优秀的，但更优秀的是这个人体重是68千克而不是 100 千克。力量相对于体重的比值被称为相对力量。使用一个简单的公式我们就可以计算出力量相对于体重的比值：

$$相对力量比（RSR）= 举起的重量 / 体重$$

举例来看：

负重者 1：　　　　1.36RSR=136 千克举起的重量 /100 千克体重

负重者 2：　　　　2.0RSR=136 千克举起的重量 /68 千克体重

更大的相对力量比反映的是更好的相对力量。在这个例子中，我们看到虽然两个人有相同的绝对力量，但是第二个人每单位体重可以产生更大的力，因此第二个人更强壮。

绝对爆发力与相对爆发力

评价爆发力我们同样可以用绝对和相对爆发力。举例来说，假设一个 100 千克的运动员和一个 68 千克的运动员都能纵跳 50.8 厘米。纵跳的高度是相等的。我们可以用下列公式将纵跳高度转化为以瓦特为单位的最大爆发力功率（Sayers et al.，1999）。

$$最大爆发力功率（瓦特）=60.7 \times（以厘米为单位的纵跳高度）+45.3 \times（以千克$$
$$为单位的体重）-2055$$

这个公式的第一步就是将磅转化为千克、将英寸转化为厘米，用以下公式可完成：

$$千克 = 磅 \div 2.2$$
$$厘米 = 英寸 \times 2.54$$

两个运动员都跳了 50.8 厘米。一个运动员 100 千克，另一个运动员 68 千克。

将以上数据带入等式中得到以瓦特为单位的最大爆发力：

100 千克的运动员：

$$60.7 \times（50.8 厘米）+45.3 \times（100 千克）-2055=5558.56 瓦特$$

68 千克的运动员：

$$60.7 \times（50.8 厘米）+45.3（68 千克）-2055=4108.96 瓦特$$

通过对比瓦特值，我们可以看到体重较大的运动员产生其爆发力功率更大，因为他或她需要移动更大的体重。

图 13.2 呈现了用 Sayers 公式算得的以瓦特为单位的下肢爆发力变化。这个图提供了一种不用计算即可评价爆发力的方法。它同样可以根据体重来评价爆发力。这种评价被称为爆发力 - 体重比，可以用下列公式计算：

$$爆发力 / 千克 = 以瓦特为单位的爆发力功率 / 以千克为单位的体重$$

因此，100 千克体重的运动员每千克体重可以产生的功率为 55.59 瓦特，而 68 千克体重的运动员每千克体重产生的功率为 60.42 瓦特。因此，68 千克体重的运动员相对爆发力更大，而 100 千克体重的运动员具有更大的绝对爆发力。

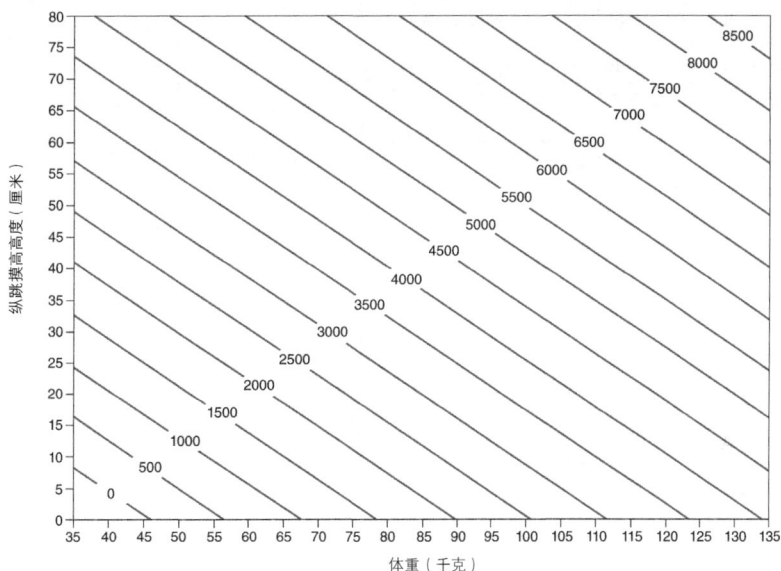

图 13.2　下肢功率的列线图

来源说明：From P.J. Kier,V.K. Jamnik, and N. Gledhill, 2003, "Technical-methodological report:A nomogram for peak leg power output in the vertical jump," *Journal of Strength and Conditioning Research* 17(4): 701-703. Reprinted by permission of the National Strength and Conditioning Association.

离心利用率

离心利用率（eccentric utilization ratio，EUR ），是一个可以被用来评价拉长-缩短周期（SSC）使用的公式（Mc Guigan et al.，2006）。拉长-缩短周期对于像冲刺或跳跃等需要爆发性动作的体育项目是必需的。当肌肉迅速拉长时，拉长-缩短周期被激活，这种快速拉长会告诉大脑，需要有力的收缩肌肉以防软组织被过度拉长和随后的损伤。当用于运动表现时，在一个爆发性动作之前这种快速的拉长会产生一个更有力的收缩，产生更大的爆发力。

静蹲跳（SJ）强调的是下肢向心力的产生，而下蹲跳（CMJ）的下蹲阶段激活了拉长-缩短周期和快速离心负荷。根据静蹲跳和下蹲跳，离心利用率便可计算出来，然后在训练的不同阶段看拉长-缩短周期的相对贡献。用以下数学公式可以表达：

$$EUR=CMJ/SJ$$

表 13.2 表述的是用几年时间收集的某大学乙级男子足球运动员春季开始前的离心利用率。离心利用率越高，运动表现中拉长-缩短周期的贡献越大并且该运动员的爆发力潜力更大。

一般来说，在赛季前，更多的训练重点放在快速伸缩复合训练和冲刺训练上。这些形式的训练在很大程度上依赖拉长-缩短周期的使用。因此，这种类型的训练将更

表 13.2　某大学乙级男子足球运动员的离心利用率

姓名	半蹲跳（SJ）	下蹲跳（CMJ）	离心利用率（EUR）
James	21.8	23.4	1.07
Rob	21.2	24.0	1.13
Reid	20.6	23.2	1.13
Doug	20.4	23.2	1.14
Kurt	27.2	28.3	1.03
Allen	22.4	25.0	1.12
Brian	17.6	18.6	1.06
Jason	20.6	19.7	0.96
Keiren	18.1	18.5	1.02
Asher	20.8	23.4	1.13
Cooper	25.9	25.5	0.98
Eli	21.8	24.2	1.02
Teddy	21.1	22.0	1.04
Henry	17.8	20.2	1.13
Charlie	20.5	22.2	1.08
Andy	22.8	24.6	1.08

注：收集数据使用的工具是一个跳垫。

多的重心放在拉长 – 缩短周期上而不是休赛季所强调的低速、大量的训练类型。因此，如果采用传统的训练模式，那么休赛季的离心利用率会低于赛季前的离心利用率。

最大摄氧量

　　有氧能力一般采用最大摄氧量来评估。最大摄氧量定义为一个人动用全身大部分肌群进行运动时所能使用的最大氧气量（Fletcher et al., 1990）。最大摄氧量可以使用 1.5 英里（2.4 千米）跑测试、12 分钟跑测试和 beep 测试来评估。下列是由瑞曼和曼斯特（2009）提供的用来推算以上测试中的最大摄氧量的公式。

12 分钟跑测试

$$VO_2max（毫升/千克/分钟）=0.0268（以米为单位的跑动距离）-11.3$$

1.5 英里（2.4 千米）跑测试

$$VO_2max（毫升/千克/分钟）=483÷1.5英里（2.4千米）跑的时间（用分钟表示）+3.5$$

Beep 测试

$$VO_2max（毫升/千克/分钟）=3.46×\{1×等级+[折返数/（等级×0.4325+7.0048）]\}+12.2$$

不同年龄范围的男性的最大摄氧量（毫升 / 千克 / 分钟）

不同年龄范围的女性的最大摄氧量（毫升 / 千克 / 分钟）

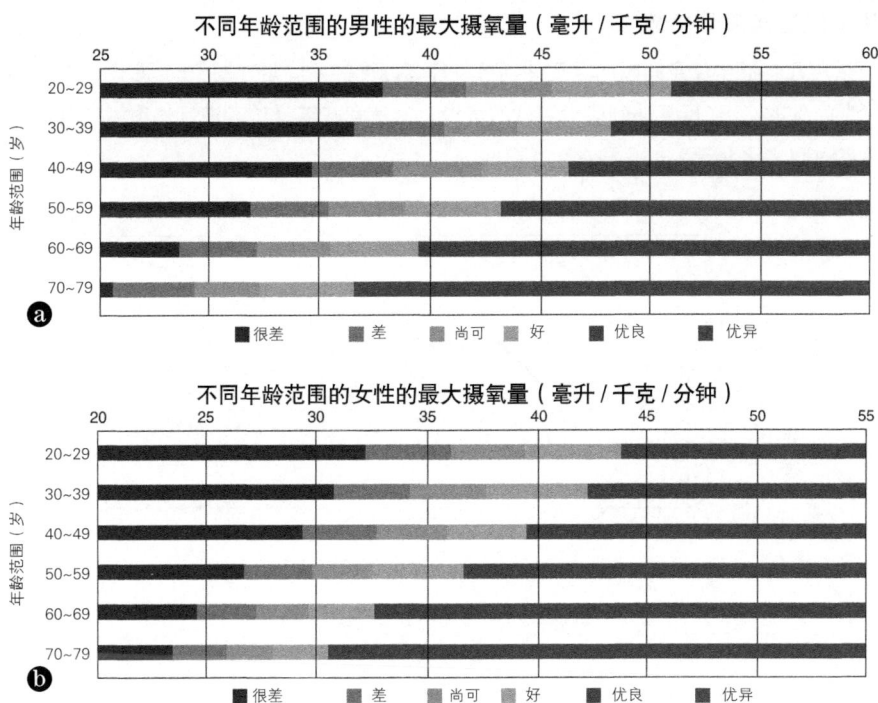

图 13.3　基于最大摄氧量的心肺适能等级

来源说明：*Physical Fitness Assessments and Norms for Adults and Law Enforcement*, by The Cooper Institute, Dallas, Texas.

恢复速度

图 13.3 列出了不同年龄和性别的人群基于最大摄氧量（单位：毫升 / 千克 / 分钟）的心肺适能等级。另一种评价身体素质的方法是根据一个人可以多快从训练的压力中恢复来评价。下面讨论几种方法。

心率恢复

心率恢复（heart rate recovery，HRR）是训练后心率恢复到正常水平的速度。对练习的快速心率恢复可以作为身体素质的一个标志（Sayers et al., 1999）。研究表明（Dimkpa，2009），更快的心率恢复与更大的最大摄氧量和更高的耐力能力相关。心率恢复可以通过记录特定时间点的心率来计算，通常是达到最大心率后的一分钟和两分钟时的心率。一般来说，正常人训练后即刻心率每分钟恢复 15~20 次（Dimkpa，2009）。

这个评估可以用于第 12 章中任何一个有氧或无氧测试后。有条件的情况下，推荐使用心率感应器。

速度下降量和疲劳指数

采用几组最少休息间歇的重复冲刺可以计算速度的下降量。图 13.4 展示了只有 15 秒休息间歇的 20 米反复冲刺能力测试的结果。这就意味着受试者进行这项测试时训练与休息时间之比介于 1 ∶ 3 和 1 ∶ 4 之间。

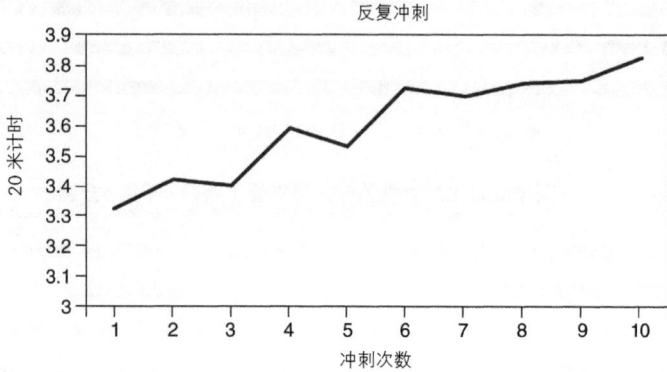

图 13.4 反复冲刺跑结果显示，当恢复时间有限时，速度会下降

利用这些信息，速度下降量可采用下列特纳和斯泰沃特（2013）提供的公式计算得到：

速度下降量 =［（冲刺 1 速度 + 冲刺 2 速度 + 冲刺 3 速度 + 最后冲刺速度）÷ 冲刺 1 速度 × 冲刺次数 −1］×100%

利用图 13.4 的数据，速度下降量的计算如下：

速度下降量 =［（3.33+3.42+3.41+3.59+3.54+3.72+3.71+3.74+3.76+3.83）÷3.33×10−1］×100%

速度下降量 =（36.05÷33.3−1）×100%

速度下降量 =（1.08−1）×100%=0.08×100%=8%

10 次冲刺的整体速度下降量大约是 8%。

疲劳指数是另一种评估方式，可以用到图 13.4 重复冲刺的例子中。这种评估方法对极端得分会更敏感一些，因为只有最快和最慢的冲刺时间被用到。可以用下列由特纳和斯泰沃特（2013）提出的公式计算疲劳指数：

疲劳指数 =（最慢冲刺 − 最快冲刺）÷ 最快冲刺 ×100%

疲劳指数 =（3.83−3.33）/3.33×100%

疲劳指数 =0.5÷3.33×100%=15%

无论用速度下降量或疲劳指数哪个评估方法，百分比越低，说明个体抵抗疲劳的能力越强并且他或她的无氧能力越好。

目标设定

　　目标设定是制订训练计划的一个重要部分。没有一个目标去坚持和集中注意力的话，每天的训练会很困难。拥有目标就会有动力和方向并体现训练的意义。在这部分，我们会介绍各种类型的目标和设定高效的长期和短期的训练目标的方法，来使你最大可能地取得成功。

主观和客观目标

　　目标可以是主观的或客观的。主观目标一般都是各种目的，例如享受其中，提高身体活动水平和生活质量或变得更健康。虽然这些努力都是值得的，但是想知道我们何时达到目标是很困难的。例如我们怎样知道我们何时变得更健康？出于这个原因，设定客观目标和主观目标帮助我们知道何时达到这些预期的结果。客观目标集中于实现某个特定的结果，通常在一个专门的时间框架中。举例来说，一个人可能设定 20 周减去 4.5 千克体重的目标。这个目标是客观的，因为它评估起来很简单。对于何时或是否已经达到这个目标是没有疑问的。

　　在训练计划中主观和客观目标都有一席之地。主观目标帮助形成我们想实现的整体感觉。举例来说，在我们之前的例子中，减轻 4.5 千克不是关于体重而是减轻的体重所代表的意义。通过减轻这些体重，这个人的生活质量是怎样提高的？这个人会成为更好的运动员，与他或她的孩子玩耍更轻松或感觉更加自信吗？当我们把客观目标与主观感觉联系在一起，我们将会有更大的动力。因此当设定目标时，我们问的第一个问题是"我们为什么想实现这个目标？"，回答完这个问题后，我们可以把主观目标和客观目标联系起来，以确保我们向着想要得到的结果而前进。

　　客观目标包括两大类：结果目标和表现目标。结果目标就是我们最终想要的结果，例如赢得州冠军，打败对手或跑了一个半程马拉松。这些结果给我们动力，但是它们不会告诉我们太多关于我们是怎样实现目标的。

　　表现目标的目的是达到运动表现的某个特定标准或水平，一般基于我们之前的运动表现或经历。本章前半部分讨论的一些技巧，例如评估百分比和变化量，这都是很有用的。

　　过程目标就是在一个持续的过程中我们必须要做的一些小事来帮助实现我们的运动表现目标。为了实现结果目标，我们必须同时设置几个运动表现和过程目标。

　　本部分列举的例子证实了在目标设定时出现的一些集中概念，从长期的主观和客观目标到短期的运动表现和过程目标。集中几乎所有的能量和努力到运动表现和过程目标上就会实现想要的长期目标。

SMART 目标

　　人们经常笼统地表达他们的目标，例如"我想变得运动能力更强""我想更健康"。但是除了明白这对这个人的意义外，设定一个正确、合适的目标是困难的。为了解决这个问题，"SMART"方法对于指导你完成目标设定过程是很有帮助的。"SMART"代表了具体（specific）、可衡量的（measureable）、可实现的（attainable）、相关性（relevant）和时限性（timebound）。

具体：具体目标强调清楚、简要和明确地表达出训练的目的是什么。举例来说，一名受试者可能想提高他的有氧健康水平。这个心愿是一个很好的主观目标，但不够具体。设定一个提高他的最大摄氧量至45毫升/千克/分钟的目标会是一个更好的选择，因为它很具体并且对于是否已经达到目标不会有疑问。

可衡量：如之前所强调的，虽然一些定性的目标是很好的激励源，但是有明确的衡量方法可以帮助我们确定是否在通向目标的正确道路上。我们之前要达到45毫升/千克/分钟最大摄氧量的例子就是一个好的、可衡量的运动表现目标。采用第12章中描述的1.5英里（2.4千米）跑测试可以有效地衡量。一个良好的过程目标会确保这名受试者每周除了三次跑动外，还进行两次大强度间歇训练，从而向着运动表现目标前进。

可实现：目标的设定应该是现实的并且可实现的。一个很好的经验法则就是目标刚刚超过所能达到的。举例来说，如果一名受试者目前的最大摄氧量是41毫升/千克/分钟，这时他处于平均健康等级，如果目标是达到55毫升/千克/分钟最大摄氧量，将会使他沮丧，因为这个水平的最大摄氧量将使他处于优异等级。由此，对于这名受试者来说，一个谨慎的策略是实现下一个健康等级水平——良好等级。当他实现这个目标，他就可以设定另外一个训练目标。

相关性：目标的设定必须与个人需要、兴趣和目标相应一致。怎样提高与受试者的目标相一致的最大摄氧量？如果这名受试者希望足够健康，可以自由地跑动，并且有可能的话参加一些5千米的比赛，那么，基于这个心愿，提高他的最大摄氧量至良好等级与他的目标是相应一致的。

时限性：为实现目标，设定时间点有助于减少拖延和保持训练的动力。举例来说，受试者可能最开始设定一个在三个月的时间内提高10%的最大摄氧量的目标。参考我们前文提到的最大摄氧量等式，他可能需要在三个月的时间内减少他的1.5英里（2.4千米）跑时间大约1分零10秒（从12分50秒减少至11分40秒）才能实现他的目标。

总结

本章介绍了多种解释测试结果的方法。这些方法为你提供多种评估运动表现的选择，以便你可以设定有效的、高效的长期和短期训练目标。另外，采用SMART目标设定策略会帮你制订专门的训练目标以确保成功。

附：标准数据

利用以下这些图表，运动员可以看到自己与其他队伍中队员的比较结果。请谨慎使用这些数据。将一个高中水平的运动员与大学或职业水平的运动员进行比较是极其不合适的，因为年龄、训练经历和地位之间存在差距。但是这些信息可以为评估运动表现提供一个有效的参考框架，竞技水平、年龄和运动员的性别等信息的一致性越高，这些信息将会越准确。

表 13.3　不同运动员蹲举成绩标准

参考文献	运动员	性别	成绩 （平均数 ± 标准差，磅）
	篮球		
拉丁等，1994	NCAA D1	男	334 ± 81
	G		332 ± 79
	F		356 ± 84
	C		304 ± 70
	美式橄榄球		
喀斯特持等，2004	NCAA D1	男	510 ± 90
	QB		440 ± 99
	RB		513 ± 73
	WR		453 ± 88
	OL		552 ± 75
	TE		510 ± 81
	DL		543 ± 77
	LB		530 ± 81
	DB		458 ± 88
	足球		
威斯劳夫等，1998	挪威优秀运动员	男	330 ± 42
	排球		
夫瑞等，1991	NCAA D1	女	180 ± 26

注：1 磅约为 0.45 千克。

G= 护锋（进攻线）；F= 前锋；C= 中锋；QB= 四分卫；RB= 跑卫；WR= 外接手；OL= 进攻线锋；TE= 近端锋；DL= 防守线锋；LB= 线卫；DB= 防守后卫。

来源说明：Reprinted, by permission, from M.P. Reiman and R.C. Manske, 2009, *Functional testing in human performance* (Champaign, IL: Human Kinetics), 169.

表 13.4 参加 NFL 选秀测试的大学橄榄球运动员 Pro- 灵敏成绩

	Pro- 灵敏测试成绩（秒）							
百分比	DL	LB	DB	OL	QB	RB	TE	WR
90	4.22	4.07	3.89	4.45	4.07	4.02	4.18	3.97
80	4.32	4.13	3.96	4.53	4.12	4.14	4.21	4.03
70	4.38	4.16	4.05	4.57	4.16	4.18	4.26	4.07
60	4.41	4.21	4.07	4.61	4.20	4.22	4.31	4.10
50	4.46	4.24	4.12	4.69	4.25	4.25	4.35	4.15
40	4.52	4.28	4.18	4.77	4.33	4.31	4.39	4.20
30	4.58	4.31	4.19	4.83	4.36	4.34	4.42	4.24
20	4.68	4.41	4.21	4.93	4.38	4.38	4.46	4.26
10	4.75	4.53	4.27	5.06	4.41	4.49	4.56	4.33
平均数	4.48	4.26	4.11	4.74	4.26	4.26	4.35	4.15
标准差	0.22	0.17	0.15	0.39	0.15	0.16	0.13	0.15
样本量	89	38	76	125	38	58	39	85

注：数据收集于 1999NFL Combine。
DL= 防守线锋；LB= 线卫；DB 防守后卫；OL= 进攻线锋；QB= 四分卫；RB= 跑卫；TE= 近端锋；WR= 外接手。
来源说明：Reprinted, by permission, from J.Hoffman, 2006, *Norm for fitness, performance, and health*（Chamapign, IL Human Kinetics），114.

表 13.5 不同年龄和性别组别的俯卧撑测试成绩

	年龄和性别									
	20~29（岁）		30~39（岁）		40~49（岁）		50~59（岁）		60~69（岁）	
	男	女	男	女	男	女	男	女	男	女
优秀	36	30	30	27	25	24	21	21	18	17
优良	35	29	29	26	24	23	20	20	17	16
	29	21	22	20	17	15	13	11	11	12
良好	28	20	21	19	16	14	12	10	10	11
	22	15	17	13	13	11	10	7	8	5
一般	21	14	16	12	12	10	9	6	7	4
	17	10	12	8	10	5	7	5	5	2
需要提高	16	9	11	7	9	4	6	1	4	1

来源说明：Canadian Physical Activity, Fitness & Lifestyle Approach: CSEP–Health & Fitness Program's Appraisal and Counselling Strategy, 3rd edition, © 2003. Reprinted with permission from the Canadian Society for Exercise Physiology.

不同年龄范围男性 12 分钟跑的距离（英里）

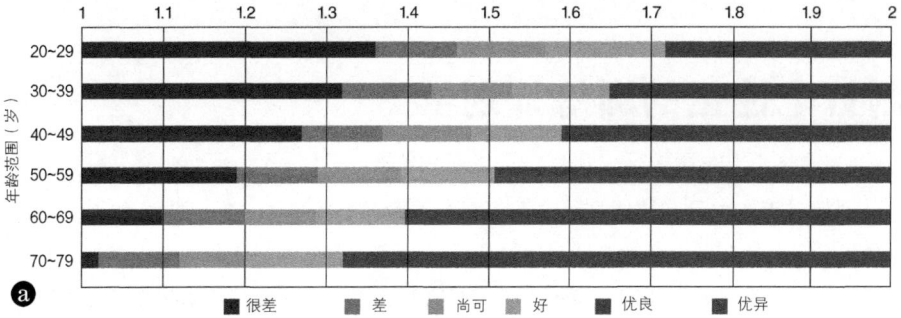

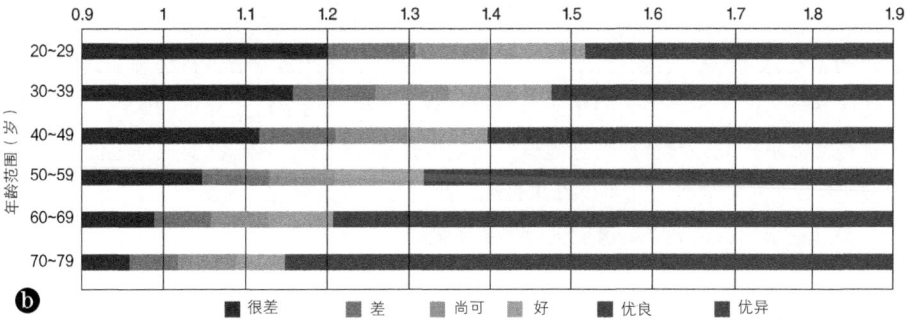

图 13.5　12 分钟跑有氧适能的常模

注：1 英里约为 1.6 千米。

来源说明：*Physical Fitness Assessments and Norms for Adults and Law Enforcement*, by The Cooper Institute, Dallas, Texas.

第 14 章

制订个性化的训练计划

即使对于在力量和体能训练方面都富有经验的教练来说，制订训练计划也是一个挑战。它包括在关键变量之间寻找平衡、坚持确定训练原则和计划组织原则。对于运动员和那些想提高体能的人来说，发展有效的体能需要大量的背景信息。一个体能（力量和身体适应）训练计划，不管使用什么器材，只有适合自己才能起作用。要想获益最大化，必须个性化。这一章就是教你成功地制订个性化的训练计划。

一、计划中的变量

为了制订一个有效的、综合的训练计划，一定要对许多变量进行处理、调控，再成功地整合。这些变量之间的相互作用会对将要产生的结果产生深远的影响。无论你的首要目标是减重，或者是增进健康，抑或者是增强运动表现，都要根据你的需要使这些变量保持平衡。为了使训练结果最优，我们需完全理解这些概念。

设计一个训练计划需要考虑五个主要变量：

1. 强度
2. 量
3. 休息
4. 恢复
5. 肌肉平衡

强度

强度指的是训练的质量和难度。一种练习的强度与量（组数 × 次数）是相反的关系。

高强度的训练周期压力很大，易疲劳，所以你必须减少训练的量，因为疲劳将会限制你的有效重复次数。相比于小强度的周期，在强度大的周期后你需要更多的休息和恢复。

在传统的力量训练中，强度是根据 1RM（一次可以举起的最大重量）的百分比或 RM（能重复举起一定重量的最大次数）来规定的。例如，如果你能最大能以 300 磅（136 千克）的重量进行深蹲，那么以 70% 的 1RM 训练，意味着你将负重 210 磅（95 千克）。另一方面，如果你想以 10RM 训练，你可以用你最多能够举起 10 次的重量进行练习。

以最大强度去训练可提升速度和灵敏性。换言之，通过这种训练方式，运动员可以达到或接近最大速度或爆发力。这些训练的目的是教会训练者如何变得更具爆发力，因此，小于最大强度的训练方式不会增强这种能力。

在间歇训练中，应控制好运动强度，使强度差别不大。需要把精力放在抵抗疲劳效应上的训练模式并不是提高力量、爆发力或最大速度的最有效的训练方式。被挑选出的强度应该会让你以良好的技术或形式完成所需的训练量。

量

训练的量是已完成动作的数量。在力量训练中，量通常是次数与组数的乘积。例如，完成 3 组、每组 10 次的训练产生的量是 30 次。量也可以用时间、距离、跳的次数、抛的次数等方式表现。如 30 秒壶铃摇摆训练、40 米全速冲刺、20 次仰卧卷腹等。

训练的量越大，强度应越小。除了与强度是相反的，量对训练产生的多种适应具有很强的刺激作用。例如较少的量适用于需要很高技巧的练习及速度和爆发力练习。中等的量对肌肉增长有益。更大的量可以加强抵抗疲劳的能力。

休息

休息是指完成每组训练后的时间。较长的休息时间使你能完成更大强度的训练。例如，如果你用大的重量训练一段时间，应该在每组练习后休息 3~5 分钟用来恢复。休息之后每组你可能举起更大的重量。休息对训练的转移能力也很重要。例如从事的项目中每次运动后通常有 10~20 秒的休息时间，你可以将这些时间加入你所设计的训练计划中。

在间歇训练中，休息时间对训练的难度有很大影响。参考表 14.1 的简单方案。这两个方案都包括相同的练习动作、循环次数和训练量。不同的是在方案 A 中训练者每次练习之后休息 15 秒，而在方案 B 中不休息。结果是，在完成方案 A 时，训练者能举起比方案 B 中更重的壶铃并且疲劳感较轻。

表 14.1 练习动作之间休息时间的效果

	方案 A	方案 B
循环训练 （壶铃）	壶铃双手摆动（25千克） 平板支撑 壶铃单手摆动（右）（15千克） 平板支撑 壶铃单手摆动（左）（15千克） 平板支撑 壶铃高脚杯深蹲（25千克） 平板支撑 壶铃硬拉（25千克） 平板支撑 壶铃俯卧撑 平板支撑 壶铃俯卧划船（右）（15千克） 平板支撑 壶铃俯卧划船（左）（15千克）	壶铃双手摆动（20千克） 平板支撑 壶铃单手摆动（右）（10千克） 平板支撑 壶铃单手摆动（左）（10千克） 平板支撑 壶铃高脚杯深蹲（20千克） 平板支撑 壶铃硬拉（20千克） 平板支撑 壶铃俯卧撑 平板支撑 壶铃俯卧划船（右）（10千克） 平板支撑 壶铃俯卧划船（左）（10千克）
持续时间（秒）练习动作	30	30
间歇时间（秒）练习动作	15	0
循环次数	3	3

恢复

恢复是指两个训练期之间的时间。因为超量恢复在这个时间段产生，所以这段时间很重要。不充分的恢复最终可能导致过度训练和受伤。虽然可以天天练，但要注意安排好训练计划，不要连续两天训练相同的肌肉、身体能力和素质。

表14.2是两个简单的一周训练计划。方案 A 中，周一是下半身力量训练和高翻，周二是全速冲刺训练，周三进行快速伸缩复合训练，周四则是下半身力量训练和高抓，周五再做全速冲刺训练。表面上这个计划分配地很合理，实际上它每天都包含了大量的下肢力量练习，不利于训练后的恢复。

在表14.2中，方案 B 则使用不同的方法。周一是使用大重量的全身力量训练，周二将精力放在爆发力训练上，周三休息，周四进行下半身力量与全速冲刺的结合训练，周五进行上肢力量训练、被有序的组织以壶铃训练和核心训练来发展体能。这样安排使身体有机会得到恢复。

训练需要使肌肉和供能系统有机会得到恢复。总之，遵循48小时规律是有好处的（48小时规律是指：一个肌肉或肌群的两次训练要间隔48小时）。

为了使恢复概念化，表14.3描述了供能系统、运动素质和训练的关系。某些类型的训练在本质上针对的是同一能量系统，而且需要相同的运动素质。例如，力量、爆发力、加速度、最大速度，甚至灵敏训练都是紧密联系的，是可以放在一起考虑的。另一方面，肌肉力量训练、速度耐力训练和体能训练应综合考虑。例如，力量和加速度练习是互补的，但力量和速度耐力则不互补。

表 14.2　不完全恢复（A）与完全恢复（B）的训练方案

	周一	周二	周三
方案 A	高翻，3×（3~6）×（60%~70%） 杠铃深蹲，3×（8~12）× （70%~80%） 箭步蹲，3×（12~15）每条腿 罗马尼亚硬拉，3×（8~12） 反向腿弯举，3×（12~15）	冲刺跑，5×5 米 冲刺跑，5×20 米 跳，5×20 米	纵跳，10 次 跳箱，10 次 立定跳远，10 次 跨栏跳，3×10 米
	周四	**周五**	
	抓举，3×（3~6）×（60%~70%） 前蹲，3×（4~6）×（70%~80%） 分腿蹲，3×（12~15）每条腿 负重躬身，3×（8~12） 背起，3×（12~15）	冲刺训练（从动作开始到下一个冲刺开始的时间，以秒为单位） 1×10（5） 1×20（10） 1×40（20） 1×60（30） 1×100（40） 1×100（40） 1×60（30） 1×40（20） 1×20（10） 1×10	

	周一	周二	周三
方案 B	背起，3×（3~6）×（80%~90%） 罗马尼亚硬拉，3×（3~6） 卧推，3×（3~6）×（80%~90%） 俯身杠铃划船，3×（3~6） 肩上推举，3×（3~6）	抓举，3×（3~6）×（60%~70%） 高翻，3×（3~6）×（60%~70%） 高翻式拉起，3×（3~6）× （60%~70%） 纵跳，10 次 拳击跳，10 次 立定跳远，10 次 跨栏跳，3×10 米	休息
	周四	**周五**	
	前蹲，3×（4~6）×（70%~80%） 分腿蹲，3×（12~15）每条腿 负重躬身，3×（8~12） 背起，3×（12~15） 冲刺跑，5×5 米 冲刺跑，5×20 米 跳，5×20 米	壶铃卧推，3×（12~15） 俯卧撑，3×最大次数 壶铃肩上推，3×（12~15） 肱二头肌和肱三头肌练习，3×（12~15）每边 循环（30 秒训练，15 秒休息，重复 3 分钟） 双手壶铃摇摆 平板支撑 单手壶铃摇摆（右） 平板支撑 单手壶铃摇摆（左） 平板支撑 壶铃高脚杯深蹲 平板支撑 壶铃硬拉 平板支撑 壶铃俯卧撑 平板支撑 壶铃俯卧划船（右） 平板支撑 壶铃俯卧划船（左）	

肌肉平衡

　　肌肉平衡与许多重要的概念有关。第一，不管是何种类型或目的训练，都要将关节周围的肌肉都训练到。无视这点会造成关节周围肌肉失衡，进而导致运动损伤。例如，你用 TRX 完成一个胸推的练习，那么为了平衡肌肉，也要用 TRX 完成一个拉的

表 14.3　各种训练类型的特征

素质	量	强度	供能系统	注意
力量	低	高	ATP-CP 系统	全力
爆发力	低	高	ATP-CP 系统	着重动作速度
增肌	中	中	ATP-CP 系统、糖酵解系统	组间不完全恢复
体能	中到高	低到中	糖酵解系统、有氧氧化系统	组间不完全恢复
加速度	低	高	ATP-CP 系统	技术、全力
最大速率	中	高	ATP-CP 系统、糖酵解系统	技术、全力
速度耐力	高	中到高	糖酵解系统	组间不完全恢复
灵敏	低到高	中	ATP-CP 系统、糖酵解系统	技术、全力

练习（例如划船）。

第二，在相反动作的练习中，你应该完成相等的组数。例如，如果你完成了3组推的练习，那你相应地要完成3组拉的练习。这些方法可以预防身体一侧肌肉过度增长。

第三，这些概念同样适用于非传统的例子中，而并不仅限于力量房的训练。例如，如果你将推雪橇作为练习，在练习推之后，也要花些时间做拉雪橇的练习。

二、训练原则

任何一个成功的体能训练都是以个性化原则、特异性原则、连续性原则和超负荷原则为基础的。用这些基础的训练原则可以确保一个计划的安全性和有效性，而训练的安全性和有效性与训练目标和装备的使用无太大关系。如果在训练中不遵循这些原则，不仅会使训练效率降低，而且可能导致受伤。

个性化原则

每个人都是不同的，制定评估训练计划时要将这些不同都考虑进去。任何人都不会有相同的训练目标、相同的起步水平，或许在同一个训练课程里发展也不同。

为了找出训练的原因从而引入个性化概念，这个原因对训练计划的完善有巨大作用。它应该让你做出任何有关训练计划的决定。这个原因决定了你的强度、量和训练频率，甚至决定练习形式和标准。不幸的是，大多数人并没有将它的重要性考虑在内，都是直接跳过这一步直接进入练习计划的环节。不能确定训练的原因将导致训练计划杂乱无章，而无序的计划最终可能导致训练结果不理想或失败。

需要提到的另一个重要信息是，你目前的力量处于什么水平和你想要获得多大程度的提高。要先知道自己处于什么层次，然后才能设计最佳方法去达到目标。在已经确定具体的训练目标后，下一步就是考虑从哪里开始你的健身之旅和你将要达到什么程度。以上这些信息都驱动着你前进。

特异性原则

特异性训练原则是指你得到在训练中得到的东西，也就是身体对承受的期望所产生的适应。如果你没有完成已经计划好的训练或避开了实在的训练价值，这样是不能提高的。例如，完成一些全速冲刺可能提高你 40 码（约 36.6 米）短跑的成绩，但不会增加你的卧推力量。特异性要求考虑诸多因素，如肌肉、用到的动作、供能系统以及在许多情况下完成特定运动所需的速度等。

例如，假设你要提高卧推力量，练习的部位包括胸部、肩部和肱三头肌。训练能使你的卧推力量和最大力量增加。随着你举起的重量增加，每个举起动作的速度会下降。表 14.4 显示在卧推过程中，许多导致失败的原因都与胸肌、肩三角肌或肱三头肌的力量有关。

表 14.5 中是关于如何处理每种卧推中存在问题的例子。通过关注具体动作模式和这种练习动作所用到的肌群来解决此类问题。如，尽管许多练习都是加强肱三头肌的力量，但我们仍要挑选一些练习动作去完成卧推中需要的特定的推举动作。

表 14.4　卧推涉及的肌肉和常见的失败原因

	放下阶段	推起阶段
主动肌	背阔肌、三角肌后束、肱二头肌	胸大肌、三角肌前束、肱三头肌
拮抗肌	胸大肌、三角肌前束、肱三头肌	背阔肌、三角肌后束、肱二头肌
稳定肌	三角肌中束、肩袖	三角肌中束、肩袖
动作速度	缓慢并控制	缓慢并控制
常见问题	杠铃运动轨迹前后位移 放下速度太快	推起时，杠铃不在胸肌正上方 双臂伸展不平衡 过中点无力继续上举

表 14.5　卧推中常见问题的处理

常见问题	解决方法
放下阶段杠铃轨迹前后位移	用坐姿划船和反握卧推训练加强背阔肌和三角肌后束的力量 用离心卧推强化放下阶段的动作
放下速度太快	用离心卧推或反握卧推强化放下阶段的动作
推起阶段杠铃不在胸上方	用哑铃做平板卧推、下斜卧推和肩上推举来加强胸肌和三角肌前束的力量
推举中双臂伸展不平衡	用哑铃做平板卧推和仰卧推举单独加强每只手臂的力量
过中点无力继续上举	用曲臂支撑、窄握杠铃推举、仰卧推举和毛巾卧推来加强肱三头肌力量

表 14.6 是一个将特异性原则应用于训练计划的例子。在这个例子中，一位运动员想提高自身的卧推力量，但在推举中遇到了问题。这个计划一周进行 2 次训练（周一和周四）。在周一先进行卧推练习，随后用哑铃仰卧推举来锻炼伸肘肌群，用坐姿划船锻炼下降过程中对对肌肉的控制能力，做肩上推举以强化三角肌。需要注意的是，

训练是以中等重复次数并用适当的重量进行的。

表 14.6 采用特异性原则提高卧推能力的计划

按照组数 × 次数 × 强度或重量进行适合的个人训练

周一	周四
卧推，（3~5）×（4~8）（75%~85%） 哑铃仰卧推举，3×（4~8） 坐姿划船，（3~5）×（4~8） 肩上推举，3×（4~8）	仰卧推举，（3~5）×（8~12）（80%~90%） 曲臂支撑，3×（8~12） 俯身划船，3×（8~12） 哑铃肩上推举，3×（8~12）

周四的训练中，将精力集中在肱三头肌。先做仰卧推举，接着是曲臂支撑，然后是俯身划船和哑铃肩上推举。注意，在周四采用中等重复次数来发展肌肉力量。

超负荷原则

超负荷原则是指让身体不断接受来自训练的挑战从而持续从训练中获益。身体的适应性是训练产生效果的原因，也是导致训练进入平台期的原因。因而，我们须找到方法突破平台期，否则将止步不前。

超负荷原则通常通过改变 4 个变量中的一个来加大刺激。我们可以改变强度、量、练习方法或休息的总量，其中的任意一个都对训练难度有很大影响且相互关联。

强度、量、休息和恢复的概念在前文已介绍过了。此处重点说说练习方式。

许多训练者日复一日地使用相似的动作练习模式。稍加变换，就能给肌肉以新鲜感，例如用单手壶铃摇摆代替双手摇摆动作。

表 14.7 列举了调整几个变量的范例，分别是强度、量、休息时间、练习动作。需要注意，所有变量之间都是相关的，"牵一发而动全身"，训练者需要动态调整训练计划。

表 14.7 改变练习变量后的效果

按照组数 × 次数 × 强度或重量进行适合的个人训练

基础练习	改变练习强度	改变练习量	改变休息时间	改变练习动作
颈后深蹲，3×12×240磅(109千克) 箭步蹲，4×12×95磅(43千克)每条腿 罗马尼亚硬拉，3×12×225磅(102千克) GHR（器械腿臀起），3×15 坐姿提踵，3×15×90磅（41千克）	颈后深蹲，3×12×245磅(111千克) 箭步蹲，3×12×105磅(48千克)每条腿 罗马尼亚硬拉，3×12×235磅(107千克) GHR（器械腿臀起），3×12×10磅(4.5千克) 坐姿提踵，3×12×100磅(45千克)	颈后深蹲，3×15×225磅(102千克) 箭步蹲，3×15×80磅(36千克)每条腿 罗马尼亚硬拉，3×15×200磅（91千克） GHR（器械腿臀起），3×18 坐姿提踵，3×18×75磅(34千克)	颈后深蹲，3×12×185磅(102千克) 箭步蹲，3×12×65磅(29千克)每条腿 罗马尼亚硬拉，3×12×165磅(75千克) GHR（器械腿臀起），3×15 坐姿提踵，3×15×65磅(29千克)	颈前深蹲，3×8×185磅(84千克) 分腿蹲，3×12×95磅(43千克) 负重躬身，3×12×95磅(43千克) 俯卧直腿上摆，3×15 站姿提踵，3×15×180磅(82千克)
组间休息2分钟	组间休息2分钟	组间休息2分钟	组间休息30秒	组间休息2分钟

　　表 14.8 表示超负荷原则在间歇训练中的应用，其中包括基本练习。如表中所示，完成基本练习需用约 18 分钟。下一列显示一个训练期中改变壶铃重量和增加蹲起和弓箭步蹲时的重量的例子。第三列是改变训练量的例子（每一种训练的时间都延长）。第四列是对休息时间的调整，可以减少或取消每次练习后的休息。最后一列，是改变练习方法的例子。对于每一次改变，练习的总时间仍保持在 18 分钟。

表 14.8　间歇训练中超负荷原则的运用

基础练习	改变练习强度	改变练习量	改变休息时间	改变练习动作
壶铃双手摆动，30 磅（14 千克） 平板支撑 自重开合跳 壶铃双手摆动，30 磅（14 千克） 平板支撑 自重深蹲 壶铃双手摆动，30 磅（14 千克） 平板支撑 自重弓箭步走 壶铃双手摆动，30 磅（14 千克） 平板支撑 小虫爬	壶铃双手摆动，40 磅（18 千克） 平板支撑 自重开合跳 壶铃双手摆动，40 磅（18 千克） 平板支撑 深蹲，20 磅（9 千克），双手持哑铃 壶铃双手摆动，40 磅（18 千克） 平板支撑 弓箭步走，20 磅（9 千克），双手持哑铃 壶铃双手摆动，40 磅（18 千克） 平板支撑 小虫爬	壶铃双手摆动，30 磅（14 千克） 平板支撑 自重开合跳 壶铃双手摆动，30 磅（14 千克） 平板支撑 自重深蹲 壶铃双手摆动，30 磅（14 千克） 平板支撑 自重弓箭步走 壶铃双手摆动，30 磅（14 千克） 平板支撑 小虫爬	壶铃双手摆动，30 磅（14 千克） 平板支撑 自重开合跳 壶铃双手摆动，30 磅（14 千克） 平板支撑 自重深蹲 壶铃双手摆动，30 磅（14 千克） 平板支撑 自重弓箭步走 壶铃双手摆动，30 磅（14 千克） 平板支撑 小虫爬	壶铃单手摆动，20 磅（9 千克） 平板支撑 重绳下砸训练 壶铃双手摆动，20 磅（9 千克） 平板支撑 壶铃高脚杯深蹲，20 磅（9 千克） 壶铃单手摆动，20 磅（9 千克） 平板支撑 重绳侧滑步下砸 壶铃双手摆动，20 磅（9 千克） 平板支撑 小虫爬
每种练习做 20 秒，休息 10 秒再完成下一种练习，整个循环练习须完成 3 次	每种练习做 20 秒，休息 10 秒再完成下一种练习，整个循环练习须完成 3 次	每种练习做 30 秒，休息 10 秒再完成下一种练习，整个循环练习须完成 3 次	每种练习做 20 秒，不休息直接进行下个练习，整个循环练习须完成 3 次	每种练习做 20 秒，休息 10 秒再完成下一种练习，整个循环练习须完成 3 次

　　当应用超负荷原则时，需要考虑特异性原则，否则可能会强化错误的运动素质和供能系统，南辕北辙。例如，100 个蹲起主要是发展糖酵解供能系统的，可以提高肌肉耐力，而大负重、低数量的蹲起，例如在疲劳之前只做 4 次蹲起，主要发展的是 ATP-CP 供能系统和肌肉力量。所以，如果你的目标是增加蹲起的最大重量，完成一组 4 次的练习而接近肌肉疲劳，将会更有助于提高训练效果。

持续性原则

　　根据超负荷原则，随时间推移继续练习，你必须找到更有难度的训练方法。而持续训练原则告诉我们，在超负荷原则基础上，稳定有序地进行训练，才能使训练更安全、更高效。

　　要实现这个目标需要分为两部分来完成。

　　第一，你需要打下一个良好的基础，为之后严谨的高级练习和训练计划做好关节、骨骼和肌肉上的准备。

第二，在尝试高级练习前培养一定的技术基础。正确合适的技术能保证练习的有效性，也能确保关节在合适的范围内承受负荷。学习正确技术是重要的，因为当你疲劳时，技术通常也可能因为疲劳而发生变化。当技术发生变化时，不仅训练获益减少，而且也增加了受伤的可能性。

无论如何，持续训练都应按部就班地进行。

对运动员来说，大部分的长期训练计划都要经历三个阶段——从实现身体全面健康，到体质状况满足运动需要，再到运动能力达到顶峰。这个过程帮助运动员遵循合适的训练进程。这些观念也可被应用于达到某些别的类型的训练目标中。建立一个合适的基础和培养技术基础，在这些基础上仔细斟酌，用稳定的训练方法是取得成功的关键。

三、按顺序安排好你的训练

训练原则描述的是前期帮助确定实现你目标的过程中某个训练计划是否有效。在一些情况下，所有练习类型和练习周期都要适合更大的统一整体或计划。本章这一部分会提供一些将复杂过程简化的建议，以实现训练模式的正确混合以及计划设计的多样化。

当把你的训练计划放在一起，开始考虑从哪里开始训练，这时候需要平衡两个点。

首先，尽管会有一些特殊情况，但是如果你按照正常的顺序进行训练，这样会早早地解决那些更费精力的问题，最后减少那些更繁重的工作。总的来说，在训练初期（冲刺跑、快速伸缩复合训练或奥林匹克举重），应该首先完成需要速度和爆发力的练习。像壶铃摇摆这种全身练习应该在其后。然后应该做像蹲起或者推的多关节练习。单关节的练习应该放在最后做。

其次，在第一点基础上，你需要将训练计划放在一起以便能优先完成你的目标。你应该先集中所有精力做那些你认为在训练中最重要的事。表 14.8 的左边一栏包含了你可能想要训练的身体素质。

表 14.9 右边的一列表示如果你决定把精力放在体能训练上要做的练习频率。体力训练一周 3 次，是所有素质中最多的。力量、爆发力、速度和灵敏要一周练 1 次。增肌训练与体力训练互补，一周两练。柔韧也相当重要，所以一周练 2 次。如果你觉得在某种程度上应该优先训练灵敏，那么修改一下灵敏训练的频率。

表 14.9 训练中要优先训练的类型

素质	每周训练频率
力量	1
爆发力	1
增肌	2
速度	1
灵敏	1
体力	3
柔韧	2

第 15 章

利用周期训练提升运动表现

为了得到进步，就必须持续训练很长一段时间，并始终坚持第14章所说的原则，包括个性化原则、特异性原则、超负荷原则和连续性原则。你需要在训练中尽量避免过度训练、运动损伤、产生厌倦以及无效的训练。这可以用周期训练来实现。

周期训练是将训练精心分成时间板块进行不同训练的一种方法。这些时间板块系统地操纵所有的运动变量，最大限度地提高运动表现，并减少过度训练和损伤的风险。

问题的关键，在于理解与设计周期训练相关的短期训练的概念，包括一节训练课、一个训练周、一个训练月等。本章将揭开周期训练的面纱，并教你制订周期训练计划。下面是开展周期训练计划的步骤：

■ 组织安排训练计划。
■ 确定每一训练阶段的目标。
■ 计划第一个小周期（月）的详细内容。

组织安排训练计划

周期训练中最大的区块称为大周期，这个区块通常有12个月，但是也可以更长或更短，具体安排要取决于运动员和所参与的项目。大周期通常代表了一个训练高峰，如美式橄榄球运动员的高峰出现在秋季和冬季。其他运动，如田径运动员一年可能不止一个比赛阶段，因此要有不止一个高峰，所以在他的年度训练计划中要有多个大周期。

大周期的训练划分为以下三个主要阶段：

1. 准备期
2. 比赛期
3. 恢复期

准备期用来发展运动员的基本身体素质，这是运动员身体形态朝着运动专项需要而发展的阶段。运动的高峰出现在比赛期。恢复期则从周期内最后一场比赛起算，运动员要通过休息来恢复身体状态。需要注意的是，有的大周期包括所有的三个阶段，而有的则只包括一个或者两个阶段。

训练的三个时期被细分为不同的阶段。准备期包括一般准备阶段（GPP）和专项

准备阶段 (SPP)，前者是通过对身体素质的发展来获取专项所需的身体形态的阶段，后者则由剩余的时间组成，用来发展专项需要的练习。注意，优秀运动员的专项准备阶段（SPP）较长，甚至全部都是专项准备阶段（SPP）。

比赛期也划分为两个代表性的阶段。第一个是赛前阶段，这是专项准备阶段（SPP）与第一个比赛之间的过渡阶段。第二个阶段是竞赛期，即进行比赛时。

恢复期通常只有几周长，所以不细分。

大周期中有小周期，通常是四周长。当然，这个定义并不是绝对的，小周期可长可短，是由运动员参加比赛的赛程决定的。对小周期进行更细的划分称为微周期。微周期通常是一个星期，也可以更长或更短。

图 15.1 展示了一个典型的美国橄榄球运动员的周期训练计划。这个图展示不同月份进行的不同的阶段划分和训练。图中罗马数字代表了小周期，所以小周期 I 是一月，II 是二月，以此类推。值得注意的是五月被划分两个小周期。一月被划分为 a、b、c 三个微周期。我们可以假设运动员要在年底休假，所以花费了时间，所以这个年度训练计划是从一月六日开始。

年度训练计划												
恢复期	准备期							比赛期				
恢复阶段	一般准备阶段				专项准备阶段			赛前阶段	比赛阶段			
一月	二月	三月	四月	五月	六月	七月	八月	九月	十月	十一月	十二月	
I	II	III	IV	V	VI	VII	VIII	IX	X	XI	XII	XIII

周	微周期
第一周	I：a
第二周	I：b
第三周	I：c

图 15.1　美式橄榄球运动员周期训练计划

划分年度训练计划的时间时，我们通常先确定比赛期，然后据此来划分恢复期和准备期。例如图 15.1，比赛从九月到十二月。根据水平情况，在八月进行两次高强度训练，这两次训练是在赛前准备阶段进行的，也是属于比赛期的，所以比赛期是从八月到十二月。

比赛期结束后，运动员需要从训练和比赛的压力中恢复过来。如果没有碗赛和季后赛，一月就是橄榄球运动员的恢复期，这一年的其余部分就是准备期。

根据赛程划分时期后，每个时期又被细分为不同阶段，比赛时期就开始了。我们知道常规赛在九月到十二月举行，这几个月构成竞赛阶段，而八月份则进行模拟比赛训练和训练赛，这属于赛前阶段。

二月到七月组成了六个月的准备，其中大部分的时间都是一般准备阶段（GPP），从二月到五月中旬是一般准备阶段（GPP），剩余的时间为专项准备阶段（SPP）。花费稍多的时间作为一般准备阶段（GPP），意味着在专项准备阶段（SPP）和比赛前要提高运动员的基本素质。专项准备阶段（SPP）应用于身体素质向专项需要的方向发展。

这种方法适用于多种运动，并实现你预想达到的运动目标。但最重要的是，在实施时要从全局考虑计划的整体进程，而不是跳进微小的细节中。本节内容为训练计划的划分，以及训练目标的达成提供了路线图。

确定每一阶段的目标

在周期中，不同阶段（GPP 、SPP 、赛前阶段等）有不同的特点和不同的目标。每个不同的阶段在力量和体能训练时要采用不同的练习动作、运动模式、运动强度和运动量。复杂地说，完成的所有事情都要兼顾运动员的整体平衡发展（训练、休息、比赛）。表 15.1 是一个适用于大多数团队运动项目的各阶段的目标和特点的概览。表 15.2 是一个与之类似的耐力运动项目（例如马拉松）的概览。注意的是，这仅仅是一个例子，你要根据自己每阶段的目标自由选择训练。

尽管练习的类型和间歇训练在整个训练中的作用不同，但是对团队项目的运动员和耐力项目运动员的训练方式有一定相似之处。例如，在一般准备阶段（GPP），团队项目运动员遵循表 15.1 中的程序进行了大量不同的训练。相比之下，在一般准备阶段（GPP），耐力项目运动员在发展基础耐力的同时进行了更高容量的训练和更多的交叉训练（即更一般的训练）。无论如何，这些训练随着时间的推移，都将变得强度更大，与专项结合更密切。

当每一阶段的目标和特点确定后，下一步就是选择各个阶段的训练内容、训练频率、训练量和训练强度，要合理选择这些参数来设计一个详细的训练计划。表 15.3 提供了一个美国橄榄球运动员的范例。

表 15.1　团队项目运动员各阶段的目标和特点

阶段	目标	特点
一般准备阶段	预防损伤 基本运动能力 基本技术	较高运动量 低到中等的强度 一般训练（不与专项结合）
专项准备阶段	基本运动能力 基本技术 提高速度、灵敏、力量和爆发力 与专项结合的运动能力	中到低的运动量 中到高的强度 与运动专项结合进行训练 练习的种类及复杂性增加
赛前阶段	基本运动能力 基本技术 提高速度、灵敏、力量和爆发力 专项技术练习	低运动量 高运动强度 与运动专项结合进行训练 练习的种类及复杂性增加 针对运动员运动表现中的缺陷进行训练
比赛阶段	基本运动能力 基本技术 提高速度、灵敏、力量和爆发力 专项技术练习	低运动量 高运动强度 与运动专项结合进行训练 练习的种类及复杂性增加 针对运动员运动表现中的缺陷进行训练 根据比赛需求降低训练频率
恢复阶段	休息和恢复 基本运动能力	高运动量 低强度 非系统练习 进行与专项无关的练习

表 15.2　耐力项目运动员各阶段的目标和特点

阶段	目标	特点
一般准备阶段	预防损伤 基本运动能力 基本技术	较高运动量 低到中等的强度 长时间、慢速的长距离练习 交叉训练
专项准备阶段	基本运动能力 基本技术 提高速度、灵敏、力量和爆发力 与专项结合的运动能力	中到高的运动量 中到高的强度 一些间歇训练 最大力量训练和爆发力训练 与运动专项结合进行训练 针对运动员运动表现中的缺陷进行训练
赛前阶段	基本运动能力 基本技术 提高速度、灵敏、力量和爆发力 专项技术练习	中到高的运动量 高运动强度 间歇训练 与运动专项结合进行训练 针对运动员运动表现中的缺陷进行训练
比赛阶段	基本运动能力 基本技术 提高速度、灵敏、力量和爆发力 专项技术练习	中运动量 高运动强度 与运动专项结合进行训练 练习的种类及复杂性增加 针对运动员运动表现中的缺陷进行训练 根据比赛需求降低训练频率
恢复阶段	休息和恢复 基本运动能力	中到低的运动量 低强度 交叉训练 进行与专项无关的练习

表 15.3　美式橄榄球运动员的整体训练周期与训练目标的范例

阶段	力量	速度	灵敏	爆发力	体能
一般准备阶段	每周 3~4 次 （3~5）× （12~15）× （60% ~70%） 深蹲 伸髋 推 拉	每周 1~2 次 （3~5）× （10~40）米 技术练习	每周 1~2 次 技术练习	每周 1~2 次 3×（4~6）× （60% ~70%） 奥林匹克举重：悬垂翻、悬垂提拉和挺举 10~20 次跳跃练习：纵跳，立定跳远，单腿跳	每周 2 次 15~20 分钟 壶铃 重绳 自重 悬吊
专项准备阶段	每周 4~5 次 （3~5）× （4~12）× （70% ~90%） 深蹲 伸髋 推 拉	每周 1~2 次 （3~5）× （10~60）米 技术练习 步频练习	每周 1~2 次 技术练习 具体位置练习	每周 1~2 次 3×（4~6）× （60% ~70%） 奥林匹克举重：悬垂翻、悬垂提拉和挺举 20~30 次跳跃练习：纵跳，立定跳远，跳箱，单腿跳	每周 2 次 15~20 分钟 壶铃 重绳 自重 悬吊
赛前阶段	每周 3 次 （3~5）× （4~12）× （70%~90%） 深蹲 伸髋 推 拉	每周 1~2 次 （3~5）× （10~60）米 技术练习 步长练习 抗阻力起跑	每周 2~3 次 技术练习 具体位置练习	每周 1~2 次 3×（4~6）× （60% ~70%） 奥林匹克举重：悬垂翻、悬垂提拉和挺举 20~30 次跳跃练习：纵跳、立定跳远、跳箱、单腿跳	每周 2 次 15~20 分钟壶铃 重绳 自重 悬吊
比赛阶段	每周 3 次 （3~5）× （4~12）× （70% ~90%） 深蹲 伸髋 推 拉	每周 1 次 （3~5）× （10~60）米 技术练习 步频练习 抗阻力起跑	每周 2~3 次 技术练习 具体位置练习	每周 1 次 3×（4~6）× （60% ~70%） 奥林匹克举重：悬垂翻、悬垂提拉和挺举 20~30 次跳跃练习：纵跳、立定跳远、跳箱、单腿跳	根据实际需求安排
恢复阶段		每周 1~2 次 技术练习	每周 1~2 次 技术练习		每周 3~5 次 15~20 分钟 壶铃 重绳 自重 悬吊

在一般准备阶段（GPP），力量训练的目标在于提高运动员的基本身体素质。这意味着进行较低重量、较高数量的基础练习。在专项准备阶段（SPP），每周力量训练的次数有所增加，强度也有所增加，在专项准备阶段（SPP）发展运动员的肌肉，使其变得更强壮，更具爆发性。在赛前和比赛期，目标是通过每周 3 次的力量训练，保持肌肉力量和肌肉围度。

在一般准备阶段（GPP）和专项准备阶段（SPP）时，每周进行 1~2 次的速度、灵敏训练。在开始时用低运动量来学习动作并获得预期的身体形态，并通过增加运动量来推进到专项准备阶段（SPP）。随着时间的推移，训练会变得更复杂、更具有场上位置特征。

爆发力训练的重点在于把奥林匹克举重动作和快速伸缩复合训练相结合。因为爆发力训练的重点在于快速移动，运动量和运动强度并不能真正改变进行奥林匹克举重的能力。另一方面，随着年度训练计划的推进，运动量和快速伸缩复合训练的方式也随之改变。

赛前阶段的体能训练是每周进行 2 次。它在比赛期间不进行，除非运动员在这方面很欠缺。需要注意的是，体能训练在恢复期是最主要的训练内容。

下面的例子展示了如何组织年度训练计划，决定各个阶段的目标，通过目标来安排训练计划。提前对主要组成部分进行时间规划，才能有效地确保以一种平衡的方式来实现计划。建立好计划的坚固结构，要从大局出发，才能对不可预见的情况或损伤做出及时的调整。

第一个小周期的详细计划

通过组织训练计划和制定每个时间板块的目标来设计你的周期训练大纲。关键是，你要坐下来去写整个周期计划。虽然这是个具有创造性的训练，但也可能是一个错误。人不是电子表格。每个人的训练都有自己的方式，而且，即使是最周全的周期构成都会受到无法预测或控制的实际情况的影响。那么，坐下来设计第一个小周期的具体内容就会显得格外明智，因为三步计划已经完成了两步，你就只需要完成剩下的一步，就是设计小周期计划。

图 15.2 使用了前面提到的图和表中的年度训练计划来进行举例。代表性的第一个微周期在一般准备阶段，训练的意图在于发展运动员的基本身体素质。力量训练每周进行 4 次。运动的强度是低强度（60% 的强度），运动量是从中等到大运动量。速度、灵敏以及爆发力训练是为了将这些素质熟悉并引入比赛中。体能训练是每周进行 2 次。

图 15.3 展示了一个小周期的训练计划的全部内容。前三周的练习较为困难，第四周是测试周，第五周通过降低强度来进行恢复。本图展示了在小周期训练过程中，力量、速度、灵敏、爆发力以及体能训练的变化。

当运动员的小周期进行到一半时，就是该坐下来计划下一个小周期的详细内容的时候了。在年度训练计划中，小周期应该反复地进行。

年度训练计划											
恢复期	准备期						比赛期				
恢复阶段	一般准备阶段			专项准备阶段			赛前阶段	比赛阶段			
一月	二月	三月	四月	五月	六月	七月	八月	九月	十月	十一月	十二月
I	II	III	IV	V	VI	VII	VIII	IX	X	XI	XII　XIII

周	微周期
第一周	I: a
第二周	I: b
第三周	I: c
第四周	I: d
第五周	I: e

I: a	周一	周二	周三	周四	周五	周六	周日
力量	颈后深蹲，3×15×60% 罗马尼亚硬拉，3×15 平板卧推，3×15×60% 俯身划船，3×15 站姿预前推举，3×15	膝上高翻，3×6×60% 悬垂提拉，3×6×60% 挺举，3×6×60%	无	颈前深蹲，3×12×60% 分腿蹲，3×12/每条腿 负重躬身，3×12 俯卧直腿上摆，3×12	斜板卧推，3×12 引体向上，3×最大 三角肌外展/三角肌俯身飞鸟超级组，3×12/每一侧 肱二头肌/肱三头肌超级组，3×12/每侧	无	无
速度	技术练习，10分钟 站立式起跑，3×10米	无	无	技术练习，10分钟 站立式起跑，3×40米	无	无	无
灵敏	技术练习，10分钟	无	无	技术练习，10分钟	无	无	无
爆发力	无	纵跳10次 立定跳远10次	无	无	无	无	无
体能	无	无	壶铃/重绳 15~20分钟	无	自重/悬吊 15~20分钟	无	无

图 15.2　一个为期一年的周期训练计划模板

	II: a				II: b				II: c				II: d				II: e			
力量	M	T	R	F	M	T	R	F	M	T	R	F	M	T	R	F	M	T	R	F
	3×15 ×60%	3×6 ×60%	3×12 ×60%	3×12	3×15 ×60%	3×6 ×60%	3×12 ×60%	3×12	3×15 ×60%	3×6 ×60%	3×12 ×60%	3×12	最大	最大	最大	最大	3×15 ×60%	3×6× 60%	3×12 ×60%	3×12
速度	M		R		M		R		M		R		M		R		M		R	
	3×10米		3×40米		4×10米		4×40米		5×10米		5×40米		20米测试		60米测试		5×10米		5×40米	
灵敏	同上				同上				同上				同上				同上			
爆发力	20次跳跃练习				25次跳跃练习				30次跳跃练习				测试：VJ,SLJ				30次跳跃练习			
体能	同上				同上				同上				同上				同上			

图 15.3　第二个小周期计划

注：M=周一；T=周二；R=周四；F=周五。

第四部分

间歇训练的
高效方案

第 16 章

力量与爆发力训练

　　力量是指对物体施加作用力的能力。你越强壮，就越能施加更多的作用力。力量是运动能力的重要组成，它对于冲刺、灵敏性、投掷、搏击和击打等运动表现是必需的。

　　爆发力被认为是快速施加作用力的能力。它不仅是你能施加多少作用力，而且是你能用多快的速度去做。例如，你需要强壮的双腿和核心区来打棒球，但如果你不能足够快速地挥棒，那么不利于提高运动表现。

　　力量和爆发力一般是体育和生活的基本能力。力量代表一个人产生作用力的上限。它是一种特性，可以用来移动物体、保持姿势，冲刺，跳跃，投掷，变向，对不断变化的环境作出反应，并执行日常任务。爆发力，很大程度上取决于力量。在某种程度上，有更大力量的运动员有更多增强爆发力的潜力。在各种运动中，多种爆发性练习可以增强力量和爆发力。当一个运动员更强壮时，一些类型的爆发力训练是更有效的。换句话说，力量和爆发力训练是相辅相成的。

如何进行力量和爆发力训练

　　大量的工具可以用于训练力量，如杠铃、哑铃、壶铃和大力士训练工具（如石头、原木、轮胎）等。当进行力量训练时，重点是多关节运动、大重量、低次数及组间的完全恢复。通常情况下，当进行力量训练时，我们每次训练进行 3~5 组，每组重复次数不多于 8 次，至少 80% 最大重量，每组训练之后，允许 2~3 分钟恢复。

　　可以使用以下两种训练方式中的一种来组织力量训练。第一种，力量训练可以围绕改善某种具体的举法进行，表 16.1 展示了一个一周力量训练计划的范例，这项训练计划主要包括以下三种练习：深蹲、卧推和硬拉。在这个计划中，两天集中练习卧推和深蹲，而另一天针对硬拉。每个列入训练的动作都是为了帮助提高上举力量。举重运动员及正在进行大量训练但不参加某个具体运动项目的练习者使用这种训练方式。

　　第二种，也可以使用全身的运动训练来发展力量。表 16.2 展示了一个全身力量训练计划范例。这种类型的训练常见于运动员，这种训练也会使用标准的力量练习方式。在训练期间，几乎身体的每个肌肉都会被锻炼到。运动员经常使用这种方式锻炼，由于他们往往要锻炼不止一处的肌肉，因此每一个训练环节分配的时间有限。

表 16.1　改善专项上举能力的周训练计划范例

第1天	第2天	第3天	第4天	第5天	第6天
颈后深蹲，3×（4~8）×（80%~90%）四分之一蹲，3×（2~6）×（100%~120%）负重躬身，3×（4~8）背起，3×（8~12）提踵，3×（12~15）	卧推，3×（4~8）×（80%~90%）哑铃卧推，3×（4~8）地面卧推，3×（4~8）×（90%~110%）坐姿划船，3×（4~8）	硬拉，3×（2~6）×（80%~90%）膝上硬拉，3×（2~6）×（100%~120%）罗马尼亚硬拉，3×（4~8）俯卧直腿上摆，3×（12~15）	休息	颈前深蹲，3×（4~8）×（70%~80%）离心式下蹲，3×（2~6）×（60%~70%）背起，3×（8~12）提踵，3×（12~15）	顶板卧推，3×（4~8）×（80%~90%）地面哑铃卧推，3×（4~8）曲臂支撑，3×（4~8）俯身划船，3×（4~8）

表 16.2　全身力量训练计划范例

练习或上举	组数 × 重复次数	强度
颈后深蹲	3×（4~8）	80%~90%
罗马尼亚硬拉	3×（4~8）	
卧推	3×（4~8）	80%~90%
俯身划船	3×（4~8）	
肩上推举	3×（4~8）	

　　使用奥林匹克举重和它的变化形式、快速伸缩复合训练以及爆发性自由重量训练（如跳蹲和快速下蹲）来训练爆发力。爆发力训练的重点在于正确的技术和运动的速度。由此看来，长时间训练累积的疲劳会对训练产生不良的影响，它会使训练效率变得缓慢。训练爆发力，通常一次练习3~5组，每组最多重复6次。每组训练后2~3分钟恢复。这类练习的负重是最大值的50%~70%。

　　爆发力训练可以用多个方式。一种方法是将它整合到力量训练中去。这样做，应该是在爆发力练习的开始阶段。他们也可以被独立训练（例如，奥林匹克举重训练或快速伸缩复合训练）。表16.3提供了组织爆发力训练的各种范例。

表 16.3　爆发力训练计划范例

方法	综合性爆发力训练	奥林匹克举重训练	快速伸缩复合训练
训练方案	高翻，3×（4~6）×（60%~70%）高拉，3×（4~6）×（70%~80%）颈后深蹲，3×（4~8）×（80%~90%）罗马尼亚硬拉，3×（4~8）提踵，3×（12~15）	高抓，3×（2~4）×（60%~70%）高翻+箭步上挺，3×（3+2）×（70%~80%）	蹲跳，10次跳箱，10次立定跳远，10次跨栏跳，3×5码（4.6米）

　　在运动员的训练中，奥林匹克举重结合力量训练和独立的快速伸缩复合式爆发力训练，并不罕见。训练侧重于单一的素质也是常见的。表16.4展示了使用这两种方法

训练爆发力的范例。这两种极限的方法对于爆发力训练是有效的。因为力量和爆发力这两种身体素质是相互关联的，都是成功的运动表现的关键，运动员既要重视力量，又要重视爆发力，这样才能取得成功。

表 16.4 整合性与单一快速伸缩复合式爆发力训练范例

	周一	周二	周三	周四	周五
整合性爆发力训练范例	高翻，3×（4~6）×（60%~70%） 高拉，3×（4~6）×（70%~80%） 背蹲，3×（4~8）×（80%~90%） 罗马尼亚硬拉，3×（4~8）	抛药球，10 次 药球胸前传球，10 次 卧推，3×（4~8）×（80%~90%） 俯身划船，3×（4~8） 肩上推举，3×（4~8）	休息	高抓，3×（3~4）×（60%~70%） 跳箱，10 次 跨栏跳，3×5 码（4.6米） 颈前深蹲，3×（4~8）×（70%~80%） 负重躬身，3×（4~8）	挺举，3×（4~6）×（60%~70%） 地面卧推，3×（4~8）×（70%~80%） 引体向上，3×（4~8） 肩上推举，3×（4~8）
单一爆发力训练范例	颈后深蹲，3×（4~8）×（80%~90%） 罗马尼亚硬拉，3×（4~8） 卧推，3×（4~8）×（80%~90%） 俯身划船，3×（4~8） 肩上推举，3×（4~8）	高抓，3×（3~4）×（60%~70%） 高翻＋箭步挺，3×（3+2）×（60%~70%） 高拉，3×（4~6）×（70%~80%）	休息	颈前深蹲，3×（4~8）×（70%~80%） 负重躬身，3×（4~8） 上斜卧推，3×（4~8） 引体向上，3×（4~8） 肩上推举，3×（4~8）	蹲跳，10 次 跳箱，10 次 立定跳远，10 次 跨栏跳，3×5 码（4.6米）

力量和爆发力训练的局限性

对于运动员的成功来说，虽然力量和爆发力训练必不可少，是日常生活中的重要活动和有趣的训练方法，但是在训练之前应考虑几个相关问题，包括关节磨损、收益递减和受伤风险等。

对关节的磨损 人们举重物或试图迅速移动时，关节压力就会增加，成为薄弱环节。下背部、膝盖、手肘和肩部在力量和爆发力训练中可能会受伤。为了减少这些风险，训练者在进行快速运动和爆发性训练之前需要掌握良好的技术和发展良好的身体基础。

收益递减 当人们力量和爆发力的发挥接近其遗传潜能时，收益将变得越来越困难。我们不得不花更多的时间和更多精力，才能取得进步。如果我们接近遗传潜力，训练损伤的可能性就会增加。另外，当运动员拥有高水平的力量和爆发力后，将注意力集中在发展身体的薄弱环节上，例如灵活性和敏捷性，可能会更有益。总之，虽然力量和爆发力训练是非常有益的，但是他们必须与其他形式的训练平衡。

错误可能导致损伤 爆发力训练必须快速进行。例如，完成一个高翻或高抓仅需几秒，没有时间来进行调整和纠正技术的错误。而错误可能导致伤害，执行这些练习时避免疲劳是非常重要的。因此，爆发力训练应该在训练你开始时，在肌肉变得明显疲劳之前进行。

整合性间歇训练的指南

描述力量和爆发力训练的潜在好处和不同训练方法必须与它们的局限性一起被评估。当要尝试将间歇训练整合到力量和爆发力训练方案时，以下几个事项必须牢记于心。

避免施加到磨损的关节上 因为力量和爆发力训练可以对关节产生压力，间歇训练应平衡这一点。做到这一点最好的办法是避免提供相似压力的运动方式。例如，壮汉训练、负重雪橇训练和壶铃训练提供相似的关节压力，那么这些作为间歇训练，在力量和爆发力训练期间就应该避免；相反，自重训练、悬吊训练、药球训练、重绳训练和沙袋训练等比较合适。

避免使用力量和爆发力训练进行间歇训练 如前面所述，许多练习并不宽容错误，因此必须避免极度疲劳。但训练承受疲劳的能力是间歇训练的目的。因此，奥林匹克举重及快速伸缩复合训练不是好的间歇训练方式。

避免混淆不同训练质量 力量和爆发力代表最大、持续时间短、尽全力。代表一种次极量训练方法，是持续时间长但是休息和恢复时间短的训练。换句话说，它侧重的训练质量完全不同于力量和爆发力训练。因此，它不应该与力量和爆发力在同一天训练。

间歇训练是一种调节和恢复工具 为什么将大强度间歇训练融入到力量和爆发力训练计划中呢？首先，大强度间歇训练是一个爆发性训练工具。在疲劳出现前，使身体做好准备，达到高水平的状态。而力量和爆发力训练不能训练出这种效果。其次，它可以燃烧大量的热量。最后，它还可以作为从严酷的力量和爆发力训练中恢复过来的工具。

训练计划范例

与速度和爆发力训练联系在一起的间歇训练方案将主要集中于悬吊训练、自重训练、药球训练、重绳训练和沙袋训练。与力量和爆发力训练不同的是，间歇训练持续时间长、密度高和休息时间短暂。本章的这部分不仅提出了基础方案，而且整合所有训练方法得到高级方案，这些方案应结合速度和爆发力训练。

表 16.5 显示了三个基本方案，分别结合了自重训练、悬吊训练或重绳训练。每个练习运动 20 秒，每个练习后休息 10 秒。在每个方案中，按顺序进行练习。例如，在重绳训练方案中，进行 20 秒重绳开合跳，休息 10 秒，然后进行下一个练习，重绳双手用力下砸，持续 20 秒。循环 3 次，每组练习之间休息 2 分钟。

表 16.5 整合力量与爆发力的基础间歇训练方案

自重训练方案	悬吊训练方案	重绳训练方案
自重开合跳	悬吊深蹲	重绳开合跳
自重鳄鱼式跨步	悬吊单腿深蹲（右腿）	重绳双手用力下砸
自重快速下蹲	悬吊单腿深蹲（左腿）	重绳单手用力下砸
自重反向弓箭步	悬吊顶髋	重绳交替上下甩动
自重小虫爬	悬吊屈腿	重绳伐木
自重熊爬	悬吊划船	重绳单腿站立伐木（左腿）
自重引体向上	悬吊胸部推	重绳单腿站立伐木（右腿）
自重双杠臂屈伸	悬吊反向飞鸟	重绳旋转
自重俯卧撑	悬吊肱二头肌弯举	重绳顺时针手臂画圈
	悬吊肱三头肌伸展	重绳逆时针手臂画圈

表 16.6 提供了三个高级训练方案，都结合了自重训练、悬吊训练和重绳训练。每个练习运动 30~45 秒，练习之间没有休息。每个方案按顺序进行练习，循环 3 次，每组练习之间休息 2 分钟。只有在掌握了基本练习后，才能尝试这个方案中的高级练习。此外，在进入高级练习之前，应该给设计至少 3 个月的基本训练方案，以奠定一个扎实的训练基础。

表 16.6 整合力量与爆发力的高级间歇训练方案

方案 1	方案 2	方案 3
重绳用力下砸	重绳开合跳	悬吊深蹲
自重鳄鱼式跨步	悬吊深蹲	悬吊单腿深蹲，右侧
悬吊反向弓箭步 右腿	重绳单手用力下砸	悬吊单腿深蹲，左侧
悬吊反向弓箭步 左腿	自重弓箭步走	悬吊顶髋
悬吊屈腿	自重小虫爬	自重小虫爬
自重 引体向上	自重熊爬	悬吊胸部推
悬吊胸部推	悬吊划船	重绳交替上下甩动
重绳顺时针手臂画圈	自重双杠臂屈伸	重绳旋转
重绳逆时针手臂画圈	重绳伐木 右侧	悬吊肱二头肌弯举
	重绳伐木 左侧	悬吊肱三头肌伸展

间歇训练，应该在不进行力量和爆发力训练的日子进行。表 16.7 展示了一个范例，演示如何将这种训练融合到力量和爆发力训练中去。不管你如何构造你的力量和爆发力训练计划，这个训练都会起作用（此表提供的例子来自各种极限运动）。

表 16.7　间歇训练结合力量和爆发力训练方案示例

	周一	周二	周三
综合性训练	高翻，3×（4~6）×（60%~70%） 高拉，3×（4~6）×（70%~80%） 颈后深蹲，3×（4~8）× （80%~90%） 罗马尼亚硬拉，3×（4~8）	药球后抛，10 次 药球胸前传递，10 次 卧推，3×（4~8）×（80%~90%） 俯身划船，3×（4~8） 肩上推举，3×（4~8）	整合力量与爆发力的高级间歇训练方案 1
	周四	**周五**	**周六**
	高抓，3×（3~4）×（60%~70%） 跳箱，10 次 跨栏跳 3×5 码（4.6 米） 颈前深蹲，3×（4~8）× （70%~80%） 负重躬身，3×（4~8）	挺举，3×（4~6）×（60%~70%） 侧卧推举，3×（4~8）× （70%~80%） 引体向上，3×（4~8） 肩上推举，3×（4~8）	整合力量与爆发力的高级间歇训练方案 2
	周一	**周二**	**周三**
独立训练	颈后深蹲，3×（4~8）× （80%~90%）罗马尼亚硬拉， 3×（4~8） 卧推，3×（4~8）×（80%~90%） 俯身划船，3×（4~8） 肩上推举，3×（4~8）	高抓，3×（3~4）×（60%~70%） 高翻 + 箭步上挺，3×（3+2） ×（70%~80%） 高拉，3×（4~6）×（70%~80%）	整合力量与爆发力的高级间歇训练方案 1
	周四	**周五**	**周六**
	颈前深蹲，3×（4~8）× （70%~80%） 负重躬身，3×（4~8） 上斜卧推，3×（4~8） 引体向上，3×（4~8） 肩上推举，3×（4~8）	蹲跳，10 次 跳箱，10 次 立定跳远，10 次 跨栏跳，3×5 码（4.6 米）	整合力量与爆发力的高级间歇训练方案 2

长期训练计划

　　本章的其余部分讲述如何将包括间歇训练在内的力量和爆发力训练划分周期，以第 15 章所述的美式橄榄球球员为例。图 16.1 显示一名运动员的训练周期。赛季是八月至十二月，一月是恢复期，二月至七月是准备期。

年度训练计划												
恢复期	准备期						比赛期					
恢复阶段	一般准备阶段				专项准备阶段		赛前阶段	比赛阶段				
一月	二月	三月	四月	五月	六月	七月	八月	九月	十月	十一月	十二月	
I	II	III	IV	V	VI	VII	VIII	IX	X	XI	XII	XIII

图 16.1　一个美式橄榄球运动员长年训练大周期的范例

　　我们所专注的运动员是一名进攻前锋。要在此位置取得成功，他需要身体强壮且有强大的爆发力，能够快速移动一小段距离。练习通常持续几秒，每次练习后休息 20~30 秒。这名运动员的力量和体能方案为着重提高最大力量，提高爆发力，提高短跑的速度和灵敏性，在比赛开始前四分之一阶段，发展保持这些素质的能力。

表 16.8　在训练周期中每个阶段的训练目标和练习方式

时期	训练目标	训练方式
一般准备阶段	增加肌肉质量	多关节练习
	增强力量	多关节练习
	增强爆发力	奥林匹克举重
	速度和灵敏基础	技术练习 短距离冲刺
	体能基础	自重训练 悬吊训练 药球训练 沙袋训练 重绳训练
专项准备阶段	保持肌肉质量	多关节练习
	增强肌肉力量	多关节练习 用弹力带和铁链进行对抗练习
	增强爆发力	奥林匹克举重 快速伸缩复合训练
	场上位置专项性速度和灵敏训练	技术练习 短距离冲刺 模式训练
	专项体能	自重训练 悬吊训练 药球训练 沙袋训练 重绳训练
赛前阶段	保持肌肉质量	多关节练习
	保持或增强肌肉力量	多关节练习 用弹力带和铁链进行对抗练习
	增强爆发力	奥林匹克举重 快速伸缩复合训练
	场上位置专项性速度和灵敏训练	技术练习 短距离冲刺 模式训练
	保持体能	自重训练 悬吊训练 药球训练 沙袋训练 重绳训练
比赛阶段	保持肌肉质量	多关节练习
	保持肌肉力量	复合训练
	保持爆发力	复合训练
	场上位置专项性速度和灵敏训练	模式训练
	保持体能	自由练习
恢复阶段	体能	自重训练 悬吊训练 药球训练 沙袋训练 壶铃训练 重绳训练

　　表 16.8 显示了每一阶段的训练目标并描述实现这些目标的练习方式。一般准备阶段主要侧重于开发运动员的基础。这意味着需要做多关节练习和奥林匹克举重练习、技术练习和体能训练。专项准备阶段继续上述练习并且将弹力带和铁链纳入力量训练

方案中，快速伸缩复合训练作为一种发展爆发力的方法，场上位置专项性技术练习用来练习速度和灵敏。在比赛期间，将通过复杂的训练（力量训练和爆发力训练相结合）来保持力量和爆发力，并强调场上位置专项性速度和灵敏训练。恢复期训练有很多种类，主要是由使用多种器材的体能训练组成。

表 16.9 显示了每个训练阶段不同训练方式的训练量和训练强度。不同阶段训练量和训练强度的变化反映了不同阶段的重点。需要注意的是：速度、灵敏和快速伸缩复合训练应始终处于高强度中。

本章接下来将讲述大周期中每个阶段的详细训练方案，以展示如何将间歇训练融入力量及爆发力训练计划中。

一般准备阶段

表 16.10 是一个橄榄球运动员大周期中一般准备阶段的训练方案范例。运动员的训练按一周七天进行。因为这个阶段是在非赛季的早期，所以并没有橄榄球练习。在周一，运动员训练的重点是提高最大力量。在这个阶段，这一天是每周训练中训练强度最大的一天。在表 16.10 的训练方案中，力量和爆发力训练的训练强度范围为70%~80%。周一主要是速度和灵敏训练，重点是短距离和最大强度。

表 16.9　间歇训练每个阶段不同训练方式的训练量和强度

时期	训练方式	量、强度
一般准备阶段	多关节练习 奥林匹克举重 速度和灵敏训练 体力训练	中等、中等 低、中等 低、高 中等、中等
专项准备阶段	多关节练习 奥林匹克举重 快速伸缩复合训练 速度和灵敏训练 体力训练	低、高 低、中等 低、高 低、高 中等、中等
赛前阶段	多关节练习 奥林匹克举重 快速伸缩复合训练 速度和灵敏训练 体力训练	低、高 低、中等 低、高 中等、高 低、中等
比赛阶段	多关节练习 奥林匹克举重 快速伸缩复合训练 速度和灵敏训练 体力训练	低、高 低、高 低、高 低、高 无
恢复阶段	多关节练习 奥林匹克举重 快速伸缩复合训练 速度和灵敏训练 体力训练	无 无 无 无 高、中等

表 16.10 美式橄榄球运动员大周期中一般准备阶段的训练方案范例

	周一	周二	周三	周四
力量训练	颈后深蹲，3×（6~10）×（70%~80%） 罗马尼亚硬拉，3×（6~10） 卧推，3×（6~10）×（70%~80%） 俯身划船，3×（6~10） 肩上推举，3×（6~10）	无	无	颈前深蹲，3×（6~10）×（60%~70%）
增肌训练	无	无	无	箭步蹲，3×（12~15）每条腿 负重躬身，3×（12~15） 背起，3×（12~15）
爆发力训练	无	高翻，悬吊，3×（4~6）×60% 高拉，悬吊，3×（4~6）×70% 挺举，3×（4~6）×60%	无	无
速度和灵敏训练	技术练习 站立式起跑，3×10 米	无	无	技术练习 站立式起跑，3×40 米
体力训练	无	无	自重和悬吊循环训练，10~15 个练习动作，每个动作练习 20 秒后休息 10 秒	无

	周五		周六	周日
爆发力训练	无		无	无
增肌训练	哑铃卧推，3×（12~15） 超级组：曲臂支撑和引体向上，3× 最大次数 哑铃单臂划船，3×（12~15） 超级组：哑铃侧平举和坐姿哑铃侧平举，3×（12~15） 超级组：肱二头肌和肱三头肌练习，3×（12~15）		无	无
爆发力训练	无		无	无
速度和灵敏训练	无		无	无
体力训练	药球和重绳循环训练，10~15 个练习动作，每个动作练习 20 秒后休息 10 秒		无	自重、药球和重绳循环训练，10~15 个练习动作，每个动作练习 45 秒后休息 15 秒

周二集中训练爆发力。在一般准备阶段早期，唯一进行的力量训练涉及奥林匹克举重相关练习。练习强度相对较低（60%），所以，运动员可以专注于技术和动作速度。

周三几乎是一个休息日，只包含一个 20 分钟的体力训练。选定的练习是为了尽量减少对关节的压力。这个训练有助于提高运动员的代谢并充当积极恢复训练。

在周四，运动员使用颈前深蹲训练以增加下肢力量。另外，一些多关节练习用于提高肌肉围度。在这一天还进行了速度和灵敏训练。重点是以大强度进行长距离冲刺训练和技术练习。

周五的训练内容包括专注于进行上半身增肌的力量训练。此外，这是本周的第二个体力训练。这次训练涉及药球和重绳训练。

周六是一个完整的休息日。周日进行本周的第三次体力训练，运动员使用许多器械进行体力训练。这既是一个体力训练，也是一个积极恢复训练。

从所有这些训练中可以看到，重点是运动员的全面发展。一般准备阶段后期，运动员将会变得更强壮、更具爆发性，速度更快和更敏捷，并且会打下坚实的技术基础。请注意，重点是（每周三次）使用间歇训练来训练体力。

专项准备阶段

表 16.11 显示 3 个大周期中专项准备阶段的训练方案范例。在某些方面，训练与一般准备阶段的训练方式类似。周一进行大量力量训练。速度和灵敏训练比前一时期使用更多的器械。周二集中训练爆发力，但又纳入了快速伸缩复合训练。

周三是一个体力训练日。主要的区别是间歇训练变得比一般准备阶段更加困难了。花在每个练习上的时间有所增加，基本去掉了休息时间，运动员需要重复几次训练。

特殊准备阶段的第一次重大变化发生在周四，这是第二次大强度力量训练，因为力量的发展是这一阶段训练的重点。此外，速度和灵敏训练增加了更多的练习，并开始发展场上位置专项性灵敏练习。

周五进行第二次爆发力训练。抓举和其辅助练习结合使用。此外，快速伸缩复合训练纳入这个训练。

周六，一周的最后一个训练日，仍然进行体力训练。与周三的训练相似，跟前一阶段的训练相比较，这次间歇训练需要花费更多时间。

赛前阶段

训练在赛前阶段发生变化，因为运动员也需要练习他的专项运动技能。更多的时间被用来进行专项运动训练，所以较少的时间是可用于其他方面的训练。因此，训练的组织方式和准备阶段不同。此外，要强调在这一阶段的变化。例如，更多的时间用于速度和灵敏练习，更少的时间花在体力训练上。表 16.12 提供 3 个大周期中赛前阶段的训练方案范例。

力量训练强度比之前几个阶段更大。周一和周五的重点是提高或维持最大力量。这两天也需要进行速度和灵敏训练，但关注的更多的是场上位置专项性速度和灵敏练习。

周二、周四和周日是休息日。周三集中进行爆发力训练以及速度和灵敏训练。奥林匹克举重及快速伸缩复合训练被用于爆发力训练。速度和灵敏训练的重点是场上位置专项性练习。

周六是一个体力训练日。选择这一天的原因是，周六通常是运动员相互竞争的日子，所以有难度的体力训练将有助于大脑和身体为这项活动做准备。

表 16.11　大周期中特殊准备阶段的训练方案范例

	周一	周二	周三	周四
力量训练	颈后深蹲, 3×（4~8）×（75%~85%） 罗马尼亚硬拉, 3×（4~8） 卧推, 3×（4~8）×（75%~85%） 俯身划船, 3×（4~8） 肩上推举, 3×（4~8）	无	无	颈前深蹲, 3×（4~8）×（75%~85%） 硬拉, 3×（4~8） 上斜卧推, 3×（4~8） 哑铃单臂划船, 每侧 3×（4~8） 哑铃肩上推举, 3×（4~8）
增肌训练	无	无	无	无
爆发力训练	无	高翻, 悬吊, 3×（4~6）×60% 高拉, 悬吊, 3×（4~6）×60% 挺举, 3×（4~6）×60% 垂直跳, 10 次 跳箱, 10 次 立定跳远, 10 次 单足跳, 3×10 码（9.1 米）	无	无
速度和灵敏训练	技术练习 加长步幅训练, 3×10 米 站立式起跑, 3×10 米 抗阻力起跑, 3×5 米	无	无	技术练习 站立式起跑, 3×40 米 蛙跳, 3×20 米 场上位置专项性灵敏训练, 15~20 分钟
体力训练	无	无	自重和悬吊循环训练, 10~15 个练习动作, 每个动作练习 30 秒, 每个练习后没有休息, 重复 2~3 次	无

	周五	周六	周日
力量训练	无	无	无
增肌训练	无	无	无
爆发力训练	高抓, 悬吊, 3×（4~6）×60% 抓举, 3×（4~6）×60% 实力推, 3×（4~6）×60% 蹲跳, 10 次 跳跃过箱, 10 次 三级跳, 10 次	无	无
速度和灵敏训练	无	无	无
体力训练	无	自重和重绳循环训练, 10~15 个练习动作, 每个动作练习 30 秒, 每个练习后没有休息, 重复 2~3 次	无

表 16.12 大周期中赛前阶段的训练方案范例

	周一	周二	周三	周四
力量训练	颈后深蹲，3×（2~6）×（80%~90%） 硬拉，3×（2~6）×（80%~90%） 上斜卧推，3×（2~6）×（80%~90%） 俯身划船，3×（2~6） 肩上推举，3×（2~6）	无	无	无
增肌训练	无	无	无	无
爆发力训练	无	无	高翻，悬吊，3×（4~6）×60% 高拉，悬吊，3×（4~6）×60% 挺举，3×（4~6）×60% 垂直跳，10次 跳箱，10次 立定跳远，10次 单足跳，3×10码（9.1米）	无
速度和灵敏训练	技术练习 站立式起跑，3×10米 抗阻力起跑，3×5米 场上位置专项性灵敏训练，15~20分钟	无	技术练习 场上位置专项性灵敏训练，45~60分钟	无
体力训练	无	无	无	无

	周五	周六	周日
力量训练	颈前深蹲，3×（2~6）×（80%~90%） 负重躬身，3×（4~8） 哑铃卧推，3×（4~8） 哑铃单臂划船，每侧3×（4~8） 哑铃肩上推举，3×（4~8）	无	无
增肌训练	无	无	无
爆发力训练	无	无	无
速度和灵敏训练	技术练习 站立式起跑，3×40米 蛙跳，3×20米 场上位置专项性灵敏训练，15~20分钟	无	无
体力训练	无	自重、沙袋和悬吊循环训练，10~15个练习动作，每个动作练习30秒，每个练习后没有休息，重复2~3次	无

比赛阶段

运动员在赛季中训练会有所改变。在赛季中，运动员可能在进行专项训练，或是在进行比赛及在比赛的途中。运动员必须从这些活动中恢复过来。这些都是比力量和体能训练更重要的。因此，这个阶段的力量和体能训练将会减少。教练必须找到一种创造性的方式使运动员有更多可用的训练时间。

表 16.13 提供 3 个大周期中比赛阶段的训练方案范例。这个周期的假设是运动员在周六进行比赛。在周一和周三，力量和爆发力训练相结合，使用了复合训练。复合训练是结合大强度力量训练和快速动作的训练。例如，在周一运动员进行一组高强度深蹲，然后做 10 次蹲跳。这种方法可以保持力量和爆发力，并高效地利用可用的时间。

周一和周三进行速度和灵敏训练。重点是场上位置专项性速度和灵敏训练。能够快速移动身体做出最好的表现是运动员在赛季中最重要的事。这种训练能很好地适应他的专项练习。

周五是另一种速度和灵敏训练。这个训练是灵活的，可能取决于行程。如果团队需要将周五作为一个旅行日，那么这周就不会训练。如果团队是在主场，那么将会进行这个训练。

在比赛阶段，一般不进行体力训练，除非它是运动员的弱点。训练与比赛之间，运动员应该能获得足够多的运动，去维持他的体力。如果他没有，这项工作可以在周二或周四进行。

表 16.13   美式橄榄球运动员大周期中比赛阶段的训练方案示例

	周一	周二	周三	周四
力量和爆发力训练	高拉和高翻，3×（4+3）×70% 颈后深蹲和蹲跳，3×（3~5）×（80%~90%）+10 次跳 罗马尼亚硬拉，3×（6~10） 卧推和药球胸前传递，3×（3~5）×（80%~90%）+5 次投 俯身划船和药球后抛，3×（6~10）+10 次投	无	抓举和高抓，3×（4+3）×70% 颈前深蹲和跳箱，3×（3~5）×（80%~90%）+5 次跳 负重躬身和立定跳远，3×（6~10）+5 次跳 上斜卧推和击掌俯卧撑，3×（6~10）+10 次俯卧撑 引体向上和药球胸前传递，3× 最大次数 +10 次投	无
增肌训练	无	无	无	无
速度和灵敏训练	技术练习 抗阻力起跑，3×5 米 场上位置专项性灵敏训练，45~60 分钟	无	技术练习 蛙跳，3×20 米 场上位置专项性灵敏训练，45~60 分钟	无
体力训练	无	无	无	无
	周五		**周六**	**周日**
力量和爆发力训练	无		无	无
增肌训练	无		无	无
速度和灵敏训练	无		无	无
体力训练	技术练习 站立式起跑，3×10 米 场上位置专项性灵敏训练，15~20 分钟		无	无

恢复阶段

恢复阶段是积极休息和恢复的阶段。运动员的身体可能会从刚刚结束的艰苦比赛中恢复过来。即便如此，我们也不想运动员失去体型，失去经过努力获得的体力。所以可以集中做间歇训练来保持体力。表 16.14 展示了一个恢复阶段维持体力的训练方案范例。每次训练将持续 30~45 分钟。

表 16.14　美式橄榄球运动员大周期中恢复阶段的训练方案范例

	周一	周二	周三	周四
力量训练	无	无	无	无
增肌训练	无	无	无	无
爆发力训练	无	无	无	无
速度和灵敏训练	无	无	无	无
体力训练	壶铃和重绳循环训练, 10~15 个练习动作, 每个动作练习 45 秒后休息 15 秒, 重复 2~3 次		药球和自重循环训练, 10~15 个练习动作, 每个动作练习 45 秒后休息 15 秒, 重复 2~3 次	

	周五	周六	周日
力量训练	无	无	无
增肌训练	无	无	无
爆发力训练	无	无	无
速度和灵敏训练	无	无	无
体力训练	悬吊和沙袋循环训练, 10~15 个练习动作, 每个动作练习 45 秒后休息 15 秒, 重复 2~3 次	无	无

第 17 章

速度训练

速度素质可以严重影响一个团队对运动员的选择、运动寿命以及收入潜力。

在本书中，速度指的是一个运动员可以跑多快。对于一个田径运动员，一个短跑有三个阶段，包括加速阶段，最大速度阶段和速度耐力阶段，每个阶段的训练也是不同的。

几乎在每一项运动中，速度都是成功的基础。在比赛中，运动员可以通过速度打败对手。它让运动员可以穿过后卫。也可以让后卫追到拿球的人。如果一个运动员够快，速度可以弥补运动员所犯的一些错误。例如，一个快速的棒球选手如果失误，造成一个滚地球，仍然可以通过速度阻止球移动并赢得比赛。

怎样进行速度训练

速度训练时需要使用正确的技术，并尽最大的努力，还要记住它的目标是学习怎样才能跑得更快。这些要求对怎样训练速度素质也是很有意义的。首先，你需要用接近全速的速度进行训练。目标是学习怎样才能跑得更快。慢跑只会强化慢跑的能力，它不能强化快跑的能力。其次，在每次冲刺阶段后需要完全恢复，不然会有很显著的疲劳，这将会导致你跑得更慢，并改变你原有的跑步方式。最后，使用任何运动方式或工具都需要集中训练良好的奔跑技术。若技术走形，就可能会使速度降低，甚至导致受伤。本章接下来将介绍速度训练中所涉及的变量及使用的各种工具。

变量

以下几个相互关联的变量在速度训练中起作用，即距离、训练量、强度、休息和恢复。

除田径以外，很少有运动要求运动员在一个完美的直线上跑那么远。我们需要考虑专项特点，不同的距离训练有不同的冲刺阶段，不同阶段的冲刺需要不同的技术。例如，10~15 米的运动距离，集中训练加速度，然而更长的距离则侧重于训练最大速度的技术。因此训练的距离应该和运动的要求相适应。

与其他形式的训练一样，训练量指的是工作总量。特别是速度训练，多并不意味着好。过多的量会导致疲劳、技术落后和动作缓慢。因此，田径运动员在一项单独训练课中很少运动到超过 1000 米。一般来说，速度训练中不超过 200 米的训练量集中在加速和最大速度训练课程。速度耐力训练在一个训练课程中最高可达到 500~600 米。

在速度训练中，强度是指你正在运行的速度。简单地说，如果你想从运动中获利，你在速度训练中要尽可能跑得快。请记住这一点，为了有效的速度训练，运动强度要接近 100%。这样以来，所有的速度训练课程都是从高强度进行的，这使得良好的技术和足够的休息变得更加重要。

在速度训练中，要想使训练效果更好就要求强度高、技术好且跑得快。要达到这些要求需要在每一次冲刺训练后完全恢复。短距离冲刺（5~10 米）通常需要 30~60 秒的恢复，但更长的冲刺（60~100 米）需要 3~5 分钟，超长冲刺（500 米以上）需要恢复时间高达 10 分钟。

工具

有多种方法可以用于速度训练。根据训练的目标，确定哪些工具可以使用，以及如何使用。速度训练项目包括冲刺、协助冲刺、抗阻冲刺和步长练习。

冲刺

要想精通冲刺，你必须多加练习。对于大多数运动员，冲刺训练在速度训练中比其他项目更加有用。运动员必须正确地使用最大强度，并在每一次冲刺训练后保持足够的休息时间。

协助冲刺

协助冲刺允许运动员以快于自身正常的速度跑动。例如，在训练时可以被较快的工具拖拽，在高速度的跑步机上锻炼或在下坡路上训练。协助冲刺训练的目的在于使四肢和神经系统知道怎样高速奔跑，这样便可在无助力冲刺中提高速度，从而使运动员获得更快的速度。借助协助冲刺，技术是非常重要的。运行速度过快会导致技术变形，从而导致不良技术习惯的发展。因此，如果不能掌控良好的技巧，速度最好慢下来。

抗阻冲刺

抗阻冲刺与协助冲刺相反，它会使冲刺运动更加困难。它通过让运动员对抗不同类型的外部负荷，达到训练的目的。例如跑步时背负一个阻力伞，拖着沉重的东西，推一个雪橇，跑上坡等。在理论上，外部负荷要求运动员调动更多的运动单位和肌纤维进行冲刺。这些额外的运动单位和肌纤维会引起摩擦并使冲刺更快。过多的阻力会导致技术变形，因此，建议施加的阻力不应使运动员的速度减慢超过 10%。

步长练习

能够有更大的步长能让你更快地到达某个地方。步长练习重点在前几步或以最大速度跑步。这些训练包括设置一些障碍（如微型障碍或一个速度的阶梯），来指示你在哪移动脚步。设置障碍的目的是为了使距离进一步增加，迫使你采用更大的步幅。

这种练习必须谨慎地进行。因为过大的步幅会产生相反的结果。如果你发现自己在做这些练习时向后倾斜，说明你的步伐太大了。

速度训练的局限性

如同每一个训练工具一样，速度训练都有其局限性，所以你需要采用其他的练习和训练方法来克服它们。一个合适的训练可以克服这些限制。速度训练的局限性在于它不是具体的运动，而且可以导致受伤。

速度训练通常不是具体的运动 除田径运动员外，很少有运动员可以选择自己的起始位置，然后在一个完美的直线运行，而不必在意对手或球的反应等。对于许多运动，速度训练仅仅是一种基本能力，除非它是与运动专项相结合。

速度训练可能导致受伤 例如，速度训练可导致腘绳肌肌腱和胫骨前肌疼痛。为了防止这些伤害，必须采取预防措施，如慢慢增加训练量度，选择合适的鞋子，在草地上或跑道上跑及加强肌肉力量来保护踝关节和大腿等。

整合性间歇训练的指南

在指导任何一种速度训练项目时，都必须采取谨慎的态度。如果训练方法不得当，对速度的提升与发展会造成消极影响，并且会增加受伤的风险。下列间歇训练指导方法，某种意义上对速度训练能起到潜在提升的作用。

避免使用速度训练的练习方式来进行间歇训练 如果训练目的是为了提高速度，采用间歇训练会起到反作用。如果冲刺训练用在间歇训练与速度提升训练中，将面临两个问题。首先，受伤风险增加，原因是需要进行高强度的冲刺训练。其次，间歇训练使得运动员以较差的运动形式或低于最大速度进行冲刺训练。反而，自重、悬吊、药球、重绳、沙袋、壶铃以及举重训练都是适当的。

间歇训练应该根据伤病情况来进行 间歇训练可被用于解决与速度训练相关的损伤问题，也可以用来增强小腿以及腘绳肌的肌肉力量。壶铃、沙袋、举重训练及其他锻炼器材（如负重的雪橇）都可以被用来达到上述训练目的。通过在间歇训练中结合这些工具形成的耐力体系也有助于速度训练。

避免混淆不同训练的特性 加速度训练要求短暂的、竭尽全力的努力。最大速度训练要求在最高强度至少持续4~15秒并且进行全面恢复。速度耐力训练要求持续努力直至最后一秒。因此，当同时进行间歇训练和速度训练时，间歇训练应该采用的方式和努力的水平需与速度训练类似。

训练方案范例

表17.1展示了使用自重、悬吊、药球、重绳和壶铃进行速度训练的基础方案范

例。这是一个循环训练计划：依次进行每列中的练习，第一组练习完成后再进行下一组练习，直到完成所有练习，每个动作练习 20~30 秒，每个练习后休息 10~15 秒，每组练习循环 3 次。

在没有进行速度训练的时候，才应进行这种训练，以使其不与速度训练冲突。一个例外是，在同一天，可以进行速度耐力的训练。每一个基础训练课都应该只专注于一个运动模式。

基础训练有以下几个目标。首先，能让你在掌握更舒适的运动模式的同时教你基本技术；其次，发展基本身体素质；最后，借助下肢以及全身的身体活动来预防损伤和提高运动能力。

表 17.2 展示了使用自重、悬吊、药球、重绳和壶铃进行速度训练的高级方案范例。这些方案同样也是循环训练，但训练量更大且更具挑战性。每个动作练习 45~60 秒，得到充分恢复后进行下一个动作。每组练习循环 3 次。

表 17.1 基础的速度训练方案范例

自重	悬吊	药球	重绳	壶铃
自重开合跳	悬吊胸部推	药球下劈	重绳开合跳	壶铃双手摆动
自重熊爬	悬吊深蹲	药球对墙练习	重绳双手用力下砸	壶铃抓举
自重仰卧撑踢腿	悬吊顶髋	药球保加利亚深蹲	重绳旋转	壶铃高脚杯深蹲
自重登山练习	悬吊后弓箭步	药球下砸	重绳交替上下甩动	壶铃硬拉
自重小虫爬	悬吊划船	药球高推	重绳顺、逆时针手臂画圈	壶铃高翻
自重鳄鱼式跨步	悬吊屈腿	药球坐姿转体	重绳拖曳行走	壶铃罗马尼亚硬拉
自重俯卧撑	悬吊屈膝触胸	药球着地跳跃	重绳伐木	
自重剪刀式跨步	悬吊仰卧举腿	药球改进式躯体练习	重绳坐姿后拉	
自重双杠臂屈伸				
自重快速下蹲				
自重引体向上				

表 17.2 高级的速度训练方案范例

方案 1	方案 2	方案 3
重绳双手用力下砸	壶铃双手摆动	悬吊深蹲
悬吊深蹲	药球下劈	壶铃单手摆动
自重原地青蛙蹲跳	重绳单手用力下砸	重绳旋转
悬吊后箭步蹲	壶铃高脚杯深蹲	药球高推
自重快速下蹲	悬吊脚固定单腿蹲	壶铃硬拉
自重静力蹲	重绳伐木	悬吊单腿深蹲
悬吊屈腿	壶铃罗马尼亚硬拉	重绳侧滑步下砸
壶铃过顶深蹲	壶铃过顶弓箭步蹲	药球保加利亚深蹲
悬吊顶髋		

高级训练计划的目的是改善下肢肌肉。这并不意味着它要与速度训练在同一天执行，除非速度训练集中在速度耐力上。这个高级训练计划方案不仅训练下肢肌肉，而且，如果保持高训练量和低强度，也为冲刺跑训练提供了极好的恢复训练计划。

长期训练计划

当考虑将间歇训练整合到一个长期的训练计划中时，你需要理解它是如何与速度训练计划相结合的。本章的其余部分介绍了一个结合了间歇训练的速度训练计划。

速度训练与力量和爆发力训练有很多相似之处，但仍有一些不同的地方。图17.1 提供了一个大学田径运动员的大周期训练范例。第一个主要的区别是比赛的赛季时间会更长。它可以从在室内进行的一月份开始，延长至户外进行的七月份。第二个主要的区别是速度训练不是在一个百分比的基础上进行的。换句话说，我们没有打算以 75% 的最大速度进行训练。速度训练始终是以最大强度进行的。频率，训练量以及训练工具会随着运动员的进步发生改变。间歇训练融入速度训练计划中有助于运动员提高运动表现。表 17.3 强调运动员在速度训练各阶段的目标及练习方式，表17.4 显示了各阶段的训练量和强度。注意：表 17.3 中的练习距离适用于 100 米短跑运动员或跳高运动员。200 米或 400 米的短跑专业选手会有不同的冲刺距离。

一般准备阶段

速度训练的一般准备阶段主要集中在运动员的基础训练。通过集中训练冲刺技术，发展速度耐力以及调节参与冲刺阶段的肌肉来发展这一阶段。一般情况下，训练一般是一周三天，分别集中训练加速度、最大速度和速度耐力。表 17.5 显示了一般准备阶段周训练方案范例。

如表所示，加速度训练、最大速度训练以及速度耐力训练花费的时间是相同的。尽管各方面都进行了训练并提出了肌肉增强训练，但是强度都比较低。以高强度间歇训练的形式每周进行三次体力训练，以保证当需要下半身大量做功时，为运动员整个身体提供更多的能量。

年度训练计划											
恢复期	准备期				比赛期						
恢复阶段	一般准备阶段		专项准备阶段		赛前阶段	比赛阶段					
八月	九月	十月	十一月	十二月	一月	二月	三月	四月	五月	六月	七月
I	II	III	IV	V	VI	VII	VIII	IX	X	XI	XII

图 17.1 一个大学田径运动员的大周期训练范例

表 17.3　一个速度专项运动员的训练目标范例

阶段划分	目标	练习方式
一般准备阶段	基本技术 体能基础 提高加速度 提高最大速度 预防损伤	技术练习 体力训练 速度耐力训练 短距离冲刺 起跑技术练习 水平位置的快速伸缩复合训练 20~40 米冲刺练习 A 到 B 训练 灵敏训练 间歇训练 递增负荷训练
专项准备阶段	基本技术 保持体能基础 提高应用能力 提高加速度 提高最大速度 预防损伤	技术练习 钉鞋冲刺 体力训练 速度耐力训练 快速伸缩复合训练 20 米冲刺练习 起跑技术练习 5~10 米的步长练习 60 米冲刺练习 20~60 米步长练习 灵敏训练 间歇训练 递增负荷训练
赛前阶段	基本技术 基本素质 提高应用能力 提高加速度 提高最大速度 预防损伤 比赛技术	技术练习热身 使用钉鞋 体力训练 根据需求进行速度耐力训练 节奏训练 快速伸缩复合训练 20 米冲刺练习 起跑技术练习 5~10 米步长练习 5~10 米抗阻冲刺练习 60 米冲刺练习 20~80 米步长练习 20~40 米抗阻冲刺 20~40 米协助冲刺 灵敏训练 间歇训练 递增负荷训练
比赛阶段	基本技术 运动高峰 预防损伤	技术练习热身 使用钉鞋 保持加速度以及最大速度，并克服短板 灵敏训练 间歇训练
恢复阶段	体力	自重训练 悬吊训练 药球训练 沙袋训练 壶铃训练 重绳训练

表 17.4　每个训练阶段的训练量和训练强度

阶段划分	训练模式	训练量、训练强度
一般准备阶段	冲刺训练、加速度训练	低、高
	冲刺训练、最大速度训练	低、高
	冲刺训练、速度耐力训练	中、高
	步长练习	无
	协助冲刺	无
	抗阻冲刺	无
	快速伸缩复合训练	低、高
	体力训练	中、中
专项准备阶段	冲刺训练、加速度训练	中、高
	冲刺训练、最大速度训练	中、高
	冲刺训练、速度耐力训练	低、高
	步长练习	低、高
	协助冲刺	无
	抗阻冲刺	低、高
	快速伸缩复合训练	中、高
	体力训练	中、中
赛前准备阶段	冲刺训练、加速度训练	中、高
	冲刺训练、最大速度训练	高、高
	冲刺训练、速度耐力训练	低、高
	步长练习	低、高
	协助冲刺	低、高
	抗阻冲刺	低、高
	快速伸缩复合训练	低、高
	体力训练	低、中
比赛阶段	冲刺训练、加速度训练	高、高
	冲刺训练、最大速度训练	高、高
	冲刺训练、速度耐力训练	低、高
	步长练习	低、高
	协助冲刺	低、高
	抗阻冲刺	低、高
	快速伸缩复合训练	低、高
	体力训练	低、低
恢复阶段	冲刺训练、加速度训练	无
	冲刺训练、最大速度训练	无
	冲刺训练、速度耐力训练	无
	步长练习	无
	协助冲刺	无
	抗阻冲刺	无
	快速伸缩复合训练	无
	体力训练	高、中

专项准备阶段

在专项准备阶段，速度训练的强度和量都有增加。在此期间，周一和周五着重训练加速度，周三训练最大速度，周四训练速度耐力。大强度间歇训练仍然每周 3次，分别在周二、周四和周六。随着练习的进行，练习内容的复杂性也在增加；抗阻冲刺、步长训练以及钉鞋的使用都被纳入训练中。表 17.6 提供了专项准备阶段周训练方案范例。

表 17.5　一般准备阶段周训练方案范例

	周一	周二	周三
技术	每一项进行 2×20 米： 小步跑冲刺 高抬腿冲刺 踢臀跑冲刺 组合冲刺	无	每一项进行 2×20 米： 小步跑冲刺 高抬腿冲刺 踢臀跑冲刺 组合冲刺
加速度	俯身启动，（3~5）×10 米 站立式起跑，（3~5）×10 米	无	无
最大速度	无	无	俯身启动，（3~5）×10 米 站立式起跑，（3~5）×10 米
速度耐力	无	无	无
爆发力	立定跳远，10 次	无	蛙跳，3×20 米
体力	无	循环练习，每个动作练习 45 秒，极短的休息，循环 3 次： 重绳双手用力下砸 悬吊深蹲 自重俯卧撑 自重青蛙原地蹲跳 悬吊后弓箭步 自重引体向上 自重快速下蹲 自重静力蹲 壶铃推举 悬吊屈腿 壶铃过顶深蹲 悬吊顶髋	无

	周四	周五	周六
技术		每一项进行 2×20 米： 小步跑冲刺 高抬腿冲刺 踢臀跑冲刺 组合冲刺	
加速度	无	无	无
最大速度	无	无	无
速度耐力	无	站立式起跑，4×150 米	无
爆发力	无	跨栏，3×20 米	无
体力	循环练习，每个动作练习 45 秒，极短的休息，循环 3 次： 壶铃双手摆动 药球下劈 悬吊胸部推 重绳单手用力下砸 壶铃高脚杯深蹲 悬吊划船 悬吊脚固定单腿蹲 悬吊反向飞鸟 重绳伐木 壶铃罗马尼亚硬拉 壶铃过顶弓箭步蹲	无	循环练习，每个动作练习 45 秒，极短的休息，循环 3 次： 悬吊深蹲 壶铃单手摆动 壶铃俯卧撑 重绳旋转 药球高推 壶铃俯身划船 壶铃硬拉 悬吊脚固定单腿蹲 壶铃推举 重绳侧滑步下砸 药球保加利亚深蹲

表 17.6 专项准备阶段周训练方案范例

	周一	周二	周三
技术	每一项进行 2×20 米： 小步跑冲刺 高抬腿冲刺 踢臀跑冲刺 组合冲刺	无	每一项进行 2×20 米： 小步跑冲刺 高抬腿冲刺 踢臀跑冲刺 组合冲刺
加速度	步长练习，2×5 米 俯身启动，1×20 米 站立式起跑，（3~5）×20 米 蹲踞式起跑，（3~5）×20 米	无	无
最大速度	无	无	步长练习 2×20 米 俯身启动 1×60 米 站姿式起跑 1×60 米 蹲踞式起跑 1×60 米 抗阻冲刺 3×20 米
速度耐力	无	无	无
爆发力	立定跳远，10 次	无	蛙跳，3×20 米
体力	无	循环练习，每个动作练习 45秒，极短的休息，循环 3 次： 重绳双手用力下砸 悬吊深蹲 自重俯卧撑 自重青蛙原地蹲跳 悬吊后弓箭步 自重引体向上 自重快速下蹲 自重静力蹲 壶铃推举 悬吊屈腿 壶铃过顶深蹲 悬吊顶髋	无

	周四	周五	周六
技术	每一项进行 2×20 米： 小步跑冲刺 高抬腿冲刺 踢臀跑冲刺 组合冲刺	每一项进行 2×20 米： 小步跑冲刺 高抬腿冲刺 踢臀跑冲刺 组合冲刺	无
加速度	无	步长练习，3×10 米 抗阻力起跑，3×10 米 蹲踞式起跑，（3~5）×10 米	无
最大速度	无	无	无
速度耐力	站立式起跑，4×200 米	无	无
爆发力	无	跨栏，3×20 米	无
体力	循环练习，每个动作练习 45秒，极短的休息，循环 3 次： 壶铃双手摆动 药球下劈 悬吊胸部推 重绳单手用力下砸 壶铃高脚杯深蹲 悬吊划船 悬吊脚固定单腿蹲 悬吊反向飞鸟 重绳伐木 壶铃罗马尼亚硬拉 壶铃过顶弓箭步蹲	无	循环练习，每个动作练习 45 秒，极短的休息，循环 3 次： 悬吊深蹲 壶铃单手摆动 壶铃俯卧撑 重绳旋转 药球高推 壶铃俯身划船 壶铃硬拉 悬吊脚固定单腿蹲 壶铃推举 重绳侧滑步下砸 药球保加利亚深蹲

赛前阶段

在赛前阶段，运动员每周要进行两次加速度训练和两次最大速度训练。除非速度耐力是弱项，否则是不进行训练的。周一和周三的训练量比较高，周五和周六的训练量比较低。训练的复杂性和距离都有所增加。此外，步长训练、抗阻冲刺以及钉鞋的使用都纳入了训练。由于速度训练比较集中，间歇训练减少到每周两天。

在此期间，运动员可能参加一些主要在周末举行的比赛。当出现这种情况时，训练计划需要相应地进行调整。表 17.7 提供了赛前阶段周训练方案范例。注意：这个周训练计划中未出现比赛。

比赛阶段

任何项目的运动员的比赛阶段都会面临设计计划的挑战。表 17.8 提供了比赛阶段一个速度型运动员的周训练方案范例。表中的训练方案假设了周五在旅途中，周六和周日到达目的地。如果不是这样的话，训练就必须进行相应的调整。

间歇训练减少至每周一次，安排在周三。壶铃训练保持比赛阶段肌肉的质量、力量和爆发力。周一重点训练最大速度，周二着重低强度的加速度训练，周四着重进行另一个最大速度训练（比周一更少的训练量）。

恢复阶段

恢复阶段让速度型运动员从赛季中恢复，并且用几周的时间摆脱速度训练。当不进行速度训练的时候，间歇训练是一种理想的保持运动员状态的训练方法。表 17.9 提供了恢复阶段周训练方案范例。

在这个例子中，运动员在周一、周三和周五进行训练。周一进行本周任务最重的训练，包括壶铃和药球训练。周三进行重绳和悬吊训练。周五进行与自重训练结合的短距离冲刺训练。每个动作练习 30 秒，休息 10~15 秒，之后进行下一个动作。每组练习循环 3 次。

表 17.7　赛前阶段周训练方案范例

	周一	周二	周三
技术	每一项进行 2×20 米： 小步跑冲刺 高抬腿冲刺 踢臀跑冲刺 组合冲刺	无	每一项进行 2×20 米： 小步跑冲刺 高抬腿冲刺 踢臀跑冲刺 组合冲刺
加速度	步长练习，3×5 米 蹲踞式起跑，5×20 米 抗阻力起跑，3×10 米	无	无
最大速度	无	无	步长练习，3×40 米 蹲踞式起跑，3×60 米 抗阻冲刺，3×20 米
速度耐力	无	无	无
爆发力	立定跳远，10 次	无	蛙跳，3×40 米
体力	无	循环练习，每个动作练习 45 秒，极短的休息，循环 3 次： 重绳双手用力下砸 悬吊深蹲 自重俯卧撑 自重青蛙原地蹲跳 悬吊后弓箭步 自重引体向上 自重快速下蹲 自重静力蹲 壶铃推举 悬吊屈腿 壶铃过顶深蹲 悬吊顶髋	无
	周四	周五	周六
技术	无	每一项进行 3×20 米： 小步跑冲刺 高抬腿冲刺 踢臀跑冲刺 组合冲刺	每一项进行 3×20 米： 小步跑冲刺 高抬腿冲刺 踢臀跑冲刺 组合冲刺
加速度	无	蹲踞式起跑，5×20 米	无
最大速度	无	无	蹲踞式起跑，5×40 米
速度耐力	无	无	无
爆发力	无	跨栏，3×20 米	蛙跳，3×20 米
体力	循环练习，每个动作练习 45 秒，极短的休息，循环 3 次： 壶铃双手摆动 药球下劈 悬吊胸部推 重绳单手用力下砸 壶铃高脚杯深蹲 悬吊划船 悬吊脚固定单腿蹲 悬吊反向飞鸟 重绳伐木 壶铃罗马尼亚硬拉 壶铃过顶弓箭步蹲	无	无

表 17.8　比赛阶段周训练方案范例

	周一	周二	周三
技术	每一项进行 3×20 米： 小步跑冲刺 高抬腿冲刺 踢臀跑冲刺 组合冲刺	进行 15~20 分钟灵敏训练	无
加速度	无	蹲踞式起跑，5×20 米	无
最大速度	步长练习，3×40 米 蹲踞式起跑，3×60 米 抗阻冲刺，3×20 米	无	无
速度耐力	无	无	无
爆发力	蛙跳 3×40 米	无	无
体力	无	无	循环练习：每个动作练习 45 秒，极短的休息，循环 3 次： 壶铃双手摆动 药球下劈 悬吊胸部推 重绳单手用力下砸 壶铃高脚杯前蹲 悬吊划船 悬吊腿固定单腿蹲 悬吊反向飞鸟 重绳伐木 壶铃罗马尼亚硬拉 壶铃过顶弓箭步蹲

	周四	周五	周六	周日
技术	每一项进行 3×20 米： 小步跑冲刺 高抬腿冲刺 踢臀跑冲刺 组合冲刺	无	无	无
加速度	无	无	无	无
最大速度	蹲踞式起跑，5×40 米	无	无	无
速度耐力	无	无	无	无
爆发力	跨栏，3×20 米	无	无	无
体力	无	无	无	无

表 17.9　恢复阶段周训练方案范例

	周一	周三	周五
体力	壶铃双手摆动 药球下劈 壶铃抓举（右手） 药球高推 壶铃抓举（左手） 药球保加利亚深蹲 壶铃高脚杯深蹲 药球改进式躯体练习 壶铃硬拉 药球坐姿转体 壶铃俯卧撑 药球对墙练习 壶铃划船 药球坐姿转体 壶铃推举	重绳双手用力下砸 悬吊深蹲 重绳单手用力下砸（右手） 悬吊后弓箭步 重绳单手用力下砸（左手） 悬吊屈腿 重绳伐木 悬吊胸部推 重绳旋转 悬吊划船 重绳顺 / 逆时针手臂画圈 悬吊反向飞鸟 重绳开合跳	自重开合跳 10 米冲刺 自重熊爬 10 米冲刺 自重仰卧撑踢腿 10 米冲刺 自重登山练习 10 米冲刺 自重小虫爬 10 米冲刺 自重鳄鱼式跨步 10 米冲刺 自重俯卧撑 10 米冲刺 自重快速下蹲 10 米冲刺 自重弓箭步走 10 米冲刺

第 18 章

耐力训练

耐力，即长时间维持身体活动的能力。尽管这个概念乍看比较简单，但是不同类型的耐力或多或少会影响运动表现的本质。

例如，当我们提到耐力时，往往会想到从线性方式行进的、持续时间较长且动作重复进行的运动。如游泳、划船、慢跑和自行车这些经典的有氧耐力运动。这些运动需要有氧氧化系统供能，并在一定程度上需要糖酵解系统产生 ATP 为运动供能。

但是耐力对以场地为基础的运动项目的高水平表现也是很重要的。例如，篮球、足球和长曲棍球需要有好的有氧耐力，使球员整场比赛都保持活力。但是与传统的有氧耐力项目不同，这些运动需要运动员去完成在方向和重复间歇速度上的快速改变。运动员用有氧和无氧混合能量系统产生 ATP。

理解这些耐力的不同是非常有必要的，因为长时间有氧耐力训练事实上可能对需要重复冲刺的运动表现产生阻碍。相反，一个只关注于重复冲刺效果或无氧耐力的计划并不会提高全程或者半程马拉松这种长时间耐力项目的表现。如何训练这些形式的耐力是截然不同的。

如何进行耐力训练

对于需要运动员长时间保持动作稳定的运动来说，有氧耐力起到决定性作用，如铁人三项、马拉松、自行车比赛和各种类型越野挑战赛等运动。这些不同类型项目的首要目标，除了享受比赛外，就是在最短的时间内完成固定的距离。由于必须要完成固定的距离，参与者必须采用低强度以便能坚持完成整个赛程。否则，疲劳将会显著地影响运动表现。

有氧代谢能力一般用最大摄氧量（VO_2max）来衡量。然而当一个人达到确定的水平后，最大摄氧量（VO_2max）的进步幅度会变得很小。事实上，维持高比例最大摄氧量（VO_2max）运动的能力比单独用有氧能力更能反映运动表现。当能够以高比例最大摄氧量（VO_2max）水平进行运动且乳酸不大量堆积时，与竞争对手相比就会有明显优势。为了提高这种能力，必须以最大或接近最大的乳酸堆积状态进行训练，或者练习强度保持在最大乳酸堆积与最大乳酸清除持平的强度。这种训练可以用一些方法进行，本章节将对此进行讨论。在最大摄氧量（VO_2max）水平运动的基础上，动作经济性也是影响耐力表现的一个关键因素。技术更好、动作更精准意味着在训练中少浪费能量。

像初学举重一样，要想完成一个具体类型的耐力活动，需要积累一定的练习量，以使动作更高效。

例如，当测试跑步者的最大摄氧量（VO₂max）时，以跑步的方式评估能获得高分；相反，用划船机测试就较难充分发挥跑步者的有氧能力，因为在尝试新动作过程中会浪费许多能量，但可能会达到摄氧量的峰值。这进一步解释了为什么运动专项性对达到运动表现巅峰是非常重要的。在本质上，那些目标是参与具体的耐力项目如半程马拉松（21.0975 千米）的跑者，需用与半程马拉松相似的距离和强度持续练习。此外，其他形式的耐力和抗阻训练以及大强度间歇训练可能会有效地提高有氧耐力表现。但单独地完成抗阻训练或大强度间歇训练对完成一个全程马拉松帮助很小。

相反，当追求增长间歇运动的有氧耐力时，强度应以乳酸阈值或高于乳酸阈值为标准，且训练的侧重点转向发展速度耐力，而不是停留在耐力训练上。这被广泛应用于短时间重复冲刺（3~10 秒）且两组之间间歇较短（10~60 秒）的训练（Bishop et al., 2011；Dawson, 2012；Girard et al., 2011）。这种训练形式主要针对提高运动员在比赛中维持自身最大匀速的能力，或提高平均爆发力峰值和持续比赛的活动能力。除了重复冲刺能力训练，一些体能游戏也是教练员和运动员经常使用的。这些游戏通过模拟比赛环境来帮助运动员发展专项运动所需的身体素质及动作模式。

重复冲刺能力在比赛的后期变得极其重要。随着比赛中疲劳不断积累，运动员身体能力下降。重复冲刺训练有助于最大速度的维持和再生，也有利于提高在冲刺间快速恢复的能力。疲劳也可能妨碍一些需要力量的技术性动作的发挥，因为疲劳的肌肉不能有效地发力。此外，运动员的感知能力、决策能力和关注焦点会因疲劳加剧而降低。

变量

在耐力训练的要求明了后，有必要在训练变量中建立一种细致的平衡。大体上，随强度和活动时间的增加，休息的总量也要增加。训练有素的运动员需要更少的休息，而缺乏训练的运动员在两组训练间则需要更多的时间来恢复。对于大多数人来说，每周 2~5 次耐力训练课即可。每周 5 次以上的耐力训练会增加重复受伤的风险，所以，增加耐力训练课的决定应该建立在基于身体需求和细微调整的评估之上。显而易见，随着训练课增加，这些课的强度要下降，反之亦然。通常，相对于进行有氧耐力训练，进行更多速度耐力训练的人，要完成较少的训练课，以便身体在两次高强度练习之间有充足的恢复。

强度，亦或运动员练习的难度，主要通过目标心率法（THR）及在训练中估计和监测心率的方法进行量化和监测。要计算目标心率（THR），我们必须先确定最大心率（MHR）。用 220 减去运动员年龄可简单地得到这个数字。如，一位 30 岁的运动员的最大心率（MHR）大约为 190 次 / 分（bpm）。如果这位运动员想要用自身估算的最大心率的 80%~85% 进行训练，这位运动员将要执行以下计算：

目标心率为估算最大心率（190bpm）的 80%

$$THR=190 \times 0.80$$

$$THR=152bpm$$

目标心率为估算最大心率（190bpm）的 85%

$$THR=190 \times 0.85$$

$$THR=161.5bpm$$

为训练设定心率范围很有用，运动员可以在训练课的一部分时间内全力以赴训练，而在另一部分时间内稍微放松，而总体心率仍在维持在目标范围之内。运动中的心率可用放置在颈动脉或桡动脉的脉冲装置 10 秒测量然后放大 6 倍估算每分钟心率这种方法测得。例如，如果 10 秒内测得的脉搏（心率）为 27 次，我们可以得到下面的等式：

$$10 \text{ 秒心率} =27bpm$$

$$60 \text{ 秒心率} =27 \times 6$$

$$60 \text{ 秒心率} =162bpm$$

这个数字刚好与最大心率（MHR）的 85% 一致。

许多运动员喜欢用心率监测器来简化控制强度的过程。这些监控设备让使用者能实时了解心率，使在活动过程中维持目标强度变得简单。简单且有效地决定练习强度的方法是用 1~10 的级别来评估训练时表现出的感觉的级别，1 级代表并不难，10 级代表极其困难。例如，8 级的难度反映的强度具体为运动员能做到最大努力的 80%。尽管这个方法不是太精确，但是在一些监测设备无法使用或不便让运动员停下来用设备监测的情况下，用这种方法帮助运动员衡量训练强度会比较贴合实际情况。

概括来说，耐力运动的持续时间和强度是呈反比的关系，这意味着训练课时间越长，就越要用低强度来维持运动。如，以 85%~93% 的目标心率（THR）完成练习，与之相适应的强度为最大乳酸稳态或接近最大乳酸稳态。当用这些强度完成练习时，每组练习时间就相对较短；在 20~30 分钟后，乳酸累积会使运动员难以继续完成练习。用低强度（70%~75%）进行训练，持续的时间就会长一点，经常是几个小时，这取决于运动员的个体运动水平。

强度的选择在很大程度上取决于那些我们想要发展的特殊的能量系统。目标心率（THR）为 85% 以下的较低的强度，往往有利于有氧耐力的适应性；85%~93% 的次最大强度有利于发展糖酵解供能系统，并帮助提高在更高的训练阈值下维持运动的能力。

工具

提高耐力表现可以使用很多方法。这些方法中许多都关注于用处于或接近最大乳酸稳态的强度去提高在高比例最大摄氧量（VO_2max）状态下工作的能力。当然，对于许多团队运动来说，短时间重复爆发能力和高强度冲刺能力可能比长时间维持稳定运动的能力更重要。接下来介绍在这两个领域内提高耐力的一些技术。

长距离慢跑训练

长距离慢跑（long, slow distance, LSD）训练主要被用于提高有氧能力。这种训练形式是以中低强度（目标心率大约在70%~85%之间）完成长时间（远大于30分钟）的运动。尽管由于人们通常仍然会尝试在相当短时间内完成这些距离，长距离慢跑（LSD）这个名字可能有些许不妥当，但这个名字更多地强调强度和持续时间之间的关系——为长时间维持运动，必须使用低强度。训练方式通常是用大腿和髋部的大肌肉群，重复以次大强度（70%~85%）完成远大于15~20分钟的训练。练习有很多选择，包括户外跑步或跑步机；用踏步器、椭圆训练机或划船机；游泳；动感单车；公路或山地自行车等。当然，如之前讨论的那样，大部分训练应该选择最具有专项性的运动，并定期做一些其他形式的有氧训练以减轻重复动作给身体的压力。这种方法能减少受伤或过度训练的风险。

为提高速度耐力或重复冲刺能力，应该采用短时间（低于10秒）高强度（90%~100%）训练，且在每次重复前休息10~60秒，每组间休息2~3分钟。尽管大多数的训练应该侧重于与专项类似的运动（一般为跑步），其他训练方法如混合着高、中、低强度的游戏也可以在进行团队训练中使用。这些游戏可以调节训练模式，也可在完成既定距离、时间和练习－休息比例的传统训练方法后适度休息。

间歇训练

间歇训练包含用高强度完成短时间或中等时长的练习，这个训练方法常被用于提高速度耐力和最大摄氧量（VO$_2$max），并通过提高缓冲乳酸堆积的能力来加强有氧代谢能力。在强度为80%~90%最大强度的训练中，可以安排长一点的休息间歇（2~3分钟）；在强度为80%~90%最大强度的训练中，缩短练习时间（15秒~2分钟）。

随着强度和间歇时间增加，个人用于恢复的时间也需要增加。一般，对于用80%~90%最大强度进行的长时间训练，练习与休息的比例在1：0.5~1：2之间。对于用85%~100%最大强度进行的短时间练习，练习与休息的比例在1：2~1：5之间。这种训练形式可以每周进行1~2次。

法特莱克训练

法特莱克是一个瑞典单词，意思是"速度游戏"。这种类型的训练在训练中人体感觉的基础上，将随机高强度间歇训练和持续训练结合起来。法特莱克训练并不依赖特定的持续时间或强度，相反，运动员在训练课中使用不同的强度组合。如果感觉能够承受更高强度，就加快步伐。当感觉自己不能再维持目前的强度，就降低强度以促进身体恢复。这种非结构化的间歇训练形式对初学者来说是非常有用的，因为它允许初学者能够根据自己目前的体能水平自由调整训练。另外，这种训练能减少长距离慢跑训练和维持稳态训练中的枯燥和单调。

耐力训练的局限性

耐力训练，特别是有氧耐力训练，通常由于活动的长期性和重复性而伴随着重复性应力损伤的高发生率。此外，这些活动最主要是在一个平面上进行的。因此，一些肌肉和肌群经受的训练大大多于其它肌肉或肌群，这更进一步增加肌肉失衡、受伤和运动效率低下的风险。如，自行车运动员坐在车座上保持蹲踞姿势，而肩部绕到前面放在车把上面支撑身体，因而易损伤上下背部的肌肉。反复维持蹲踞姿势可能造成前面的肌肉（胸部肌群、屈髋肌群、股四头肌）过于紧张，使肌肉随着时间的推移而缩短。这些变化也可以影响后部肌群（上下背肌、臀大肌），可能导致腘绳肌紧张、髂胫束综合征及运动能力下降等。之后，这些失衡无论是在训练中还是在休息中，都将导致不正确的姿势并使身体承受极大压力。在许多情况下，这些问题为慢性疼痛和过劳性伤病埋下伏笔。

耐力训练中另一个需要关心的点是选择正确的组合训练内容。速度和力量不足的运动员进行严格的有氧耐力训练，可能造成中间的肌纤维承受更多的慢性抽搐，这会妨碍力量的产生并且降低速度和爆发力，特别是在疲劳的情况下。

整合性间歇训练的指南

当将间歇训练整合进耐力训练计划时，要考虑许多因素。

■ 把间歇训练作为耐力训练的有益补充，而不是忽视它。如果训练的首要目标是提高耐力表现，间歇训练应放在耐力训练课之后进行。否则，疲劳会干扰运动员完成特殊耐力练习的能力，而这种练习正是运动员尝试提高的。如，在跑步之前做大强度间歇训练可能妨碍运动员在规定时间完成练习，因为疲劳在之前已经积累了。

■ 应用间歇训练加强上下肢关节周围的小肌肉群的力量。这种训练使身体更平衡，可以更好地承受在长周期或长距离有氧训练中产生的压力。

■ 把间歇训练用于交叉训练是非常有效的，特别是对于跑步者。跑步对关节的压力要大于其它形式的耐力训练。间歇训练是减少关节重复性损伤及在轻伤康复中保持有氧和无氧能力的最有效的方法。

■ 间歇训练也可以被用于提高有氧耐力和帮助运动员在身体疲劳时持续发挥力量。这跟长途旅行时油箱中加满燃料类似。这种训练也能帮助耐力运动员在踩踏、脚踢或游泳或划船时拉动手臂等动作中发挥力量，而这些都有助于提高动作经济性。

训练计划范例

接下来介绍两个简单的耐力训练计划。第一个计划关于用间歇训练提高有氧耐力项目（如半程马拉松）中的运动表现，第二个计划展示了间歇训练用于间歇性运动（如足球）的范例。这些例子仅用于说明目的；一些基本的概念可被应用于其他相似的运动和活动。

表 18.1 显示了几个基础的计划，这些计划主要使用自重训练、悬吊训练和壶铃训练。每个动作练习 12~15 次，休息 10~20 秒。每组练习按顺序进行，并循环 3 次。

在每个计划中，特别强调上背部力量的提高、髋关节的灵活性、腰椎的动态稳定性和腘绳肌的伸展性。对耐力运动员来说，解决这些问题对预防伤病十分重要。因为这些练习安排在耐力训练计划的初级阶段，练习的强度相对低而练习量相对高一些。随着训练计划的推进和有氧耐力训练量的增加，间歇训练的强度也增加，训练量随之减少。运动员需要大量的时间来完成逐渐增长的长距离训练，这个调整要贯穿整个时间段进行。

开始时，当训练量较低时，间歇训练可与耐力训练在同一天进行。但当训练量增加时，就应在非耐力训练日或在低强度训练日进行间歇训练。如果两个训练课都被安排在同一天进行，那么间歇训练应该被安排在耐力训练之后进行。按照这个顺序训练，确保通过间歇训练产生的疲劳不会干扰优先进行的提高耐力表现的训练。

表 18.2 是使用自重、壶铃、悬吊和沙袋作为阻力的进阶训练计划。与基础训练计划一样，这些练习也是以循环模式进行的，尽管强度更大，训练量更小。在间歇训练中训练量有所下降，目的是在接下来持续增长的耐力训练课中身体能更好地恢复。

与基础计划相似，进阶计划中每个动作练习 8~10 次，尽量少休息或不休息，开始下一个动作。每组练习按顺序进行，循环 2~3 次。

长期训练计划

这部分介绍两个长期耐力训练计划范例。第一个计划主要针对的是长跑运动员（如半程马拉松），第二个计划针对的是足球运动员。前者着重有氧耐力，而后者强调在间歇性运动中的耐力需求。

传统耐力训练的例子：半程马拉松

表 18.3 展示了一个具有代表性的耐力项目——半程马拉松的训练计划范例。这个计划是为每周跑 5~12 英里（8~19 千米）的业余选手设计的。目的是为选手打下良好的健康基础以及减少因重复性运动和距离逐渐增长而带来的常见性损伤。该计划与大

表 18.1　耐力运动员基础间歇训练计划范例

训练课 1	训练课 2	训练课 3
药球保加利亚深蹲 悬吊划船 自重俯卧撑 壶铃单手摆动	壶铃高脚杯深蹲 自重毛毛虫爬 自重俯卧撑 沙袋过头推举	自重侧蹲 壶铃罗马尼亚硬拉 辅助引体向上 自重双杠 / 吊环臂屈伸 自重 30 秒平板支撑
循环练习：每个动作练习12~15次，循环3组，组间间歇几乎没有	循环练习：每个动作练习12~15次，循环3组，组间间歇几乎没有	循环练习：每个动作练习12~15次，循环3组，组间间歇几乎没有

表 18.2　耐力运动员高级间歇训练计划范例

训练课 1	训练课 2	训练课 3
悬吊划船 自重俯卧撑 壶铃单手摆动 药球书写	药球多角度下蹲 自重小虫爬 壶铃罗马尼亚硬拉 自重鳄鱼式跨步 自重俯卧撑 自重双杠臂屈伸	药球保加利亚深蹲 壶铃罗马尼亚硬拉 壶铃俯身划船 壶铃推举 60 秒侧撑
循环练习：每个动作练习 8~10 次，循环 3 组，组间间歇几乎没有	循环练习：每个动作练习 8~10 次，循环 3 组，组间间歇几乎没有	循环练习：每个动作练习 8~10 次，循环 3 组，组间间歇几乎没有

部分的半程马拉松式不同，因为它更强调跑步的质量而不仅仅是跑动距离的增加。事实上，该计划只需要每周投入 2~3 天的训练。在这个计划中，力量训练和间歇训练在交叉训练和康复训练方面发挥重要作用。

一般准备阶段

一般准备阶段（1~4 周）的主要目的是训练心肺功能，使身体能为接下来更加残酷而紧张的训练阶段做好准备。前三周仅有两天的跑步训练，主要训练课程是间歇训练。这些训练会帮助减少肌肉酸痛以及提高肌肉总体适应和平衡能力。在长跑中，随着距离和训练强度的增加，机体会承受更大的压力。在这个阶段，提高特定的肌肉特征，如耐力和整体力量可以缓解这种压力。除此之外，较好的肌肉耐力可以帮助减少由持续时间增加、肌肉疲劳而引起的代偿和技术层面的不足。更进一步地讲，如果机体维持稳定的肌肉和支撑结构的力量更强，那么地面对机体的每一步能够有更多的反作用力，从而促使每一步的步幅更大。这个进步是绝对的，因为速度是由步幅和步频所决定。

基础性的间歇训练在这个阶段需要被重视。当跑步训练量低的时候，那么运动员应该着重每周进行一次间歇训练和两次抗阻训练。每次的训练中，每个练习重复12次，每组练习重复 2~3 次。在一般准备阶段，间歇训练应该在两个跑步训练日之间进行或在跑步训练日之后进行（不要在长距离跑步训练当天进行）。表 18.4 列出了在一般准备阶段进行两周抗阻训练的范例。这个阶段训练的目标是让机体有较好的身体素质基础，能够适应在整个训练过程中会强加于身体的各种压力。

特殊准备阶段

在这个阶段（5~19 周）跑步训练从一周两次增加到三次。此外，随着每次跑步持续时间的增加，机体开始产生忍耐力和毅力为更长的训练课程做好准备。在第 12 周的时候，间歇训练和法特莱克训练被纳入短距离跑步训练计划中，被用于训练速度耐力。就这点而言，随着耐氧能力的确立，在更长的训练周期中能够让机体最大摄氧量的利用率更高。这些间歇性训练持续时间为 30~60 秒，具体取决于所选的强度。

表 18.3　半马训练计划范例

周		练习	强度	目标距离或时间
第 1 周	第 1 天	跑	70%~80%	2.4 千米
	第 2 天	间歇训练（表 18.1 中，训练课 1）	70%~80%	20 分钟
	第 3 天	跑	60%~70%	4.8 千米
第 2 周	第 1 天	跑	70%~80%	2.4 千米
	第 2 天	间歇训练（表 18.1 中，训练课 2）	80%~90%	20 分钟
	第 3 天	跑	60%~70%	4.8 千米
第 3 周	第 1 天	跑	70%~75%	3.2 千米
	第 2 天	间歇训练（表 18.1 中，训练课 3）	80%~90%	20~25 分钟
	第 3 天	跑	60%~70%	5.6 千米
第 4 周	第 1 天	跑	70%~75%	1.6 千米
	第 2 天	间歇训练（表 18.1 中，训练课 1）	60%~70%	20 分钟
	第 3 天	跑	60%~65%	4.8 千米
第 5 周	第 1 天	跑	70%~80%	5.2 千米
	第 2 天	跑 间歇训练（表 18.2 中，训练课 1）	80%~85%	1.6 千米或 20 分钟
	第 3 天	跑	60%~70%	6.4 千米
第 6 周	第 1 天	跑	70%~80%	5.6 千米
	第 2 天	跑 间歇训练（表 18.2 中，训练课 2）	80%~85%	2.4 千米或 20~25 分钟
	第 3 天	跑	60%~70%	7.2 千米
第 7 周	第 1 天	跑	70%~80%	5.6 千米
	第 2 天	跑	80%~85%	3.2 千米或 15~20 分钟
	第 3 天	跑	60%~70%	8 千米

续表

周		练习	强度	目标距离或时间
第 8 周	第 1 天	跑 间歇训练（表 18.2 中，训练课 3）	70%~80%	4 千米
	第 2 天	跑	70%~80%	5.6 千米或 10 分钟
	第 3 天	跑	70%~80%	7.2 千米
第 9 周	第 1 天	跑 间歇训练（表 18.2 中，训练课 2）	60%~70%	4.8 千米
	第 2 天	跑	75%~80%	5.6 千米
	第 3 天	跑	60%~65%	9.7 千米
第 10 周	第 1 天	跑 间歇训练（表 18.2 中，训练课 2）	60%~70%	4 千米
	第 2 天	跑	75%~80%	5.6 千米
	第 3 天	跑	60%~65%	10.5 千米
第 11 周	第 1 天	跑 间歇训练，（表 18.2 中，训练课 3）	70%~80%	4.8 千米
	第 2 天	跑	75%~80%	5.6 千米
	第 3 天	跑	60%~65%	10.5 千米
第 12 周	第 1 天	跑（间歇或法特莱克） 间歇训练（表 18.2 中，训练课 1）	70%~80% 间歇（80%~90%）	4.8 千米
	第 2 天	跑	70%~80%	6.4 千米
	第 3 天	跑	60%~65%	10.5 千米
第 13 周	第 1 天	跑（间歇或法特莱克） 间歇训练（表 18.2 中，训练课 2）	70%~80% 间歇（80%~90%）	4.8 千米
	第 2 天	跑	75%~80%	6.4 千米
	第 3 天	跑	60%~65%	11.3 千米
第 14 周	第 1 天	跑（间歇或法特莱克）	75%~80% 间歇（80%~90%）	4.8 千米
	第 2 天	跑 间歇训练（表 18.2 中，训练课 2）	75%~80%	4.8 千米
	第 3 天	跑	60%~65%	12.1 千米
第 15 周	第 1 天	跑（间歇或法特莱克） 间歇训练（表 18.2 中，训练课 3）	70%~80% 间歇（80%~90%）	4.8 千米
	第 2 天	跑 间歇训练（表 18.2 中，训练课 1）	70%~80%	6.4 千米
	第 3 天	跑	70%~80%	12.9 千米
第 16 周	第 1 天	跑 间歇训练（表 18.2 中，训练课 1）	65%~70%	6.4 千米
	第 2 天	跑（间歇或法特莱克）	75%~80% 间歇（80%~90%）	6.4 千米
	第 3 天	跑	65%~75%	14.5 千米

续表

周		练习	强度	目标距离或时间
第17周	第1天	跑	65%~75%	8千米
	第2天	跑（间歇或法特莱克）	75%~80% 间歇（80%~90%）	4.8千米
	第3天	跑	65%~75%	15.3千米
第18周	第1天	跑	70%~80%	6.4千米
	第2天	跑（间歇或法特莱克）	75%~80% 间歇（80%~90%）	6.4千米
	第3天	跑	65%~75%	12.9千米
第19周	第1天	跑	70%~80%	6.4千米
	第2天	跑	70%~80%	6.4千米
	第3天	跑	65%~75%	16.9千米
第20周	第1天	跑（间歇或法特莱克）	75%~80% 间歇（80%~90%）	6.4千米
	第2天	跑	75%~80%	9.7千米
	第3天	跑	70%~80%	9.7千米
第21周	第1天	跑	75%~85%	6.4千米
	第2天	跑	80%~85%	3.2千米
	第3天	跑	比赛	

表 18.4　两周抗阻训练计划范例（一般准备阶段）

第1周	
第1天	**第2天**
杠铃后蹲，2×（10~12） 杠铃卧推，2×（10~12） 拉脱维亚高拉，2×（10~12） 杠铃罗马尼亚硬拉，2×（10~12） 悬垂举腿，2×10 负重背伸，2×10	保加利亚深蹲，2×（10~12） 哑铃过头推举，2×（10~12） 坐姿划船，2×（10~12） 单腿哑铃罗马尼亚硬拉，2×（10~12） 器械腿臀起，2×（10~12）
第2周	
第1天	**第2天**
保加利亚深蹲，2×（10~12） 哑铃过头推举，2×（10~12） 坐姿划船，2×（10~12） 单腿哑铃罗马尼亚硬拉，2×（10~12） 器械腿臀起，2×（10~12）	箭步蹲，2×（10~12） 哑铃平板卧推，2×（10~12） 拉脱维亚高拉，2×（10~12） 哑铃罗马尼亚硬拉，2×（10~12） 悬垂举腿，2×10 负重背伸，2×10

　　高强度间歇运动间隔时间在 30 秒左右，反之低强度间歇运动间隔时间应在 30~60 秒之间。

　　表 18.2 中的间歇训练课程可以在本阶段使用。在该阶段的间歇训练课程应该每周进行两次，在适当的高强度下每次 2~3 组，每个动作练习 8~12 次。理论上来讲，这些课

程应该间隔最少 72 小时并且平均分配在各周，所以两次间歇训练课程之间从不会有超过三天的休息。每周一次的间歇训练可以放在跑步训练的当天（最好在最短距离跑步训练的当天，但绝不要在长跑训练的当天）。抗阻训练应当根据机体从跑步训练恢复的程度每周进行两次。表 18.5 给出了一个第 5~16 周的周抗阻训练计划范例。同时，抗阻训练与间歇训练应该至少间隔 48 小时。除此之外，在第 8 周、第 12 周、第 16 周，为了帮助恢复，抗阻训练的次数应当减为一次。

在第 17~19 周，抗阻训练的强度应该随着总体训练量的降低而增大。这个计划可以使运动员通过其他的训练保持力量发展而不是仅仅依靠跑步训练量的增加。抗阻训练应该以适当的高强度每周进行 2 次，每次 2 组，每个动作练习 6~10 次。在此期间，间歇训练停止进行（间歇训练和法特莱克训练除外）。表 18.6 列出了第 17~19 周的周训练计划范例。

赛前阶段

从第 20~21 周开始，在减少跑步持续时间的同时，注重保持训练强度，使运动员能够从严格的训练中恢复，从而达到比赛的最佳状态。在这期间不应进行间歇训练。在第 17~19 周，抗阻训练每次 1~2 组，每个动作练习 6~10 次。这个计划会帮助运动员在准备比赛的过程中，逐渐减少耐力训练量并能够保持力量。

比赛阶段

这个阶段的目的是比赛，而比赛周期是非常短暂的。事实上，这个周期就是比赛当天。在比赛前的几周，总体训练量减少的同时，训练强度应当相对保持较高。这个方法可以让选手通过训练计划保持和恢复较好的身体素质，从而可以在比赛当天达到最好状态。

表 18.5　一周抗阻训练计划范例（专项准备阶段）

第 1 天	第 2 天
侧弓箭步，2×（8~10） 哑铃斜板卧推，2×（8~10） 引体向上，2×（8~10） 哑铃罗马尼亚硬拉，2×（8~10） 平板支撑，2×（30~60）秒 负重背伸，2×10	保加利亚深蹲（或箭步蹲），2×（8~10） 壶铃俯卧撑，2×（8~10） 引体向上，2×（10~12） 单腿哑铃罗马尼亚硬拉，2×（10~12） 侧撑，2×（30~60）秒

表 18.6　一周抗阻训练计划范例（专项准备阶段）

第 1 天	第 2 天
水平式腿部推蹬，2×6 杠铃上斜卧推，2×（6~8） 引体向上，2×（8~10） 哑铃罗马尼亚硬拉，2×8 平板支撑，2×（30~60）秒 负重背伸，2×10	踏板步，2×8 哑铃借力挺，2×6 坐姿划船，2×8 单腿哑铃罗马尼亚硬拉，2×10 侧撑，2×（30~60）秒

恢复阶段

这个周期根据个人训练目标的不同和再次比赛的可能会持续 2~4 周。在此期间，间歇训练是最理想的训练方法，因为它能够保持良好的心肺功能、肌肉力量以及耐力。除此之外，间歇训练能够用在其他肌肉组和动作模式上，以减少在长跑中给肌肉带来的压力。在此期间，运动员应该回到基础间歇训练中，在表 18.1 有提及。这些训练能够帮助运动员从比赛前的长期训练中恢复，同时并入不同的间歇训练可以帮助运动员减少对训练的厌倦，恢复训练热情。在这个阶段的心肺耐力训练要使用除跑步以外的其他手段。用可替换的训练模式可以帮助身体从之前的训练项目和比赛中恢复，同时减少损伤风险。

间歇性耐力训练的例子：足球

足球要求比较高的技术能力、良好的眼和脚的协调能力以及对比赛策略的理解。除守门员之外，没有任何一个球员是专做某一件事，所有的球员都必须能够同时扮演进攻者和防守者。球员必须能够无障碍地向任何方向加速，来防卫对手的进攻或者作为进攻者创造机会进攻。随后，球员必须能够在 90 分钟的比赛中快速地从低强度运动（如步行、慢跑或大步行走）向高强度运动（如冲刺、铲、改变方向、跳跃）转换。足球要求球员有很高的有氧和无氧能力，来维持速度和力量，同时随着比赛的进行将疲劳带来的影响降到最低。

由于代谢的需要，在备赛中仅仅从有氧训练的立场来培养运动员是不够的。因为足球运动员需要三个能源系统供能，并且在训练中三个系统同时工作。表 18.7 是一个乙级大学生女子足球队的 52 周体能训练计划范例。这个计划可以发展三个能源系统，建立适当的有氧基础，提高无氧能力以及速度耐力。最初，一般体能训练被用来提高对高水平足球表现至关重要的适当的生理机能。随着训练的进行，从休赛季到比赛季，训练方法开始越来越具有专项特质，以最大化地把训练效果从练习状态转换到实战场景。

表 18.8 展示了一个间歇性耐力运动员基础间歇训练计划的范例。每次训练中，每个动作练习 20~30 秒，休息 10~15 秒后开始下一个动作。每组练习循环 3 次。

这些训练中的每一个动作都旨在提高运动员身体的稳定性和灵活性。这些特质是机体高效运动的基石，同时也是减少损伤必不可少的要素。除此之外，这些训练可以提高肌肉耐力和耐乳酸能力，为接下来训练阶段中更高强度的间歇冲刺跑和抗阻训练打下基础。

表 18.9 展示了一个间歇性耐力运动员高级间歇训练计划的范例。这些训练着重于提高肌肉无氧耐力的同时，提高和维持身体的稳定性和灵活性。这些训练方法既可以用在专项准备阶段，也可以用在赛季的训练计划中。每个动作练习 20~30 秒，休息

10~15 秒后开始下一个动作，每组练习循环 2~3 次。

表 18.7　乙级大学女子足球队 52 周体能训练计划

	一般准备阶段		
周	第 1 天	第 2 天	第 3 天
第 1 周	3.2 千米耐力跑，法特莱克跑	3.2 千米耐力跑，法特莱克跑	间歇训练（表 18.8 中，训练课 1）
第 2 周	3.2 千米耐力跑，间歇跑	3.2 千米耐力跑，间歇跑	间歇训练（表 18.8 中，训练课 2）
第 3 周	3.2 千米耐力跑，法特莱克跑	3.2 千米耐力跑，间歇跑	间歇训练（表 18.8 中，训练课 3）
第 4 周	恢复周，积极性休息		
	专项准备阶段		
第 5 周	加速度训练，间歇训练	加速度训练，冲刺训练	3.2 千米耐力跑，间歇跑
第 6 周	加速度训练，间歇训练	加速度训练，冲刺训练	3.6 千米耐力跑，间歇跑
第 7 周	加速度训练，间歇训练	加速度训练，冲刺训练	4 千米耐力跑，间歇跑
第 8 周	间歇训练（表 18.8 中，训练课 1）	间歇训练（表 18.8 中，训练课 2）	3.2 千米耐力跑，间歇跑
第 9 周	加速度训练，间歇训练	加速度训练，冲刺训练	3.6 千米耐力跑，间歇跑
第 10 周	加速度训练，间歇训练	加速度训练，冲刺训练	4 千米耐力跑，间歇跑
第 11 周	加速度训练，间歇训练	加速度训练，冲刺训练	4 千米耐力跑，间歇跑
第 12 周	间歇训练（表 18.9 中，训练课 1）	间歇训练（表 18.8 中，训练课 2）	4 千米耐力跑，间歇跑
第 13 周	加速度训练，间歇训练	加速度训练，冲刺训练	加速度训练，间歇训练
第 14 周	加速度训练，冲刺训练	加速度训练，间歇训练	加速度训练，冲刺训练
第 15 周	加速度训练，间歇训练	加速度训练，冲刺训练	加速度训练，间歇训练
第 16 周	间歇训练（表 18.9 中，训练课 3）	间歇训练（表 18.8 中，训练课 1）	恢复，积极性休息
第 17 周	加速度训练，间歇训练	加速度训练，冲刺训练	加速度训练，间歇训练
第 18 周	加速度训练，冲刺训练	加速度训练，间歇训练	加速度训练，冲刺训练
第 19 周	加速度训练，间歇训练	加速度训练，冲刺训练	加速度训练，间歇训练
第 20 周	间歇训练（表 18.8 中，训练课 2）	间歇训练（表 18.8 中，训练课 2）	恢复，积极性休息
第 21 周	加速度训练，冲刺训练	加速度训练，间歇训练	加速度训练，冲刺训练
第 22 周	加速度训练，间歇训练	加速度训练，间歇训练	加速度训练，间歇训练
第 23 周	加速度训练，冲刺训练	加速度训练，间歇训练	3.2 千米耐力跑，法特莱克跑
第 24 周	3.2km 耐力跑，法特莱克跑	加速度训练，间歇训练	3.2 千米耐力跑，法特莱克跑
第 25 周	3.2km 耐力跑，间歇跑	加速度训练，冲刺训练	3.2 千米耐力跑，间歇跑
第 26 周	加速度训练，间歇训练	加速度训练，冲刺训练	加速度训练，间歇训练
第 27 周	加速度训练，冲刺训练	加速度训练，间歇训练	加速度训练，冲刺训练
第 28 周	加速度训练，间歇训练	加速度训练，冲刺训练	加速度训练，间歇训练
第 29 周	加速度训练，间歇训练	加速度训练，冲刺训练	加速度训练，间歇训练
第 30 周	加速度训练，冲刺训练	加速度训练，间歇训练	加速度训练，冲刺训练
第 31 周	加速度训练，间歇训练	加速度训练，冲刺训练	加速度训练，间歇训练
第 32 周	间歇训练（表 18.9 中，训练课 1）	间歇训练（表 18.9 中，训练课 2）	恢复，积极性休息

赛前阶段			
周	第1天	第2天	第3天
第33周	队内分组对抗	队内分组对抗	队内分组对抗
第34周	队内分组对抗	队内分组对抗	队内分组对抗
比赛阶段			
第35周	SSG	加速度训练，SSG	比赛	比赛
第36周	SSG	加速度训练，SSG	比赛	比赛
第37周	SSG	加速度训练，SSG	比赛	比赛
第38周	SSG	加速度训练，SSG	比赛	比赛
第39周	SSG	加速度训练，SSG	比赛	比赛
第40周	SSG	加速度训练，SSG	比赛	比赛
第41周	SSG	加速度训练，SSG	比赛	比赛
第42周	SSG	加速度训练，SSG	比赛	比赛
第43周	SSG	加速度训练，SSG	比赛	比赛
第44周	SSG	加速度训练，SSG	比赛	比赛
第45周	SSG	加速度训练，SSG	比赛	比赛
第46周	SSG	加速度训练，SSG	比赛	比赛
第47周	SSG	加速度训练，SSG	比赛	比赛
第48周		季后赛，决赛		
第49周				
恢复阶段			
第50周		积极恢复		
第51周		积极恢复		
第52周		积极恢复		

注：SSG= 小场地对抗训练

表 18.8 间歇性耐力运动员基础间歇训练计划范例

训练课 1 悬吊训练	训练课 2 药球训练	训练课 3 自重训练
悬吊深蹲 悬吊俯卧撑 悬吊后弓箭步 悬吊划船 悬吊肱二头肌弯举 悬吊肱二头肌伸展 悬吊反向飞鸟	药球下劈 药球上举 药球高推 药球下砸 药球多平面下蹲 药球改进式躯体练习，右腿抬高 药球改进式躯体练习，左腿抬高 药球后抛冲刺接球	自重鳄鱼式跨步 自重原地青蛙蹲跳 自重小虫爬 自重熊爬 自重步行式平板支撑 自重开合跳 自重剪刀式跨步
循环练习：每个动作练习 30 秒，休息 15 秒后开始下一个动作，组间间歇 1 分钟	循环练习：每个动作练习 20 秒，休息 10 秒后开始下一个动作，组间间歇 1 分钟	循环练习：每个动作练习 30 秒，休息 15 秒后开始下一个动作，组间间歇 1 分钟

表 18.9　间歇性耐力运动员高级间歇训练计划范例

训练课 1 悬吊训练	训练课 2 药球训练	训练课 3 自重训练
悬吊顶髋 悬吊屈腿 悬吊仰卧举腿 悬吊屈体 悬吊钟摆	药球下劈 药球上举 药球高推 药球下砸 药球后抛冲刺接球	自重开合跳 自重 180 度蹲转 自重快速下蹲 自重小虫爬 自重曲棍球箭步蹲 自重剪刀式跨步
循环练习：每个动作练习 30 秒，休息 15 秒后开始下一个动作，组间间歇 1 分钟	循环练习：每个动作练习 20 秒，休息 10 秒后开始下一个动作，组间间歇 1 分钟	循环练习：每个动作练习 30 秒，休息 15 秒后开始下一个动作，组间间歇 1 分钟

第 19 章

灵敏训练

从某种意义上来说，灵敏可以被认为是对刺激作出反应的能力，选择适当的运动模式并快速、正确地去执行。对一个运动员来说，反应灵敏和动作灵敏的能力需要结合力量、爆发力、速度、体能、灵活性和运动技能，并把它们运用在专项的运动情境中。在许多方面，这是力量和体能在运动中的最直接的应用。

如何进行灵敏性训练

灵敏性训练是困难的。它涉及在一个随机的和复杂的特定环境中表现出的特定技能。为了指导和训练灵敏性，我们需要了解我们将要进行的专项的运动模式、技能及进攻和防守技巧等。这项任务对很多人来说可能是艰巨的。一般来说，灵敏性训练涉及以下几个步骤。首先，对于所训练的项目的重要的技能进行识别并进行独立训练。接下来，这些技能要结合起来，以增加训练的复杂性。最后，就像在真实的比赛中，要求运动员在所遇到的情况和所给的信号后选择适当的运动模式做出反应。

变量

灵敏训练涉及许多与其他训练方式相同的变量：训练量、训练强度、训练频率、休息时间和恢复时间。训练量可以用距离或重复的次数表示。训练强度通常是由秒表测量的时间。每天都可以训练灵敏性，但要注意使运动员在训练中得到休息。最后，运动员在组与组和次与次之间必须有足够的恢复时间。

在训练变量方面，有两个因素需要好好考虑。第一，因为灵敏性涉及快速转向，疲劳会导致受伤。因此，合理的方法是保持较低的训练量并完全恢复。第二，这些训练的强度通常都很高，特别是随着复杂度的增加，强度也会增加。运动员应该通过简单的第一次训练去熟悉并适应它。

工具

灵敏训练中常用的几种训练方式。这些包括基本技能训练、复合（组合）训练和反应训练。这些分类也代表一个进阶过程，通常，运动员从基本技能训练开始，然后进行复合（组合）训练最后做模拟反应训练。

基本技能训练

这些技能是运动中的基本动作。许多运动中常见的基本技能包括启动、停止、后退、左右移动、转动、曲线跑动、快速变向等。这些技能在单独训练中通常是运动员必须掌握的。从长远来看，在运动员掌握这些技能之后，它们可以作为很好的热身训练。这些技能训练往往是特定的距离训练（如后退 10 米）。

组合（复合）训练

执行基本技能训练的挑战在于这些动作在真实的情况中不会被使用。例如，在一场比赛中，篮球运动员是永远不会移动到左边 10 码（9.14 米）。组合训练结合了一些基本的技能，因此更接近于现实生活中的情况。他们让运动员掌握个人技能的同时，学习如何在技能之间毫不费力地转换。最终，这些练习甚至可能会包含球或使用在场上位置专项性后卫队员身上。

例如，一个篮球运动员可能被要求向右移动，转身，冲刺 5 码（4.6 米），然后重新建立一个防御姿态。这个例子模拟了一个这样的情景：当面对对方持球球员时，运动员必须先一步跑到对方球员的前面，在对方球员和篮筐之间停下，并重建防御姿态。在这个特定的环境下，运动员进行了左右移动、转动、启动、急停和短距离冲刺等基本动作。

反应训练

反应训练能很好地模拟运动员的现实情况。它要求运动员对一个场景、一个后卫或一个教练成功地做出反应。这些练习要求运动员选择适当的运动模式，迅速正确地运用这些运动模式做出反应。反应训练是最先进的灵敏性训练。运动员只有在掌握了前面两种类型的灵敏训练模式后，才能安全和有效地进行反应训练。

在组合（复合）训练部分中所描述的练习可以通过要求运动员防守一位带球的球员来改进。在篮球场上，持球球员的指示是试图摆脱后卫冲刺到场边上篮。防守运动员被要求保持在持球球员和篮筐之间，试图阻止对方突破上篮。

灵敏训练的局限性

本章只介绍了灵敏性训练结合间歇训练的例子。在实践中很少采取这种训练方式。通常情况下，运动员进行灵敏性训练时结合速度训练、快速伸缩复合训练以及力量训练。

灵敏性训练必须结合特定的运动或特殊的情况

基本技能训练和组合（复合）训练很容易进行和指导。不足的是，虽然他们提供了一个基础，但他们对比赛中的速度、混乱和不可预测性没有做好准备。因此，灵敏性训练在某些程度上要根据具体的运动项目和具体的情况来进行。满足这个条件是一种挑战，因为以这种方式为运动员制定训练计划，你必须理解运动项目内在的运动模式和情况。

灵敏性训练会导致受伤

根据定义，灵敏性训练包括突然、快速地变化方向。这些运动方式可能导致腘绳肌肌腱拉伤、腹股沟拉伤、脚踝扭伤以及膝关节韧带损伤等情况。为了降低这些伤害的风险，在进行灵敏性训练时这几个因素必须牢记：

- 运动员必须掌握正确的基本技术。
- 避免极度疲劳，以免技术动作走形。
- 加强关节灵活性和肌肉力量。

灵敏训练必须与其他训练模式结合在一起

通常情况下，灵敏性训练只是训练的一部分，很少有人只做灵敏性训练，它通常与速度训练、力量训练、快速伸缩复合训练、运动实践及比赛综合在一起训练。

如果联系实践进行灵敏性训练，那么应模拟实战。例如，如果实践强调进攻或防守，那么灵敏性训练也应该做同样的进攻或防守。另一方面，如果实践强调长时间练习赛或小组赛，那么灵敏性训练也应该是更长、更复杂的训练。

如果灵敏性训练与速度联系在一起，速度训练的重点应有助于正在进行的灵敏性训练。如果速度训练的重点是加速度，那么灵敏性训练的时间应该较短，通常为 5~6秒。如果速度训练的重点是最大速度，灵敏性训练可以更长、更复杂，可以持续 20秒。如果速度训练重点是速度耐力，那么灵敏性训练的时间可能会超过 20 秒。

整合性间歇训练的指南

灵敏训练应该在进行速度训练的时候进行。切记，灵敏训练很少是一个独立的训练模式。这是一个更大、更全面的训练计划，包括实践、竞赛、力量训练、速度训练、快速伸缩复合训练和体能训练。结合这些观点，间歇训练应该整合到更大的训练计划中，确保它适合更复杂的训练场景。长期的训练计划将采取这种全面的方法来展示如何将速度训练与间歇训练整合起来。

训练计划范例

大多数形式的体能训练可以结合灵敏训练。表 19.1 是一个可以结合速度与灵敏训练的基础训练计划范例。除了冲刺训练，这些训练都是每个动作练习 30 秒，休息10~15 秒，每组练习循环 3 次。冲刺训练采用的是阶梯式训练法，在每个距离后括号中第一个数字是完成冲刺的时间，第二个数字是在下一个冲刺前的休息时间。 如果在小于规定的时间内完成冲刺，则有更多的休息时间！

表 19.2 显示可以结合速度和灵敏训练的高级训练计划范例。这些较长的循环训练结合了多种运动方式及冲刺训练。练习可能进行 30~60 秒，紧随其后的是冲刺训练。练习之间的恢复时间是最小的，只够用于位置或器材的调整。

表 19.1　基础速度和灵敏性训练计划范例

自重训练	悬吊训练	阶梯式冲刺跑训练	药球训练	重绳训练	壶铃训练
自重开合跳 自重熊爬 自重蟹爬 自重登山练习 自重小虫爬 自重鳄鱼式跨步 自重俯卧撑 自重剪刀式跨步 自重双杠臂屈伸 自重静力蹲 自重引体向上	悬吊胸部推 悬吊深蹲 悬吊顶髋 悬吊后弓箭步 悬吊划船 悬吊屈腿 悬吊屈膝触胸 悬吊仰卧举腿	1×20 米（10 秒，20 秒） 1×40 米（15 秒，30 秒） 1×60 米（20 秒，40 秒） 1×80 米（25 秒，50 秒） 1×100 米（30 秒，60 秒） 1×80 米（25 秒，50 秒） 1×60 米（20 秒，40 秒） 1×40 米（15 秒，30 秒） 1×20 米	药球下劈 药球对墙练习 药球保加利亚深蹲 药球下砸 药球高推 药球坐姿转体 药球着地跳跃 药球改进式躯体练习	重绳开合跳 重绳双手用力下砸 重绳旋转 重绳交替上下甩动 重绳顺/逆时针手臂画圈 重绳伐木 重绳坐姿后拉	壶铃双手摆动 壶铃抓举 壶铃高脚杯深蹲 壶铃硬拉 壶铃高翻 壶铃罗马尼亚硬拉

表 19.2　高级速度和灵敏性训练计划范例

方案 1	方案 2	方案 3
重绳双手用力下砸 10 米冲刺 悬吊深蹲 10 米冲刺 自重青蛙原地蹲跳 10 米冲刺 悬吊后弓箭步 10 米冲刺 自重快速下蹲 10 米冲刺 自重静力蹲 10 米冲刺 悬吊屈腿 10 米冲刺 壶铃过顶深蹲 10 米冲刺 悬吊顶髋	壶铃双手摆动 5 米冲刺 药球下劈 5 米冲刺 重绳单手用力下砸 5 米冲刺 壶铃高脚杯深蹲 5 米冲刺 悬吊吊足蹲 5 米冲刺 重绳伐木 5 米冲刺 壶铃罗马尼亚硬拉 壶铃过顶弓箭步蹲	悬吊深蹲 5 米冲刺 壶铃单手摆动 10 米冲刺 重绳旋转 20 米冲刺 药球高推 20 米冲刺 壶铃硬拉 10 米冲刺 悬吊单腿深蹲 5 米冲刺 重绳侧滑步下砸 药球保加利亚深蹲

长期训练计划

　　关于反应灵敏和动作灵敏训练的长期计划，我们将用一个大学生篮球运动员的例子来说明。我们需要运动员使用的方法是只关注速度和灵敏性训练。在现实中，一个运动员在每一个训练模式下都保持这样的训练。

　　图 19.1 是 2014 年大学生篮球运动员的训练大周期范例。准备阶段持续了 5 个月，从五月到九月。竞技比赛阶段从十月持续到下一年的三月。四月是恢复阶段。

　　运动员进行速度和灵敏性训练时需要结合间歇训练。它可以帮助运动员避免受伤，尤其是腘绳肌、腹股沟和小腿肌肉受伤。它也可以帮助运动员发展灵敏性训练所需的力量和爆发力基础。这意味着，壶铃训练、沙袋训练、自重训练、悬吊训练及第 10 章所提到的训练手段将成为间歇训练中的基础训练方式。此外，将速度训练作为间

年度训练计划											
比赛期							恢复期	准备期			
赛前阶段	比赛阶段						恢复阶段	一般准备阶段			特殊准备阶段
十月	十一月	十二月	一月	二月		三月	四月	五月	六月	七月	八月	九月
I	II	III	IV	V	VI	VII	VIII	IX	X	XI	XII	XII

图 19.1　大学生篮球运动员的训练大周期范例

歇训练的一部分，有助于提高运动员的灵敏性。

表 19.3 是用于灵敏性和间歇训练每个阶段的目标和练习方式。灵敏性训练被分为基本技能训练、组合训练和反应训练。表格显示的是随着运动员在训练大周期中的努力，灵敏性训练和篮球训练的复杂性在增加。此外，当赛前阶段开始时，将间歇训练和小组比赛（即比赛中每队少于五名球员）用于体能训练。表 19.4 展示了训练大周期中每个阶段训练量和训练强度的变化。

表 19.3　训练周期中各阶段的目标和练习方式

阶段	目标	练习方式
一般准备阶段	体力基础	使用壶铃、重绳、冲刺跑、自重、悬吊设备、其他可供替代的训练装置和沙袋进行间歇训练
	损伤预防	使用壶铃、自重、悬吊设备、其他可供替代的训练装置和沙袋进行间歇训练
	基本技能训练	集中训练左右移动、后退、启动、急停、Z 字形运动和曲线跑动
	篮球技术	控球，防守球，传球，抢断，投篮
专项准备阶段	体力基础	使用壶铃、重绳、冲刺跑、自重、悬吊设备、其他可供替代的训练装置和沙袋进行间歇训练
	损伤预防	使用壶铃、自重、悬吊设备、其他可供替代的训练装置和沙袋进行间歇训练
	基本技能训练	集中训练试探步、横切纵切、左右移动、后退、启动、急停、Z 字形运动和曲线跑动
	组合训练	阻止突破、避开障碍通过、迂回移动、8 字移动、突破和投篮
	篮球技术	控一个球和两个球、防守球、传球、抢断、投篮、擦板入篮、基本团队进攻和防守
赛前阶段	体力基础	小比赛或使用壶铃、重绳、冲刺跑、自重、悬吊设备、其他可供替代的训练装置和沙袋进行间歇训练
	损伤预防	使用壶铃、自重、悬吊设备，其他可供替代的训练装置和沙袋进行间歇训练
	基本技能训练	集中训练试探步、横切纵切、左右移动、后退、启动、急停、Z 字形运动和曲线跑动
	组合训练	阻止突破、避开障碍通过、迂回移动、8 字移动、突破和投篮、试探步训练。
	反应训练	否定红色区域、抢篮板球挡人、摆脱防守
	篮球技术	控一个球和两个球、防守球、传球、抢断、投篮、擦板入篮、基本团队进攻和防守

续表

阶段	目标	练习方式
比赛阶段	体能基础	小组比赛或使用壶铃、重绳、冲刺跑、自重、悬吊设备、其他可供替代的训练装置和沙袋进行间歇训练
	损伤预防	使用壶铃、自重训练、悬吊训练、其他可供替代的训练装置和沙袋进行间歇训练
	基本技能	训练集中在试探步、横切纵切、左右移动、后退、启动、急停、Z 字形运动和曲线跑动
	组合训练	阻止突破、避开障碍通过、迂回移动、8 字移动、突破和投篮、试探步训练。
	反应训练	否定红色区域、抢篮板球挡人、摆脱防守
	篮球技术	控一个球和两个球、防守球、传球、抢断、投篮、擦板入篮、基本团队进攻和防守
恢复阶段	体能训练	壶铃、重绳、悬吊设备、自重、沙袋、其他可供替代的训练装置、冲刺

一般准备阶段

表 19.5 是一般准备阶段周训练计划范例。灵敏训练的重点是启动、加速、急停、左右移动、后撤步、转弯和 Z 字形移动练习。灵敏训练与技术练习同步进行。例如，周一的重点是控球和防守练习。灵敏性训练的重点是左右移动、启动、加速和短距离冲刺以及后退练习。每周进行 3 次短时间的灵敏训练。同时进行力量训练和快速伸缩复合训练。

间歇训练应当在运动员不进行灵敏训练的日子进行，一周 3 次。这一计划也意味着要与正在进行的篮球训练同步进行。在这个周期的重点是壶铃、药球、悬吊、重绳和自重训练。这些训练重点在于解决身体的大部分肌肉和关节问题。除了提供一个体能基础，这些训练计划有助于调节灵敏训练中的易受伤的肌肉。

专项准备阶段

表 19.6 显示了专项准备阶段周训练计划范例。这个阶段的基本技能本质上是热身，这就是为什么练习的量减少了。运动员开始转向更复杂的灵敏训练和篮球技能的训练。在这一时期，包括大量专项运动组合训练。

赛前阶段

在赛前阶段，团队练习要加强。对篮球技能训练的重视程度增加，这对训练计划的其他方面产生了影响。灵敏训练变得更具专项性，因此加入了反应训练。小组比赛的增加可以作为体能训练和篮球实战之间的桥梁。在赛前阶段，有可能会安排出行，去进行练习性比赛。因此，像间歇训练一样的训练模式减少了。从表 19.7 展示了这一阶段的周训练计划范例。

比赛阶段

由于竞赛和出行计划安排，在比赛阶段每周训练 2 天 (见表 19.8)。一个篮球运动员对篮球技术的练习可能会超过这个训练计划，但是每周至少要有 2 次灵敏训练。在此期间，一切训练都尽可能符合篮球项目的专项性。在适当的时候，大多数的基本技能训练、组合训练和反应训练是带球进行的。

恢复阶段

运动员在恢复期，每周要进行 3 次间歇训练。在表 19.9 中描述的训练课程适合篮球运动员。这些会使运动员在严苛的篮球专项训练中得到休息的同时保持体能。

表 19.4　训练大周期内每个阶段的训练量和训练强度

阶段	训练模式	训练量、训练强度
一般准备阶段	基本技能训练 组合训练 反应训练 篮球技能 体力训练	中、中 无 无 低、低 中、中
专项准备阶段	基本技能训练 组合训练 反应训练 篮球技能 体力训练	低、低 中、中 无 中、中 中、中
赛前阶段	基本技能训练 组合训练 反应训练 篮球技能 体力训练	低、低 低、中 低、高 高、高 低、低
比赛阶段	基本技能训练 组合训练 反应训练 篮球技能 体力训练	低、低 低、中 中、高 高、高 低、低
恢复阶段	基本技能训练 组合训练 反应训练 篮球技能 体力训练	无 无 无 无 中、中

表 19.5　一般准备阶段周训练计划范例

	周一	周二	周三
基本技能训练	启动练习，（3~5）×10 米 左右移动，3×5 米，每边 后退练习，3×5 米	无	站立式起跑，（3~5）×20 米 冲刺 5 米，停止，再冲刺 5 米， 3 次 L 练习，3~5 次
组合训练	无	无	无
反应训练	无	无	无
篮球技能训练	单（双）手控球 防守		单（双）手控球 传球和抢断
体力训练	无	循环训练，每个练习进行 45 秒，最短的间歇，重复 3 次： 壶铃双手摆动 药球下劈 悬吊胸部推 重绳单手用力下砸 壶铃高脚杯深蹲 悬吊划船 悬吊脚固定单腿蹲 悬吊反向飞鸟 重绳伐木 壶铃罗马尼亚硬拉 壶铃过顶弓箭步蹲	无

	周四	周五	周六
基本技能训练	无	站立式起跑，（3~5）×5 米 自杀式练习，5× 全场 Z 字形练习，3~5 次	无
组合训练	无	无	无
反应训练	无	无	无
篮球技能训练	投篮	单（双）手控球	投篮
体力训练	循环训练，每个动作练习 45 秒，最短的间歇，重复 3 次： 重绳双手用力下砸 悬吊深蹲 自重俯卧撑 自重青蛙原地蹲跳 悬吊后弓箭步 自重引体向上 快速下蹲 自重静力蹲 壶铃推举 悬吊屈腿 壶铃过顶深蹲 悬吊顶髋	无	循环训练，每个动作练习 45 秒，最短的间歇，重复 3 次： 悬吊深蹲 壶铃单手摆动 壶铃俯卧撑 重绳旋转 药球高推 壶铃俯身划船 壶铃硬拉 悬吊单腿深蹲 壶铃推举 重绳侧滑步下砸 药球保加利亚深蹲

表 19.6　专项准备阶段周训练计划范例

	周一	周二	周三
基本技能训练	启动练习，3~5 × 10 米 左右移动，1 × 5 米，每边 后退练习，1 × 5 米	无	站立式起跑，（3~5）×20米 冲刺5米，停止，再冲刺5米， 1 次 L 练习，15 次
组合训练	急停练习，5 次 8 字移动，5 次	无	穿梭移动，5 次 突破与投篮，5 次
反应训练	无	无	无
篮球技能训练	单（双）手控球 防守 团队进攻和防守	投篮、篮板球	单（双）手控球 传球和抢断 团队进攻和防守
体力训练	无	循环训练，每个动作练习45秒，最短的间歇，重复3次： 重绳双手用力下砸 悬吊深蹲 自重俯卧撑 自重青蛙原地蹲跳 悬吊后弓箭步 自重引体向上 自重快速下蹲 自重静力蹲 壶铃推举 悬吊屈腿 壶铃过顶深蹲 悬吊顶髋	无

	周四	周五	周六
基本技能训练	无	站立式起跑，（3~5）×5米 自杀式练习，5× 全场 Z 字形练习，15 次	无
组合训练	无	穿梭练习，5 次	无
反应训练	无	无	无
篮球技能训练	投篮、篮板球	单（双）手控球 团队进攻和防守	投篮
体力训练	循环训练，每个动作练习45秒，最短的间歇，重复3次： 壶铃双手摆动 药球下劈 悬吊胸部推 重绳单手用力下砸 壶铃高脚杯深蹲 悬吊划船 悬吊脚固定单腿蹲 悬吊反向飞鸟 重绳伐木	无	循环训练，每个动作练习45秒，最短的间歇，重复3次： 悬吊深蹲 壶铃单手摆动 壶铃俯卧撑 重绳旋转 药球高推 壶铃划船 壶铃硬拉 悬吊单腿深蹲 壶铃推举 重绳侧滑步下砸

表 19.7　赛前周训练计划范例

	周一	周二	周三
基本技能训练	启动练习，（3~5）×10 米 左右移动，1×5 米，每边 后退练习，1×5 米	无	站立式起跑，（3~5）×20 米 冲刺 5 米，停止，再冲刺 5 米， 1 次 L 练习，15 次
组合训练	急停练习，3 次 8 字移动，3 次	无	穿梭移动，3 次 突破与投篮，3 次
反应训练	否定红色区域练习，5 次	抢位挡差练习，5 次	摆脱防守练习，5 次
篮球技能训练	单（双）手控球 防守 团队进攻和防守	投篮、篮板球 团队进攻和防守 小比赛	单（双）手控球 传球和抢断 团队进攻和防守
体力训练	无	循环训练，每个练习进行 45秒，最短的间歇，重复 3 次： 重绳双手用力下砸 悬吊深蹲 自重俯卧撑 自重青蛙原地蹲跳 悬吊后弓箭步 自重引体向上 自重快速下蹲 自重静力蹲 壶铃推举 悬吊屈腿 壶铃过顶深蹲 悬吊顶髋	无

	周四	周五	周六
基本技能训练	无	站立式起跑，（3~5）×5 米 自杀式练习，5× 全场 Z 字形练习，15 次	无
组合训练	无	穿梭练习，3 次	无
反应训练	抢位挡差练习，5 次	无	无
篮球技能训练	投篮、篮板球 团队进攻和防守 小比赛	单（双）手控球 团队进攻和防守	投篮
体力训练	循环训练，每个练习进行 45秒，最短的间歇，重复 3 次： 壶铃双手摆动 药球下劈 悬吊胸部推 重绳单手用力下砸 壶铃高脚杯深蹲 悬吊划船 悬吊脚固定单腿蹲 悬吊反向飞鸟 重绳伐木 壶铃罗马尼亚硬拉 壶铃过顶弓箭步蹲	无	无

表 19.8　比赛阶段周训练计划范例

	第 1 天	第 2 天
基本技能训练	启动练习，（3~5）×10 米 左右移动，1×5 米，每边 后退练习，1×5 米	站立式起跑，（3~5）×20 米 冲刺 5 米，停止，再冲刺 5 米，1 次 L 练习，15 次
组合训练	急停练习，3 次 8 字移动，3 次	穿梭移动，3 次 突破与投篮，3 次
反应训练	限制区域训练，5 次 抢位挡差练习，5 次	摆脱防守练习，5 次 试探步练习，5 次
篮球技能训练	投篮、篮板球 团队进攻和防守 小组比赛	单（双）手控球 传球和抢断 团队进攻和防守 小组比赛
体力训练	无	循环训练，每个练习进行 45 秒，最短的间歇，重复 3 次: 壶铃双手摆动 药球下劈 悬吊胸部推 重绳单手用力下砸 壶铃高脚杯深蹲 悬吊划船 悬吊脚固定单腿蹲 悬吊反向飞鸟 重绳伐木 壶铃罗马尼亚硬拉 壶铃过顶弓箭步蹲

表 19.9　恢复阶段周训练计划范例

	周一	周三	周五
体力训练	壶铃单手摆动 重绳双手用力下砸 壶铃抓举（右手） 自重开合跳 壶铃抓举（左手） 药球保加利亚深蹲 壶铃高脚杯深蹲 药球改进式躯体练习 壶铃硬拉 药球坐姿转体 自重俯卧撑 药球对墙练习 壶铃俯身划船 药球坐姿转体 壶铃推举	壶铃双手摆动 悬吊深蹲 壶铃高翻（右手） 悬吊后弓箭步 壶铃高翻（左手） 自重小虫爬 重绳伐木 悬吊胸部推 重绳旋转 悬吊俯身划船 重绳手臂画圈 悬吊反向飞鸟 重绳开合跳	自重开合跳 10 米冲刺 自重熊爬 10 米冲刺 自重蟹式爬行 10 米冲刺 自重登山练习 10 米冲刺 自重小虫爬 10 米冲刺 自重鳄鱼式跨步 10 米冲刺 自重俯卧撑 10 米冲刺 自重快速下蹲 10 米冲刺 自重弓箭步走

特种行业的训练

  特种作战人员是指在维护国家安全与社会稳定方面扮演着重要角色的人员，如军队、执法人员、消防员以及救援人员等。基于特种作战人员在工作中所承担的重任，这一职业要求从业者具备旺盛的体力以及专业的运动技能。因此，使特种作战人员达到并且维持高水准的身体素质就显得非常必要。如果达不到上述要求，其后果远比在比赛中失利影响更大。毫不夸张地讲，健康对特种作战人员来说有时是生死之差。

  通过第 11 章的阐述，我们已经明了，制订力量训练和体能训练计划首先要做的就是进行需求和目标分析。这些分析主要包括能量系统的运用和特殊训练中的生物力学要求。此外，对运动训练中的常见伤病以及一些个案伤病的医治介绍，有助于建立安全有效的就业前训练程序，而这也将增强特种作战人员对职业的适应。

  在特种训练中，尽管有着相当多的重叠部分，但我们仍然可以发现不同训练任务中的那些细微差别。表 20.1 至表 20.5 列举了不同战术运动员的训练任务。你会发现，每个任务都需要能量和身体活动来实现。

建立健康统筹计划

  职业运动员与非职业运动员身上有许多相似之处。在这一部分，我们集中讨论如何最大限度地提高训练的适应性。当前呈现的训练模型只具普遍意义，因此我们需要对它做出调整以适应特殊的情形、具体的训练要求、伤病情况以及一些个人的训练经历，从而更好地为运动员的健康服务。

为高效的运动模式和体能训练夯实基础

  规范特种作战人员的动作表现是特种训练中极为重要的一部分，因此，在对特种作战人员进行特种训练时要强调建立完善的动作模式。重中之重在于，无论是无阻力训练还是有阻力训练，都应当重视基础性的技术动作。

  特种作战对体能要求高，这使人们误以为，特种作战人员始终在艰苦训练。其实许多训练是被用来弥补规范动作训练中存在的不足的。特种作战人员的身体活动会受到灵活性和稳定性欠缺带来的局限性，这些问题会使运动员的肌肉系统失衡，进而影响到特种作战人员在训练中的动作姿势，从而引发不恰当的活动机制反应。以上问题的出现，不仅会扰乱特种作战人员的临场表现，而且存在造成伤病的风险。举例来说，警察有很长的时间都需要坐在车里巡逻，这种久坐使得他们的屈髋肌群变短，肩部的

表 20.1　执法人员的基本工作任务

	主要的供能系统	肌肉特征	运动模式
持续工作	糖酵解系统	力量、爆发力、耐力	冲刺
短跑	ATP–CP 系统	力量、爆发力、耐力	冲刺
躲闪	ATP–CP 系统、糖酵解系统	力量、爆发力、耐力	冲刺、灵敏
举起、搬运	ATP–CP 系统、糖酵解系统	力量、爆发力、耐力	蹲、弓箭步、推、拉
拖拉	ATP–CP 系统、糖酵解系统	力量、爆发力、耐力	蹲、弓箭步、拉
卧推	ATP–CP 系统、糖酵解系统	力量、爆发力、耐力	蹲、弓箭步
跳跃	ATP–CP 系统	力量、爆发力、耐力	蹲、弓箭步、落地
爬行	ATP–CP 系统	力量、爆发力、耐力	核心训练，在一个对立的运动模式下协调四肢
用力少于 2 分钟	ATP–CP 系统、糖酵解系统	力量、爆发力、耐力	蹲、弓箭步、推、拉
用力大于 2 分钟	ATP–CP 系统、糖酵解系统、有氧氧化系统	力量、爆发力、耐力	蹲、弓箭步、推、拉

来源说明：Adapted from R.Hoffman and T.R.Collingwood, 2005, *Fit for duty*, 2nd ed. (Champaign,IL:HumanKinetics), 8–9.

表 20.2　特种武器和特种作战人员的基本工作职能

匍匐行进
跳过或跨越障碍
当穿越一个狭窄的物体或墙壁时保持平衡
保持一段时间场上位置专项性站立并保持警惕
攀爬围栏、墙壁、电梯轴、云梯、梯子、消防通道、绳索、杆子和树木以获得一个目标或战术位置
搬运和携带必要存储设备、破坏装置、绳索工具、伸缩梯和护盾通过崎岖地形
抬起来拖动受伤人员或公民到安全地方
远离危险区域或穿越开阔区域
追赶一个犯罪嫌疑人或解救人质
在屋顶、台阶、高处作战的功能
利用爬行空间、隧道、通风孔、竖井和其他紧张的空间的功能
低姿和站姿交替爬向目标

来源说明：National Tactical Officers Association.

前侧肌肉（附着在肩部和胸部的肌肉）则变得越来越紧绷，肩部后面的肌肉（菱形肌）则慢慢地拉长。这些身体机能上的变化，会大大增加警察肩部和后背损伤的风险。此外，警察所配备的巡逻腰带，也会增加他们前侧盆骨倾斜的概率，而这又常常伴随着背部较轻程度的疼痛和损伤。当某人在负重情况下（如携带装备、身着防护服等）执行任务时，这些由于姿势不恰当而引起的伤病问题就会越来越突出。因此，特种作战人员必须学会控制和矫正那些置于他们身体上的重物带来的压力，从而更好地执行任务，更有效地预防伤病。

在夯实基础的阶段中，特种训练需要使用小负荷、多重复、持续性的训练方法。

表 20.3　消防队员的基本工作任务

消防员的任务结构	野外消防队员
垂直爬升	徒步旅行
软管提升机	装载运输
梯子携带和爬升	起降重物
强行进入	挖掘清理
管道前进	树的切割
爬行和搜索	管道前进
运输伤员	爬行和搜索
抢救	
详细检查	

来源说明：National Strength and Conditioning Association.

表 20.4　军队士兵的基本职业任务

攀登；（尤指吃力地向某处）爬
携载
举起重和轻的物体
冲刺跑位或超越敌方位置
高和低的爬行
挖掘
徒步行进
短途或长途负重
奔跑
投掷

来源说明：S. E. SauersandD. E. Scofield,2014, "Strength and conditioning strategies for females in the military," *Strength and Conditioning Journal*36(3):1-17.

表 20.5　军队城市行动技能

穿越开阔地带
建筑物之间平行移动
移动穿过窗口
角落之间移动
翻过一堵墙
利用出入口
不同阵地之间移动

来源说明：J. J. Knapik, W.Rieger, F. Palkoska, S.VanCamp, and S. Darakjy, 2009, "United States Army Physical Readiness Training:Rationale and evaluation of the physical training doctrine," *Journal of Strength and Conditioning Research* 23(3): 1353-1362.

这种训练法，用于对肌肉耐力、有氧耐力的训练，同时也适用于一些技术方法的训练。在利用重复训练法训练时，应当以一种渐进的、可控的方式进行；等长收缩练习中，则要注意保护关节和躯体的稳定性。在这一阶段也推荐使用自重训练、悬吊训练、小负荷的弹力带训练和药球训练等训练方式。

另外，在这一阶段也应当重视提高训练的机动性和灵活性。重复的动作、原有的伤病、不恰当的训练操作都可能降低关节灵活性，进而影响训练效果，需要特种作战人员花费精力去增加相应的补偿训练，不然就会影响特种作战人员的临场发挥，乃至增加伤病风险。

表 20.6 为我们提供了动态热身训练计划的范例。它能提高基础训练技术、增强运动神经的控制以及增加躯体柔韧性。基本形式的跑步训练也可以作为热身训练的一部分，以帮助发展加速和冲刺能力的力学机制。

表 20.7 介绍了可用于夯实基础阶段的抗阻训练计划范例。这种训练强调对主动肌与拮抗肌的交替使用，以提高练习的时间效率并维持高强度的新陈代谢所需。这一阶段的自重训练和间歇训练在增加负荷量之前要注意采用恰当的技术。在进行第二组训练前，每一个动作都应按推荐次数重复练习。

在这一阶段，通过 3 分钟以上的活动，有氧氧化系统得到发展。提高有氧代谢能力有助于建立适应未来更激烈、更具体的训练的坚实基础。提高有氧代谢能力同样有助于类似远足、长距离负重、探险、事故撤离、徒步等一些专业任务的实施。但是，特种作战人员并不需要专注于重复的、长期的稳态训练，相反，他们需要通过一系列的演习及那些强调低负重的多种训练来强化有氧氧化系统。表 20.8 提供了为期一周的有氧训练计划范例。这一训练应该抗阻训练之后立即进行。

对于初学者来说，夯实基础的这一阶段，大约要进行 6~12 周的训练。对于那些经过抗阻训练或者有一定经验的练习者来说，只需要进行 2~6 周的训练即可。

表 20.6　动态热身训练计划范例

练习	重复或距离
自重开合跳	20 次
自重熊爬	20 码（18.3 米）
自重小虫爬	10 码（9.14 米）
摆臂练习	20 次
慢跑	40 码（36.6 米）
自重鳄鱼式跨步	每条腿 10 次
自重青蛙原地蹲跳	10 次
自重快速下蹲	10 次
自重俯卧撑	10 次
自重侧蹲	10 次（每侧 5 次）

注：循环练习 1~2 次，每两个练习动作之间尽量少休息或不休息。

表 20.7 抗阻训练计划范例

周一		周三		周五	
练习	组数 × 次数	练习	组数 × 次数	练习	组数 × 次数
自重俯卧撑	（2~4）×（15~20）	自重抬高俯卧撑	（2~4）×（10~12）	悬吊俯卧撑	（2~4）×（12~15）
悬吊划船	（2~4）×（15~20）	悬吊单臂划船	（2~4）×（10~12）	悬吊划船	（2~4）×（12~15）
弓箭步走	（2~4）×（15~20）（每条腿）	药球保加利亚深蹲	（2~4）×（10~12）	悬吊后弓箭步	（2~4）×（12~15）
悬吊仰卧举腿	（2~4）×（15~20）	悬吊屈膝触胸	（2~4）×（10~12）	悬吊屈髋	（2~4）×（12~15）

注意：当进行悬吊训练时，为了达到预想的重复次数，对脚的位置进行适当调整以增加或降低动作难度。

休息：每两个动作之间间歇少于 30 秒。

初学者应进行 2~3 次，而有经验的练习者应进行 3~4 次。

表 20.8 有氧训练计划范例

周一	周三	周五
划船 5 分钟、爬梯机 5 分钟、慢跑 5 分钟	蹬自行车或划船：以 70% 的努力冲刺 30 秒，之后以 50% 的努力休息 30 秒。重复 15 分钟。	散步或慢跑 2.4~3.2 千米
注：努力从尽可能少的时间来完成。	注：在 1~10 分的主观评定表中，70% 的努力就对应 7 分，而 5 分对应 50% 的努力。	注：努力以尽可能少的时间来完成。

建立良好的身体素质

在完成第一阶段的训练之后，特种作战人员已经具备了坚实的基础，在身体的灵活性、柔韧性、有氧耐力等方面都能够支撑体能训练。接下来，运动员就应当把注意力集中在提高肌肉的围度和力量上。这些肌肉素质为大量旨在增强爆发力和速度能力的训练创造条件。表 20.9 是为期 4 周的抗阻训练计划范例，每天都换用不同的训练方式的促使肌肉工作，适应负重。举例而言，哑铃比杠铃需要更大的稳定性，这是因为哑铃允许关节有更多的移动，更难以控制。因此，许多运动员可以用杠铃举起更大的重量。注意，强调力量的同时也要注意稳定性，经常交替使用哑铃和杠铃，不仅能够降低训练的枯燥性，而且能更好地刺激肌肉。在计划中，第 4 周应作无负重训练，以帮助运动员从严格的训练中恢复过来。

在这一阶段，提高新陈代谢能力也成为当务之急。进行体能训练来发展糖酵解系统和有氧氧化系统是比较合适的。对糖酵解能量体系的训练意味着练习活动的强度要控制在 30 秒以上、2 分钟以下。这种类型的体能训练能够提高在中等时间和强度的练习中的表现，例如持久的追逐训练、纵向攀爬训练以及时长少于两分钟的力量训练等。表 20.10 展示了发展有氧氧化系统和糖酵解系统的间歇训练周计划范例。

初习者大概需要练习 8~12 周，而有一定基础的练习者可能只需要 4~8 周就可以了。

表 20.9 四周抗阻训练计划范例

第一周					
周一		**周三**		**周五**	
练习	组数 × 次数	练习	组数 × 次数	练习	组数 × 次数
杠铃卧推	（3~4）×（10~12）	哑铃过头推举	（3~4）×（8~10）	哑铃上斜推举	（2~4）×（12~15）
杠铃俯身划船	（3~4）×（10~12）	单臂划船	（3~4）×（8~10）	自重引体向上	（3~4）×（10~15）
杠铃硬拉	（3~4）×（10~12）	哑铃保加利亚深蹲	（3~4）×（8~10）	哑铃侧弓步	（3~4）×（10~15）每侧
杠铃罗马尼亚硬拉	（3~4）×（10~12）	哑铃罗马尼亚硬拉	（3~4）×（8~10）	悬吊屈腿	（3~4）×（10~15）
悬垂举腿	（3~4）×（10~12）	悬垂卷腹	（3~4）×（10~12）	山羊挺身	（3~4）×（10~15）

第二周					
周一		**周三**		**周五**	
练习	组数 × 次数	练习	组数 × 次数	练习	组数 × 次数
哑铃卧推	（3~4）×（10~12）	杠铃过头推举	（3~4）×（8~10）	杠铃上斜卧推	（2~4）×（12~15）
高拉训练	（3~4）×（10~12）	杠铃俯身划船	（3~4）×（8~10）	自重引体向上	（3~4）×（10~15）
杠铃深蹲	（3~4）×（10~12）	哑铃侧蹲	每条腿（3~4）×（8~10）	哑铃箭步蹲	（3~4）×（10~15）每侧
杠铃罗马尼亚硬拉	（3~4）×（10~12）	单腿罗马尼亚硬拉	每条腿（3~4）×（8~10）	悬吊屈腿	（3~4）×（10~15）
悬垂举腿	（3~4）×（10~12）	山羊挺身（持有重量板或药球）	（3~4）×（10~12）	悬垂卷腹	（3~4）×（10~15）

第三周
重复第 1 周，调整训练负荷，以保持在期望的重复范围内。

第四周：无负荷训练

周一		**周三**		**周五**	
练习	组数 × 次数	练习	组数 × 次数	练习	组数 × 次数
自重俯卧撑	3×（15~20）	自重抬高俯卧撑	3×（10~12）	悬吊俯卧撑	3×（12~15）
悬吊划船	3×（15~20）	悬吊单臂划船	3×（10~12）	悬吊划船	3×（12~15）
自重弓箭步走	3×（15~20）每侧	药球保加利亚深蹲	3×（10~12）	悬吊后弓箭步	3×（12~15）
悬吊仰卧举腿	3×（15~20）	悬吊屈膝触胸	3×（10~12）	悬吊屈髋	（2~4）×（12~15）

注意：当进行悬吊训练时，为了达到预想的重复次数，对脚的位置进行适当调整以增加或降低动作难度。

休息：每两个动作之间间歇少于 30 秒。

组数：初学者应进行 3 组，而有经验的练习者应进行 3~4 组。

在完成这个周期后，用以下顺序重复训练周期：第二周、第三周、第一周、第四周。

关于爆发力、速度和力量的训练

爆发力和速度训练，位于训练周期的顶端，这一特质是速度和力量强有力的表现。这一阶段强调的是在锻炼 ATP-CP 系统所进行的高速训练中保持并提升力量。因此，慢速大阻力训练被用来发展力量，快速轻阻力训练被用来提升爆发力和速度。另外，在这阶段中也要注意快速伸缩复合训练和速度训练。在进行快速伸缩复合训练之前，要确保运动员已经打好基础，能够很好地控制减速时快速离心负重的肌肉组织。

表 20.11 给出了在力量训练（见表 20.12）前进行快速伸缩复合训练和速度训练的训练计划范例。需要注意的是，由于爆发力、速度和抗阻训练会在同一天进行，训练量安排的相对较少。

周期训练

当前所指的周期训练模式，主要集中谈论线性周期训练，也就是说，每一阶段的训练，都是建立在前一阶段训练的基础之上的。无论是在哪个阶段，都强调要重视专项能力的训练。按照基础的训练模式来打造坚实的训练根基，对处于特种训练初始阶段的练习者来说再合适不过。传统的线性周期模式常用于体育中对运动员的要求，诸如要求运动员达到一年之中最佳的状态或者达到具体的竞赛状态。因此，这种训练模式更有利于特种作战人员维持身体素质以便更好地进行专业训练，如针对个人体能进

表 20.10　体能训练的间歇训练计划范例

周一	周三	周五
推负重雪橇，30 秒	前手重拳击沙袋，30 秒，休息 30 秒	搬运装满水的稳定球，20 码（18.3 米），慢跑并转身，返回起点
拉重雪橇，30 秒	后手重拳击沙袋，30 秒，休息 30 秒	重拳击沙袋，走 10 码（9.14 米）并返回
慢跑，30 秒	勾拳重拳击沙袋，30 秒，休息 30 秒	自重熊爬，20 码（18.3 米），折返
休息 1 分钟		
重复 6 次 （总时间 15 分钟）	重复 6 次（总时间 18 分钟）	12 分钟尽可能重复多次

表 20.11　快速伸缩复合训练和速度训练的训练计划范例

周一	周三	周五
跳箱，3×10 组间休息 2~3 分钟	跳深，3×（4~6） 组间休息 2~3 分钟	跳圆锥体（6 个），3×10 组间休息 2~3 分钟
速度练习：加速 10 码（9.14 米）×4、15 码（13.7 米）×4、20 码（18.3 米）×4 组间休息 2 分钟，共 180 码（164.6 米）	速度练习：加速 10 码（9.14 米）×4、15 码（13.7 米）×2 组间休息 2 分钟 灵敏：5-10-5（专业级）×4 组间休息 2~3 分钟，共 130 码（118.9 米）	速度练习：从一个倾斜的位置加速 0 码 ×2、15 码（13.7 米）×4 组间休息 1~2 分钟 灵敏：T 测试 ×2 组间休息 2 分钟，共 160 码（146.3 米）

表 20.12 力量训练计划范例

第一周					
周一		周三		周五	
练习	组数 × 次数	练习	组数 × 次数	练习	组数 × 次数
杠铃卧推	3×（4~6）	哑铃过头推举	3×8	哑铃上斜推举	3×（6~8）
杠铃俯身划船	3×8	单臂划船	3×（6~8）	坐姿划船	3×（6~8）
哑铃保加利亚深蹲	3×（6~8）	杠铃硬拉	3×（4~6）	哑铃侧弓步	3×8 每侧
杠铃罗马尼亚硬拉	3×8	哑铃罗马尼亚硬拉	（3~4）×（8~10）	卷腹	3×（12~20）
悬垂举腿	3×（10~12）	悬垂卷腹	3×（10~12）	山羊挺身	3×（12~20）

第二周					
周一		周三		周五	
练习	组数 × 次数	练习	组数 × 次数	练习	组数 × 次数
哑铃卧推	（2~3）×（6~8）	杠铃过头推举	（2~3）×（4~6）	杠铃斜板卧推	（2~3）×8
高拉	（2~3）×8	杠铃俯身划船	（3~4）×（8~10）	自重引体向上	（2~3）×（10~15）
杠铃深蹲	（2~3）×（6~8）	哑铃侧弓步	（3~4）×（8~10）每条腿	杠铃硬拉	（2~3）×（6~8）
杠铃罗马尼亚硬拉	（2~3）×（8~10）	单腿罗马尼亚硬拉	（2~3）×（10~12）每侧	悬吊屈腿	（2~3）×（12~15）
卷腹	（2~3）×（15~20）			悬吊顶髋	（3~4）×（15~20）

行的测试或者依照计划进行的训练。

　　尽管线性周期训练在特种训练中占有一席之地，但是它却并非时时适用。在特种训练体系中，每一天都有可能是比赛日。但是周期训练也并不可能适用于团队中的每一位成员。消防员不能预测火灾会发生于何日，巡警也不敢确定嫌疑人会拒捕还是逃亡，士兵也不能知晓部署何时展开。因此，除了以系统的常规线性周期训练来发展良好的体能，也需要有由更多先进训练模式所构成的非线性周期训练。非线性周期训练对维持和提升肌肉力量、爆发力和耐力非常有效，同时可以增强三大能量系统的功能。这一模式训练的优点在于，它可以使人们一直维持在一个相对高水平的战备状态之中。表 20.13 给出了为期一周的非线性周期训练的力量训练计划范例，这一模式重点强调力量训练和体能训练。

表 20.13　非线性周期训练的力量训练计划范例

周一		周三		周五	
动态热身 轻量速度训练和快速伸缩复合训练		动态热身 最大速度训练和高强度间歇性快速伸缩复合训练		动态热身	
抗阻训练					
练习	组数 × 次数	练习	组数 × 次数	练习	组数 × 次数
杠铃深蹲	3×（10~12）	硬拉	3×（4~6）	悬吊训练、自重循环训练	
哑铃上斜推举	3×（10~12）	卧推	3×（4~6）		
自重引体向上	3×（10~12）	单臂划船	3×6		
山羊挺身	3×（10~12）	杠铃罗马尼亚硬拉	3×（6~8）	耐力训练 划船，5 分钟 爬梯机，5 分钟 自行车，5 分钟 尽可能完成的距离	
悬吊屈体	3×（10~12）	体能训练 无负重或较轻负重的（50%~60%）步行来进行恢复			
体能训练 药球循环训练 10~15 分钟					

整合间歇训练的特种行业训练计划指南

作为一个全面的训练计划的一部分，间歇训练经常被使用，它并不是一个独立的训练方法。结合其他形式的训练，如力量、爆发力和速度训练，间歇训练可以提高代谢能力，还能提高灵活性和稳定性来预防运动损伤。间歇训练可以用来解决很多问题，例如职业运动的典型运动损伤和肌力不平衡等问题。举例来说，通过进行连贯的间歇训练来进行灵敏训练，特种作战人员可以改善由重复练习或者运动不足（如久坐在巡逻车里）所导致的运动受限的问题。它也可以用来练习基础动作模式，如屈髋、深蹲、弓箭步、踢、推、拉、转体，这些练习对安全有效地执行任务是非常必要的，同时也有助于提高代谢效率。

对于战术要求较高的人员，进行合理的特种训练是一个复杂的过程，这个过程需要进行一个详细的需求评估，主要评估专项动作、技术、能量代谢系统和可以提高每个要素的基本生理特性。在训练的起始阶段，重点在于设计出能够提高这些能力的结构化的训练计划。线性周期模式往往能合理地完成这些目标。夯实动作和体能的良好基础、先进的周期训练方法以及明确的非线性模式，可以保持良好的体适能水平，并持续不断地改进训练计划。

第 21 章

全身训练

并不是每一个人都对力量、速度、灵敏、特种体能或耐力训练感兴趣。每一种训练方法都会吸引特定的人群，但是任何一种方式对那些不能全身心投入训练的人来说都可能有问题。一些人只是很享受训练，对变得更加健康感兴趣，对外形看起来更好感兴趣，更喜欢用间歇法来进行训练。这一章为那些想把间歇训练作为健身的主要手段的人提供了训练原则、工具和计划。

如何进行全身训练

将间歇训练作训练方法有几个好处。间歇训练有多种练习动作、训练工具，能提供多元的训练方式。例如，为了增长力量，应注重自由重量的练习，壶铃是个不错的选择。而其他工具都可以被作为有益的补充。此类训练者会注重大重量、低组数次数和较长时间恢复等方面的问题。另外，使用间歇训练作为训练手段时，可以使用任何工具，进行任何类型的训练，并熟练地改变训练变量。

工具

在本书中每一个被提到的训练工具都可以用在全身训练中，这给了训练者极大的便利。根据训练目的，壶铃、自重、悬吊设备、重绳、沙袋、冲刺跑、药球或其他设备都可以使用。相比单一的训练工具来说，这保证了更好的身体适应，能更综合地发展身体素质。

变量

在全身训练时使用间歇训练可以提高肌肉质量、提高力量、发展最大力量、提高灵敏性、增强爆发力、提高速度、发展耐力。但这种方法未必比传统训练更有效。如果你想要最大化提升其中某一种素质，例如最大力量，那么你应该遵照前面提到的方法来训练。但是，如果你的目标是发展全面素质，就可以用间歇训练法。表 21.1 提供了用不同的训练达到不同目标的一些范例。请注意，如果不能专注于训练，那么没必要为了目标而进行这些训练。你可以任意改变训练量、强度等。

表 21.1　满足其他目标的变量调整指南

目标	训练量	强度
加肌肉质量	每组重复 8~15 次	60%~80% 最大强度
增加最大力量	每组重复 1~8 次	>80% 最大强度
发展爆发力（健身房）	每组重复 1~6 次	50%~70% 最大强度
发展爆发力（快速伸缩复合训练）	每次训练中练习 15~30 米	100%
提高耐力	每组大于 15 次	<60% 最大强度
提高速度（加速度）	最多 20 米的冲刺跑，每次训练课不超过 200 米	100%
提高速度（最大速度）	40~60 米冲刺跑，每次训练课不超过 200~400 米	100%
提高速度（速度耐力）	最多 150 米的冲刺跑，每次训练课不超过 300~600 米	100%

训练方法

你可以用以下几种间歇训练的方法来进行全身训练。这些计划都对你的身体提出了特殊的挑战，有些训练对特定的目标效果更好。这些多种多样的方法可以使你的训练充满乐趣和挑战性。

循环训练

循环训练是一种可以锻炼到大多数肌肉的训练方法。在这本书中提到的方法，代表了大多数被使用的间歇训练。表 21.2 提供了一个简单的全身循环训练方法。这是一个很好的增强耐力并且将爆发性融入到全身训练中的方法。注意：字体为斜体的练习可以在第二部分中找到。

上半身和下半身交替训练

这个方法也是一个循环训练，但是这个方法只使用那些可以重点训练上半身和下半身的训练方式。在这个方法中，上半身训练和下半身训练是交替进行的。表 21.3 是该方法的一个范例。这是最好的增肌方法。

从头到脚的全身训练

从头到脚的全身训练是循环训练法的一种，它从身体的最顶部开始逐渐向下训练。这是一个典型的循环训练，按照命令一个接一个地进行每一个练习。在完成一个循环之后，根据需要重复一定的次数。表 21.4 提供了一个简单的从头到脚的全身训

表 21.2　全身循环训练范例

壶铃双手摆动
壶铃高脚杯深蹲
重绳下砸
自重弓箭步
壶铃罗马尼亚硬拉
自重俯卧撑
壶铃单手摆动（右手）
自重引体向上
壶铃单手摆动（左手）

表 21.3　上半身和下半身交替训练范例

沙袋前蹲
自重俯卧撑
自重反向弓箭步
自重引体向上
沙袋罗马尼亚硬拉
悬吊系统反向飞鸟
悬吊系统腿屈曲
悬吊系统二头肌弯举
悬吊系统臀桥
悬吊系统肱三头肌臂屈伸

练范例。这个训练方法是提高耐力水平、肌肉质量和肌肉力量最好的方法。分组训练方法与之前探讨过的训练方法不同。在这个方法中，每一个动作都需要先完成被要求的重复次数和组数再进行下一个动作练习。两组练习之间"休息"时，可以做一些冲刺或有氧训练。表 21.5 提供了一个训练的范例。这个类型的训练对增强爆发力、最大力量和肌肉质量有很好的效果。它也可以将冲刺训练融入进来以提高速度。

表 21.4 从头到脚的全身循环训练法的范例

悬吊胸部推
自重引体向上
沙袋推举
悬吊反向飞鸟
悬吊肱三头肌伸展
悬吊肱二头肌弯举
壶铃高脚杯深蹲
沙袋分腿蹲
壶铃罗马尼亚硬拉

表 21.5 从头到脚的全身分组训练法的范例

壶铃双手摆动
壶铃抓举
沙袋前蹲
悬吊后弓箭步
壶铃罗马尼亚硬拉
悬吊俯卧撑
壶铃俯身划船
沙袋推举
悬吊反向飞鸟
每个动作练习 8~12 次后，进行 20 米冲刺跑，走回来立即进行下一组练习。每个动作练习 3 组。

全身训练的指南

没有完美的训练方法，但是当你使用间歇训练作为你的训练计划时，这个指导是绝对正确的。这个指导会告诉你一些基本原则，使你的训练保持有效。

全身训练必须要遵循训练原则　使用间歇训练作为主要训练方式时，经常犯的错误就是不遵循训练原则。在第 14 章列出了以下训练原则：个性化原则、特异性原则、持续性原则和超负荷原则。在进行间歇训练时需要遵循每一条原则。

要注意动作的衔接　全身训练需要注意动作的衔接，这是因为在每个动作之间或各组训练之间不需要休息。例如，一堂训练课中包含以下练习：壶铃双手摆动、药球胸前传递、20 米冲刺跑、悬吊胸部推、悬吊屈膝触胸。壶铃训练在一个固定的地方进行；也就是说，当进行壶铃训练时，不需要改变位置。但是当你扔完药球的时候，你需要去捡回来以继续进行练习。如果你完成每一个动作，都以落球点作为下一个动作的起始点，继续向前扔药球，那么就会走很远。然后进行冲刺训练，接着进行悬吊胸部推训练，之后还需要调整悬吊系统进行悬吊屈膝触胸训练。这些可能会使动作之间有太长的停顿，以致不能得到有效的锻炼。

下面有一个更好的方法来组织这堂训练课。第一，先进行壶铃双手摆动训练。第二，进行药球胸前传递训练，将球推出后，到落点将球捡起来并推回起点。确保最后一次是向起点方向扔药球。第三，进行 20 米冲刺训练。第四，冲刺训练之后用徒手原地俯卧撑训练代替悬吊胸部推训练。第五，进行悬吊屈膝触胸训练。这是一个简单的关于如何组织训练能尽量减少浪费的时间并且使训练效果最大化的例子。

长期训练计划

本章提出的长期计划是为了提供多样化的训练方式，使你保持对健身的兴趣，使身体适应训练并且提高身体健康水平。长期训练计划由以下几个阶段组成，每一个阶段都是建立在前一个阶段基础之上的。在完成每一步之后，应该再重新开始整个训练计划。

塑造体型

塑造体型的训练为期 4 周。每周训练 3 次，隔天一练。训练围绕着整体素质循环进行，包括冲刺训练、全身训练（如重绳下砸练习）、有氧训练等。这种快速、大训练量的训练可以消耗大量的热量并提高耐力，也为下一步训练打下了基础。

表 21.6 是这个阶段周训练计划范例。注意，每一次训练在练习动作、练习时间及恢复期间做的活动方面都不相同。所有的训练都是为了最小程度地变换设备而设计的。第 1 天进行重绳和自重训练，所有的训练都可以在同一个地方进行。第 2 天进行悬吊训练和药球训练，二者交替进行。第 3 天，沙袋训练和壶铃训练交替进行。

增长肌肉

这个为期 4 周的训练是建立在上一个阶段为健康打下了基础的情况下的。这个训练会更难一些，包含循环训练和分组训练，并且将全身训练和核心训练相结合作为恢复手段。这个周期发展了韧带、肌腱和骨骼，所以它可以预防未来两个阶段的损伤。

表 21.7 展示了这个阶段周训练计划范例，每周训练 4 次，休息 1 天。第 1 天和第 4 天主要进行下半身的训练，第 2 天和第 5 天主要进行上半身的训练。第 4 天和第 5 天安排分组训练。每组训练循环 3 次。

使用肌肉

第一个阶段发展了基础体能，第二个阶段发展了肌肉和软组织，而这个阶段则重点发展力量和爆发力。它比前两个阶段训练强度更大，训练量更低，更强调全身训练和分组训练。

表 21.8 展示了这个阶段一周的训练计划范例。注意，一周只进行 3 次训练。训练是作用在全身的并且训练强度更大，所以每次训练之后都要安排一天的休息来恢复。分组训练用在每次训练中。每组训练循环 3 次。

像运动员那样进行训练

这是个综合训练阶段，训练所有身体素质，但是它要求你已经有一定的体能、力量和爆发力基础。此外，你需要关注长时间训练对关节的损伤。这也是一个改进训练技术需要考虑的重要因素。

　　表 21.9 是这个阶段周训练计划范例。每周训练 4 天，在第 2 天和第 4 天之间休息一天。第 1 天涉及负重较大的训练，第 2 天更多的是全身训练。第 1 天和第 2 天都使用循环训练法。要注意的是，练习之间没有休息。第 4 天重点进行阶梯式冲刺训练。在两次冲刺训练之间，做一些自重训练来作为恢复训练。最后一天用分组训练法，灵敏训练和药球训练结合进行。除了 T 测试和 L 练习，灵敏训练每次 10 米。每组练习之后休息期间，进行 30 秒的药球练习。理想情况下，每个灵敏练习动作做 3 组。

　　使用间歇训练作为你的训练方法为你提供了多种多样的潜在选择。本章中提到的训练可以延伸出大量的训练方法和训练工具。这些训练可以帮助你综合全面地提高健康水平。

表 21.6　塑造体型阶段周训练计划范例

	第 1 天	第 2 天	第 3 天
训练间隔	每个动作练习 30 秒	每个动作练习 45 秒	每个动作练习 60 秒
休息间隔	每个动作练习之后冲刺 20~40 米，走回去，然后进行下一个训练	每个动作练习之后进行 30 秒的壶铃双手练习。选择一个你可以在良好姿势下进行 30 秒的重量	每个动作练习之后，进行 30 秒的重绳下砸练习
全身循环训练	重绳开合跳 自重熊爬 重绳下砸 自重虫爬 重绳交替上下甩动 自重蟹爬 重绳伐木 自重鳄鱼式跨步 重绳斜向伐木 自重引体向上 重绳顺 / 逆时针手臂画圈 自重俯卧撑	药球下劈 悬吊胸部推 药球高推 悬吊划船 药球着地跳跃 悬吊肱二头肌弯举 药球斜砍提膝 悬吊肱三头肌伸展 药球转体下劈抛球 悬吊深蹲 药球交叉俯卧撑 悬吊屈腿	壶铃双手摆动 沙袋前蹲 壶铃硬拉 沙袋罗马尼亚硬拉 壶铃俯卧撑 沙袋俯身划船 壶铃单手摆动（右手） 沙袋 Y 形推举 壶铃单手摆动（左手） 沙袋立姿划船

表 21.7　增长肌肉阶段周训练计划范例

	第 1 天	第 2 天	第 3 天	第 4 天	第 5 天
训练间隔	选择一个能够完成 12~15 次或者 45 秒的负荷。这一天采用循环训练的形式	选择一个能够完成 12~15 次或者 45 秒的负荷。这一天采用循环训练的形式	无	选择一个能够完成 8~12 次或者 30 秒的负荷。这一天采用分组训练的形式	选择能够完成 8~12 次或者 30 秒的阻力。这一天采用分组训练的形式
休息间隔	每个动作练习后进行 20 秒重绳下砸练习	每个动作练习后进行 20 秒壶铃双手摆动	无	每个动作练习后进行 30 秒改进式药球躯体结构	每个动作练习后进行药球坐姿转体练习 30 秒
循环训练	药球多角度下蹲 悬吊深蹲 药球保加利亚深蹲 悬吊后弓箭步 药球保加利亚深蹲 悬吊顶髋 悬吊屈腿	药球胸前传递 悬吊胸部推 药球交叉俯卧撑 悬吊划船 药球高推 悬吊反向飞鸟 悬吊肱二头肌弯举 悬吊肱三头肌伸展	无	壶铃高脚杯深蹲 沙袋前蹲 沙袋硬拉 壶铃过顶弓箭步蹲 沙袋推举 沙袋分腿蹲 壶铃罗马尼亚硬拉	壶铃俯卧撑 沙袋俯卧撑 + 过顶推举 壶铃俯身划船 壶铃俯卧划船 壶铃推举 沙袋 Y 形推举 沙袋立姿划船

表 21.8　使用肌肉阶段周训练计划范例

	第 1 天	第 3 天	第 5 天
训练间隔	选择一个你可以进行 4~8 次重复或者 30 秒的负荷。这一天用分组训练法	选择一个你可以进行 8~12 次重复或者 45 秒的负荷。这一天用分组训练法	选择一个你可以进行 12~20 次重复或者 60 秒的负荷。这一天用分组训练法
休息间隔	每组之后进行 30 秒药球改进式躯体练习	每组之后进行 30 秒悬吊屈膝触胸练习	每组之后进行 30 秒药球坐姿转体练习
循环训练	壶铃双手摆动 壶铃单手摆动（右手） 药球高推 壶铃单手摆动（左手） 药球下砸 壶铃过顶深蹲（右手） 药球斜砍提膝 壶铃过顶深蹲（左手） 药球旋转下砸	壶铃单手摆动（右手） 重绳下砸 壶铃单手摆动（左手） 重绳交替上下甩动 壶铃单手高翻（右手） 重绳单手下砸（右手） 壶铃单手高翻（左手） 重绳单手下砸（左手）	沙袋上摆 沙袋硬拉 壶铃单手挺举（右手） 沙袋俯卧撑 + 过顶推举 壶铃单手挺举（左手） 壶铃风车（右手） 沙袋过顶深蹲 壶铃风车（左手）

表 21.9 像运动员那样进行训练的周训练计划范例

	第 1 天	第 2 天	第 3 天	第 4 天	第 5 天
训练间隔	选择一个允许你进行 4~8 次重复或者 30 秒的负荷	选择一个允许你进行 4~8 次重复或者 30 秒的负荷	无	这天是阶梯式冲刺训练。冲刺训练和自重训练交替进行	这天是灵敏训练。每个练习动作做 10 米或者完成指定的训练。在两个练习动作之间，做 30 秒药球训练。注意这一天用的是分组训练法
休息间隔	没有休息，循环训练	没有休息，循环训练	无	每个冲刺跑后，休息时进行自重训练	每组之后进行 30 秒药球训练
循环训练	重绳双手用力下砸 沙袋前蹲 重绳下砸 壶铃过顶深蹲 重绳下砸 壶铃罗马尼亚硬拉 重绳下砸 壶铃俯卧撑 重绳下砸 沙袋俯身划船 重绳下砸 壶铃推举	壶铃双手摆动 沙袋高翻 壶铃双手高翻 沙袋挺举 壶铃风车（右手） 沙袋高拉 壶铃风车（左手） 壶铃土耳齐起立（右手） 壶铃土耳齐起立（左手）	无	1×20 米（10 秒，20 秒） 自重快速下蹲 1×40 米（15 秒，30 秒） 自重反向弓箭步 1×60 米（20 秒，40 秒） 自重蟹爬 1×80 米（25 秒，50 秒） 自重熊爬 1×100 米（30 秒，60 秒） 自重俯卧撑 1×80 米（25 秒，50 秒） 自重登山练习 1×60 米（20 秒，40 秒） 自重高推 1×40 米（15 秒，30 秒） 1×20 米	后退跑 药球高推 右滑步 药球下砸 左滑步 药球斜砍提膝 T 测试 药球改进式躯体练习 L 练习 药球坐姿转体

参考文献

第 1 章

Baechle, T.R., and R.W. Earle., eds. 2008. *Essentials of Strength Training and Conditioning*. Champaign, IL: Human Kinetics.

Brewer, C. 2008. *Strength and Conditioning for Sport: A Practical Guide for Coaches*. Headingley, United Kingdom: Sports Coach UK.

Boutcher, S.H. 2011. "High-Intensity Intermittent Exercise and Fat Loss." *Journal of Obesity*. doi:10.1155/2011/868305.

Gibala, M.J., and S.L. McGee. 2008. "Metabolic Adaptations to Short-Term High-Intensity Interval Train-ing: A Little Pain for a Lot of Gain?" *Exercise and Sport Sciences Reviews* 36 (2): 58 - 63.

Talanian, J.L., S.D. Galloway, G.J. Heigenhauser, A. Bonen, and L.L. Spriet. 2007. "Two Weeks of High-Intensity Aerobic Interval Training Increases the Capacity for Fat Oxidation During Exercise in Women." *Journal of Applied Physiology* 102 (4): 1439 - 47.

Tremblay, A., J.A. Simoneau, and O. Bouchard. 1994. "Impact of Exercise Intensity on Body Fatness and Skeletal Muscle Metabolism." *Metabolism* 43: 814 - 818.

第 2 章

Bergeron, M.F., M. Hargreaves, E.M. Haymes, G.W. Mack, and W.O. Roberts. 2007. "Exercise and Fluid Replacement." *Medicine and Science in Sports and Exercise* 39 (2): 377 - 390.

第 5 章

Chandler, J.T. and B. Reuter. 1994. "An Inexpensive Medicine Ball for Strength, Conditioning, and Reha-bilitation Programs." *Strength and Conditioning Journal* 16 (4): 45 - 47.

Thomas, Ed. 2002. "The Medicine Ball—Pro Salute Animae." *TaeKwon Do Times*, November, 44 - 50.

第 11 章

Harman, E. 2008. "Principles of Test Selection and Administration." *In Essentials of Strength Training and Conditioning*, edited by T.R. Baechle, R.W. Earle. Champaign, IL: Human Kinetics.

Murray B. 2007. "Hydration and Physical Performance." *Journal of the American College of Nutrition* 26: 542s - 548s,

Research CIfA. 2002. *Common Questions Regarding Physical Fitness Tests, Standards, and Programs for Public Safety*.

Spivey 2010.

第 12 章

Harman E., and J. Garhammer. 2008. "Administration, Scoring and Interpretation of Selected Tests." In *Essentials of Strength Training and Conditioning,* edited by T.R. Baechle and R.W. Earle, 237 - 246. Cham-paign, IL: Human Kinetics.

Jones, J. 2012. "Testing Agility and Quickness." In *Developing Agility and Quickness*, edited by J. Dawes and M. Roozen. Champaign, IL: Human Kinetics.

Kritz, M., J. Cronin, and P. Hume. 2009a. "The Bodyweight Squat: A Movement Screen for the Squat Pat-tern." *Strength and Conditioning Journal* 31: 76 – 85.

Kritz, M., J. Cronin, and P. Hume. 2009b. "Using the Bodyweight Forward Lunge to Screen an Athlete's Lunge Pattern." *Strength and Conditioning Journal* 31: 15 – 24.

Reiman, M.P., and R.C. Manske. 2009. *Functional Testing in Human Performance*. Champaign, IL: HumanKinetics.

第 13 章

Dimkpa, U. 2009. "Post–Exercise Heart Rate Recovery: An Index of Cardiovascular Fitness." *Journal of Exercise Physiology* (online) 12: 10 – 22.

Fletcher, G.F., V.F. Froelicher, L.H. Hartley, W.L. Haskell, and M.L. Pollock. 1990. "Exercise Standards. A Statement for Health Professionals From the American Heart Association." *Circulation* 82: 2286 – 2322.

McGuigan, M.R., T.L.A. Doyle, M. Newton, D.J. Edwards, S. Nimphius, and R.U. Newton. 2006. "Eccentric Utilization Ratio: Effect of Sport and Phase of Training." *Journal of Strength and Conditioning Research* 20: 992 – 995.

Reiman, M.P., and R.C. Manske. 2009. *Functional Testing in Human Performance*. Champaign, IL.: Human Kinetics.

Sayers, S.P., D.V. Harackiewicz, E.A. Harman, P.N. Frykman, and M.T. Rosenstein. 1999. "Cross–Validation of Three Jump Power Equations." *Medicine and Science in Sports and Exercise* 31: 572 – 577.

Turner, A.N., and P.F. Stewart. 2013. "Repeat Sprint Ability." *Strength and Conditioning Journal* 35: 37 – 41.

第 18 章

Bishop, D., O. Girard, and A. Mendez–Villanueva. 2011. "Repeated–Sprint Ability—Part II: Recommenda–tions for Training." *Sports Medicine* 41 (9): 741 – 756. doi: 10.2165/11590560–000000000–00000.

Dawson, B. 2012. "Repeated–Sprint Ability: Where Are We?" *International Journal of Sports Physiology and Performance* 7 (3): 285 – 289.

Girard, O., A. Mendez–Villanueva, and D. Bishop. 2011. "Repeated–Sprint Ability—Part I: Factors Con– tributing to Fatigue." *Sports Medicine* 41 (8): 673 – 694. doi: 10.2165/11590550–000000000–00000.

第 20 章

Knapik, J.J., W. Rieger, F. Palkoska, S. Van Camp, and S. Darakjy. 2009. "United States Army Physical Readiness Training: Rationale and Evaluation of the Physical Training Doctrine." *Journal of Strength and Conditioning Research* 23: 1353 – 1362.

National Strength and Conditioning Association. 2014. *Need Analysis for the Tactical Officer*. Presented at NSCA Facilitators Course, Colorado Springs, CO.

National Tactical Officers Association. 2008. *SWAT Standards for Law Enforcement Agencies*.

Cooper Institute for Aerobic Research. *Frequently Asked Questions Regarding Fitness Standards in Law Enforce– ment*. Dallas TX: Cooper Institute of Aerobic Research.

Sauers, S.E., and Scofield, D.E. 2014. "Strength and Conditioning Strategies for Females in the Military." *Strength and Conditioning Journal* 36: 1 – 7.

作者简介

约翰·西斯科（John Cissik）是人体运动表现服务、LLC（HPS）的主席与所有者，该机构可以帮助运动专家解决他们的体能需求。他是青少年棒球、篮球、足球和特奥会教练，并为有特殊需要的儿童提供健康课程。他出版了 10 本书并在 *Muscle & Fitness*、*Iron Man* 及与田径运动训练相关的刊物上发表了 70 余篇关于力量与速度训练的文章。他还是美国人体运动出版社出版的 *Speed for Sports Performance* DVD 系列的作者。西斯科擅长教育、棒球、篮球和田径的力量训练以及速度与灵敏训练。他是美国国家体能协会认证的体能专家和私人教练，也是美国运动医学会认证的私人教练和运动训练专家。他还拥有一级和二级美国田径运动等级证书，并加入了美国举重联盟。

杰伊·道斯（Jay Dawes）是位于美国科罗拉多州斯普林斯市的科罗拉多大学健康学院的副教授。在加入科罗拉多大学之前，道斯是得州农工大学科珀斯克里斯蒂分校的运动机能学副教授以及美国国家体能协会的指导员。道斯曾作为力量和运动训练教练、私人教练、教师和康复训练专家工作超过 15 年，经常出席关于健康、体能和人体运动表现的国家及国际会议。道斯在俄克拉荷马州立大学的应用健康与心理教育学院拿到了健康与人体运动表现博士学位。他还是美国国家体能协会认证的体能教练与私人教练、美国运动医学会认证的健康专家以及美国举重俱乐部的教练。他在 2009 年成为美国国家体能协会的成员。

译者简介

魏宏文，博士、副教授；北京体育大学运动医学与康复学院体能训练教研室副主任、硕士研究生导师。长期从事竞技体育体能训练实践，从 1996 年开始，先后在北京女子足球队、国家女子足球队、国家男子足球队担任体能康复教练。国家体育总局"百人计划"优秀专业技术人才培训对象；国家体育总局教练员学院、竞体司、科教司、青少司的体能课程专家讲师；北京体育大学足球学院体能康复团队负责人；教育部校园足球体能课程讲师。研究方向：体能训练、运动与健康促进。